游艇 CAD

主　编　彭　辉
副主编　李　丹

HEUP 哈尔滨工程大学出版社

内容简介

本书以游艇CAD实际知识为主线，比较系统地介绍和阐述了在实际中得到广泛应用的游艇CAD软件的功能与实际应用方法。

全书采用基于工作过程体例形式编写，根据典型工作任务确定学习章节，每章针对游艇CAD典型任务提出知识和能力目标要求。共分为游艇CAD基础知识、游艇工程图绘制、游艇CAD软件犀牛应用、犀牛2D图形绘制、曲线曲面的创建、变动与编辑、实体的建立与编辑、犀牛辅助工具、游艇工程应用实例、游艇型线光顺等十章。全书结合大量应用实例，详细阐述了游艇CAD软件的实际操作和应用方法，并有针对性地插入软件的交互界面，以此方便读者学习。

本书是全国高等职业教育游艇设计制造类专业规划教材，也可供其他相关技术人员参考。

图书在版编目(CIP)数据

游艇CAD / 彭辉主编. —哈尔滨:哈尔滨工程大学出版社, 2017.10
ISBN 978-7-5661-1715-1

Ⅰ. ①游… Ⅱ. ①彭… Ⅲ. ①游艇-计算机辅助设计-AutoCAD软件 Ⅳ. ①U674.91-39

中国版本图书馆CIP数据核字(2017)第260071号

责任编辑 王洪菲
封面设计 博鑫设计

出版发行 哈尔滨工程大学出版社
社　　址 哈尔滨市南岗区东大直街124号
邮政编码 150001
发行电话 0451-82519328
传　　真 0451-82519699
经　　销 新华书店
印　　刷 哈尔滨市石桥印务有限公司
开　　本 787 mm×1 092 mm 1/16
印　　张 13.25
字　　数 350千字
版　　次 2017年10月第1版
印　　次 2017年10月第1次印刷
定　　价 36.00元
http://www.hrbeupress.com
E-mail:heupress@hrbeu.edu.cn

前　言

游艇 CAD(Computer Aided Design,计算机辅助设计)是指结合游艇专业技术、通过计算机系统辅助进行游艇设计的一门应用性技术。计算机软件对游艇设计技术起到了极大的促进和提升作用,它大大加快了我国游艇设计制造进步的速度。游艇 CAD 软件有多种,用户可以根据设计制造的游艇类型、大小和造价等因素进行选择。目前比较大众化、应用得较多的软件是 AutoCAD、犀牛软件(Rhino)等,更高端、更专业的软件有 Catia 和 Tribon 等。游艇设计制造行业的技术进步,必然对高等职业技术教育所培养的技术技能型人才具备的游艇 CAD 实际操作和应用能力提出新的、更高的要求。本教材就是在这种新形势下,针对高等职业技术教育游艇设计制造专业编写的。

本教材的编写力求以我国游艇 CAD 技术的实际应用情况为依据,以职业岗位技能的需求为出发点,围绕高等职业教育的特点,突出教材的针对性,贯彻以能力为本位的教学指导思想,并结合对学生创新创业能力培养的要求,提出知识和能力目标,据此组织编写内容。本教材的编写注意在深度、广度上加大强化实际应用技能训练的力度。各部分内容是按照游艇 CAD 软件的学习顺序划分和安排的,在内容安排上力求新颖、生动,反映学习的认知规律和时代气息。教材结合大量实例,详细阐述了游艇 CAD 软件的实际操作与应用方法。全书在每章开始处提出知识和能力目标,每章后都编写了与本章内容紧密结合的思考与练习题。

本教材的使用具有灵活性,各院校可酌情选用,读者可根据需要选择其中一部分内容学习,教师可根据使用软件的差异对教材内容选择性讲授,体现了教学内容弹性化、教学要求层次化、教材结构模块化,有利于按需施教、因材施教。

为达到上述编写目标,编者多次深入企业调查研究,收集技术资料,参加工程技术实践,征求企业技术人员的意见;利用互联网查阅大量国内外相关资料并认真进行整理和归纳。

本书由渤海船舶职业学院彭辉担任主编并编写第二、三、九章,渤海船舶职业学院李丹担任副主编并编写第一、四章,葫芦岛渤船机械工程有限公司尹玉文编写第五、六章,渤海船舶职业学院李洁编写第七、八章,九江职业技术学院程江华编写第十章。

本书由渤海造船厂集团公司朱丹红担任主审,本书在编写过程中得到相关企业、院校的指导和大力支持,在此表示衷心感谢。由于编者水平有限,错误和不妥之处在所难免,恳请读者批评指正。

编　者

2017 年 5 月

目　　录

第 1 章　游艇 CAD 基础知识 …… 1

1.1　AutoCAD 的功能简介 …… 1

1.2　AutoCAD 的安装与启动 …… 2

1.3　AutoCAD 的用户界面 …… 2

1.4　图形文件的操作和管理 …… 12

1.5　AutoCAD 基本绘图及游艇基本绘图实例 …… 16

思考与练习题 …… 23

第 2 章　游艇工程图绘制 …… 25

2.1　游艇型线图绘制 …… 25

2.2　游艇典型横剖面图绘制 …… 38

2.3　游艇基本结构图绘制 …… 44

思考与练习题 …… 46

第 3 章　游艇 CAD 犀牛软件应用 …… 48

3.1　概述 …… 48

3.2　犀牛软件的工作界面 …… 49

3.3　文件管理 …… 55

思考与练习题 …… 57

第 4 章　犀牛 2D 图形绘制 …… 58

4.1　犀牛软件中的基本对象 …… 58

4.2　点绘制 …… 59

4.3　直线绘制 …… 64

4.4　矩形绘制 …… 71

4.5　多边形绘制 …… 72

4.6　圆的绘制 …… 73

4.7　圆弧绘制 …… 77

4.8　椭圆绘制 …… 80

4.9　文字 …… 82

4.10　尺寸标注 …… 83

思考与练习题 …… 87

第 5 章　曲线曲面的创建 …… 88

5.1　曲线绘制 …… 88

5.2　建立曲面 …… 94

思考与练习题 …… 104

第 6 章　变动与编辑 …… 105

6.1　变动 …… 105

6.2 修剪、移除 …… 112
6.3 点的编辑 …… 115
6.4 曲线编辑 …… 118
6.5 曲面编辑 …… 121
思考与练习题 …… 135
第 7 章 实体的建立与编辑 …… 136
7.1 建立实体 …… 136
7.2 编辑实体 …… 139
思考与练习题 …… 143
第 8 章 犀牛辅助工具 …… 145
8.1 图层控制 …… 145
8.2 物件属性及属性控制 …… 150
8.3 渲染 …… 151
思考与练习题 …… 160
第 9 章 游艇工程应用实例 …… 161
9.1 游艇内部餐桌的创建 …… 161
9.2 游艇内部沙发的创建 …… 165
9.3 游艇内部椅子的创建 …… 169
9.4 游艇用锚的创建 …… 175
9.5 游艇用螺旋桨的创建 …… 182
思考与练习题 …… 188
第 10 章 游艇型线光顺 …… 189
10.1 HD－SHM2000 线型系统概述 …… 189
10.2 型线交互三向光顺操作过程 …… 191
思考与练习题 …… 204
参考文献 …… 206

第1章　游艇 CAD 基础知识

学习目标

【知识目标】

1. 了解 AutoCAD 的功能及应用。

2. 理解和掌握 AutoCAD 的安装与启动方法。

3. 正确理解和掌握 AutoCAD 用户界面的视窗、菜单、工具栏、功能区、命令行的含义和使用方法。

4. 正确理解和掌握图形文件的操作和管理。

5. 正确理解和掌握 AutoCAD 的基本绘图功能。

6. 正确掌握型线图的绘制方法和步骤。

【能力目标】

1. 能够熟练进行对 AutoCAD 的安装与启动。

2. 掌握和熟练使用 AutoCAD 用户界面的视窗、菜单、工具栏、功能区、命令行。

3. 掌握图形文件的操作和管理。

4. 掌握 AutoCAD 的基本绘图操作。

1.1　AutoCAD 的功能简介

CAD(Computer Aided Design)的含义是指计算机辅助设计,是计算机技术的一个重要应用领域。AutoCAD 则是美国 Autodesk 企业开发的一个交互式绘图软件,是用于二维及三维设计、绘图的系统工具,用户可以使用它来创建、浏览、管理、打印、输出和共享设计图形。目前 AutoCAD 是世界上应用最广的 CAD 软件,市场占有率位居世界第一。AutoCAD 软件具有如下特点:

- 具有完善的图形绘制功能。
- 具有强大的图形编辑功能。
- 可以采用多种方式进行二次开发或用户定制。
- 可以进行多种图形格式的转换,具有较强的数据交换能力。
- 支持多种硬件设备。
- 支持多种操作平台。
- 具有通用性、易用性,适用于各类用户。

此外,从 AutoCAD 2000 开始,该系统又增添了许多新的功能,如 AutoCAD 设计中心(ADC)、多文档设计环境(MDE)、Internet 驱动、新的对象捕捉功能、增强的标注功能以及局部打开和局部加载的功能,从而使 AutoCAD 系统更加完善。虽然 AutoCAD 本身的功能集已经足以协助用户完成各种设计工作,但用户还可以通过 Autodesk 以及数千家软件开发商开发的5 000 多种应用软件把 AutoCAD 改造成为满足各专业领域的专用设计工具。这些领域包括建筑、机械、测绘、船舶、电子,以及航空航天等。

它的多文档设计环境也能让非计算机专业人员很快地学会使用,使其在不断实践的过程中更好地掌握它的各种应用和开发技巧,从而不断提高工作效率。AutoCAD 具有广泛的适应性,它可以在各种操作系统支持的微型计算机和工作站上运行,并支持分辨率由 320 × 200 到 2 048 × 1 024 的各种图形显示设备 40 多种,绘图仪和打印机数十种,这就为 AutoCAD 的普及创造了条件。AutoCAD 是用于二维及三维设计、绘图的系统工具。

1.2 AutoCAD 的安装与启动

1. AutoCAD 的安装平台和系统要求

以安装 AutoCAD 2009 为例,建议配置为:①CPU:Intel Pentium II 450 MHz 或 AMD K6 - II 450 MHz 以上;②内存:128 MB 以上;③空闲硬盘空间:200 MB 以上;④视频显示器:1 024 × 768 × 64K VGA;⑤鼠标或其他定点设备;⑥光盘驱动器;⑦操作系统:Microsoft Windows XP, Windows 2000 Professional, Windows 98, Windows Millennium Edition 或 Windows NT 4.0 (Service Pack 5 或更高版本)。

2. AutoCAD 的启动与退出

(1)启动 AutoCAD

以 AutoCAD 2009 为例,首先介绍如何进入 AutoCAD 的图形界面中。选择操作系统“开始”菜单中的“AutoCAD 2009”软件包,并选择“AutoCAD 2009”,然后 AutoCAD 将显示“启动”对话框。无论何时开始绘制一张新图,不管是使用向导、样板或缺省创建新图,AutoCAD 都将这张新图命名为“Drawing1. dwg”。这时,可以立即开始在这张新图上绘制图形,并在随后的操作中使用“SAVE”或“SAVE AS”命令将这张新图保存成图形文件。

(2)退出 AutoCAD

用户可通过如下几种方式来退出 AutoCAD:①直接单击 AutoCAD 主窗口右上角的按钮;②选择菜单“File(文件)”→“Exit(退出)”;③在命令行中输入 quit(或别名 exit)。如果在退出 AutoCAD 时,当前的图形文件没有被保存,则系统将弹出提示对话框,提示用户在退出 AutoCAD 前保存或放弃对图形所做的修改。

1.3 AutoCAD 的用户界面

AutoCAD 具有良好的用户界面,可以通过交互菜单、命令行等多种方式进行各种操作。启动 AutoCAD 2009 后,可以打开如图 1 - 1 所示的画面。

AutoCAD 2009 的工作界面主要由标题栏、菜单栏、工具栏、绘图窗口、文本窗口、命令行、状态栏等组成,工具栏可以基于工作任务组合成功能区,图 1 - 1 所示的屏幕上方就是这种功能区。

1. 标题栏

应用程序窗口的最上方是标题栏,它显示当前正在运行的程序名和文件名等信息,如果是 AutoCAD 默认的图形文件,其名称为 DrawingN.dwg(N 为数字,按打开文件的顺序,依

图 1－1　AutoCAD 的用户界面

次为 1,2,3,…）。

2. 菜单栏

AutoCAD 2009 中文版的菜单栏由“文件”“编辑”“视图”“插入”“格式”“工具”“绘图”“标注”“修改”“窗口”和“帮助”菜单组成，见图 1－2 所示，这 11 个菜单基本包含了 AutoCAD 中的全部功能和命令，如图 1－3 所示为 AutoCAD 2009 的“文件”菜单。

图 1－2　菜单栏

可以通过菜单浏览器或经典菜单栏访问菜单。默认情况下，菜单浏览器位于“二维草图与注释”工作空间和“三维建模”工作空间中。带有下拉菜单的菜单浏览器和经典菜单栏在“AutoCAD 经典”工作空间中均可使用。显示菜单浏览器的步骤是单击位于应用程序窗口左上角的菜单浏览器按钮。用户可以通过自定义 CUI 文件并将其加载到程序中来为所有工作空间指定显示在菜单浏览器中的菜单。

使用应用程序窗口中的常用工具、工具栏、工具选项板、状态栏、快捷菜单和设计中心可以找到更多命令、设置和模式。应用程序窗口顶部显示常用工具，例如菜单浏览器、快速访问工具栏和通信中心，如图 1－4 所示。

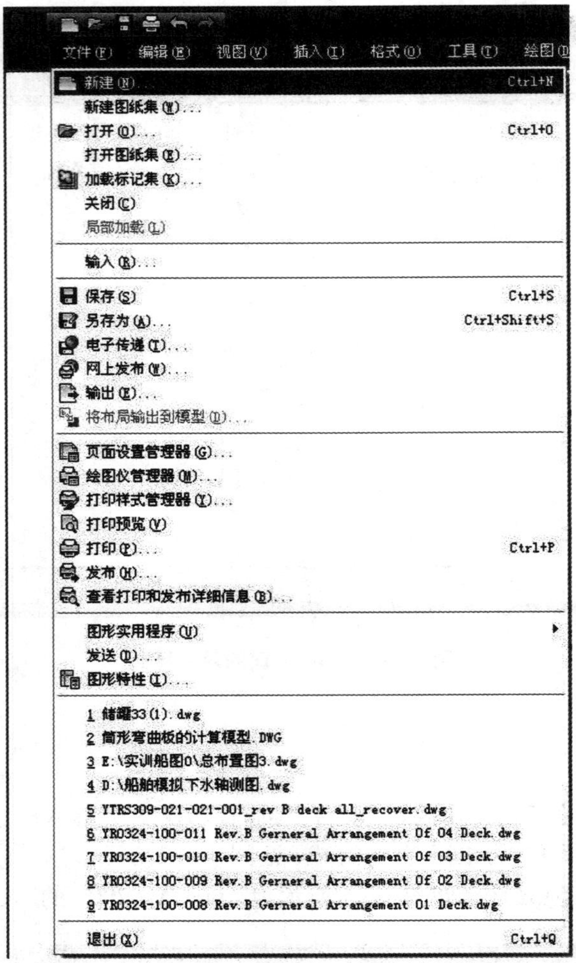

图1-3 “文件”菜单

图1-4 应用程序窗口顶部界面

使用菜单浏览器,用户可以浏览应用程序中的所有菜单。可以自定义快速访问工具栏,以便访问常用的命令。在通信中心中可以搜索信息源,也可以接收相关信息。

在使用菜单时,需要了解以下几点:如果命令后带有快捷键,表示打开此菜单时,按下快捷键即可执行此命令;如果命令后带有组合键,表示直接按组合键即可执行此命令;如果命令后带有“...”,表示执行此命令可打开一个对话框;如果命令呈现灰色,表示此命令在当前状态下不可使用。如图 1－5 所示。

用户在不同区域中单击鼠标右键会弹出不同的快捷菜单，其中的命令与 AutoCAD 当前状态相关，使用它们可以在不启动菜单栏的情况下快速、高效地完成某些操作。另外，用户还可以根据个人需要重新定义菜单，自定义菜单的操作步骤如下：

（1）选择菜单栏中的“工具”→“自定义”命令，打开“自定义用户界面”对话框，如图 1－6 所示。

（2）在该对话框中，单击左侧“所有 CUI 文件中的自定义设置”窗格下的“AutoCAD 经典”选项，再单击右侧“自定义工作空间”按钮，如图 1－7 所示。

（3）回到左侧“所有 CUI 文件中的自定义设置”窗格，双击“菜单”选项，在列出的选项中选择要设置的项目，如图 1－8 所示。单击“应用”或“确定”按钮退出。

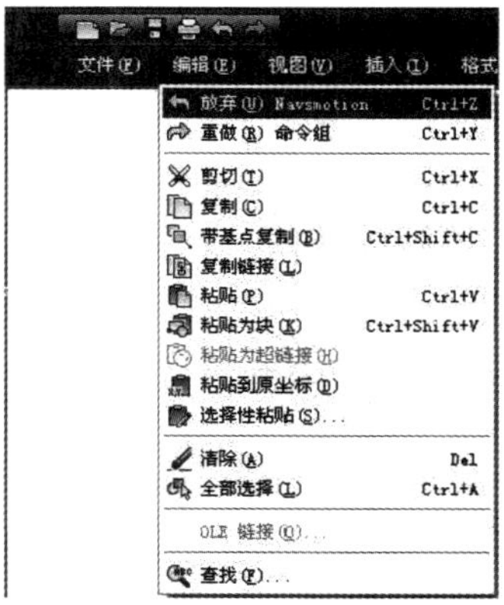

图 1－5　菜单中的不同内容的含义

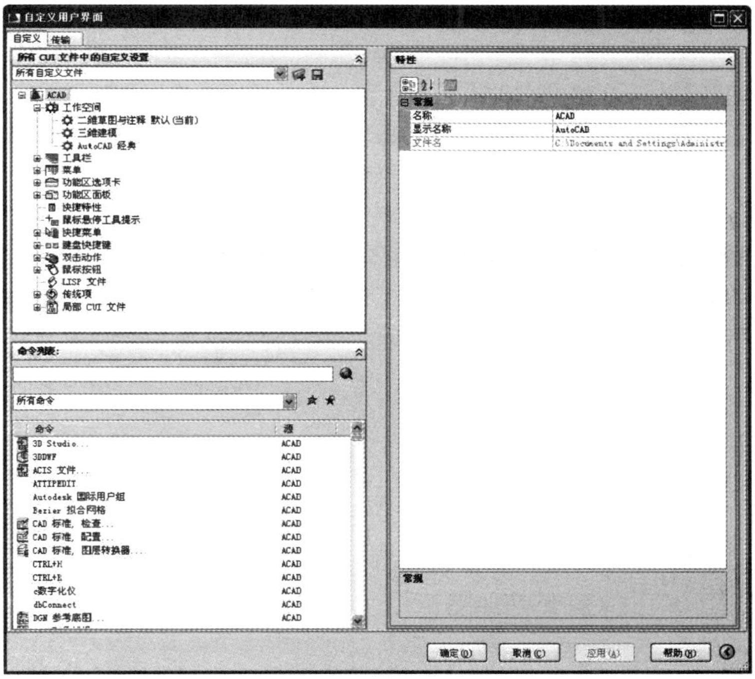

图 1－6　“自定义用户界面”对话框

3. 工具栏

工具栏包含启动命令的功能，是调用命令的另一种方法，它包含了许多由图标表示的命令按钮。在 AutoCAD 中，系统共提供了 20 多个已命名的工具栏。默认情况下，“标准”“对象特征”“图层”“绘图”和“修改”等工具栏处于打开状态。在“自定义用户界面”对话框中，用户可以根据需要自由选择打开或关闭其中的工具栏，并且可以调整工具栏的位置，如图 1－9 所示。

图 1 – 7 “AutoCAD 经典”选项下的“自定义工作空间”

图 1 – 8 在列出的选项中选择要设置的项目

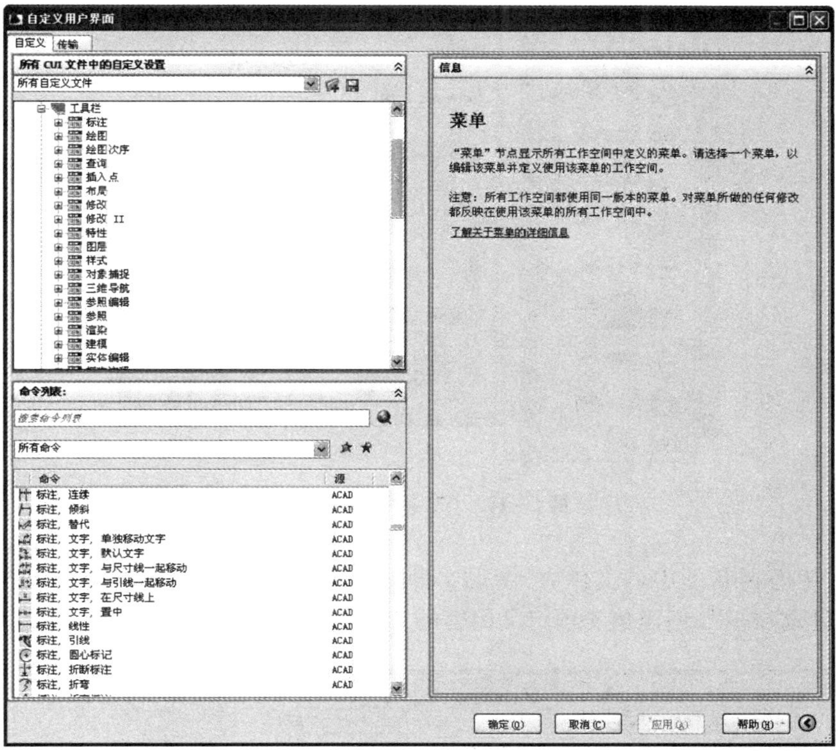

图 1－9　工具栏选项界面

选择打开或关闭工具栏的操作步骤如下：

(1)选择“工具”→“自定义”→“界面”命令，打开“自定义用户界面”对话框。

(2)在该对话框中，单击左侧“所有 CUI 文件中的自定义设置”窗格下的“AutoCAD 默认(当前)”选项，再单击右侧“自定义工作空间”按钮。

(3)回到左侧“所有 CUI 文件中的自定义设置”窗格，双击“工具栏”，在列出的选项上勾选需要的项目，单击“应用”或“确定”按钮退出。

要调整工具栏的位置，可以在工具栏的双杠上按住鼠标左键拖动，当拖到固定的位置后，松开鼠标左键即可。使用工具栏上的按钮可以启动命令以及显示弹出工具栏和工具提示。还可以显示或隐藏工具栏、锁定工具栏和调整工具栏大小。将鼠标移到工具栏按钮上方时，工具提示将显示按钮的名称。右下角带有黑色三角形的按钮是包含相关命令的弹出工具栏。光标停在图标上时，按住鼠标左键直至显示弹出工具栏。默认情况下，将显示应用程序窗口顶部的快速访问工具栏。此工具栏与 Microsoft Office 程序中的工具栏类似，它包含常用的 AutoCAD 命令(例如 PLOT，UNDO 和 REDO)以及 Microsoft Office 标准命令(例如“新建”“打开”和“保存”)。

此外，可以更改工具选项板上的工具的特性。只要工具位于选项板上，就可以更改其特性。例如，可以更改块的插入比例或填充图案的角度，如图 1－10 所示。

要更改工具特性，可在某个工具上单击鼠标右键，然后单击快捷菜单中的“特性”以显示“工具特性”对话框。“工具特性”对话框中包含以下两类特性：“插入”特性或“图案”特性。控制与对象有关的特性，例如比例、旋转和角度。

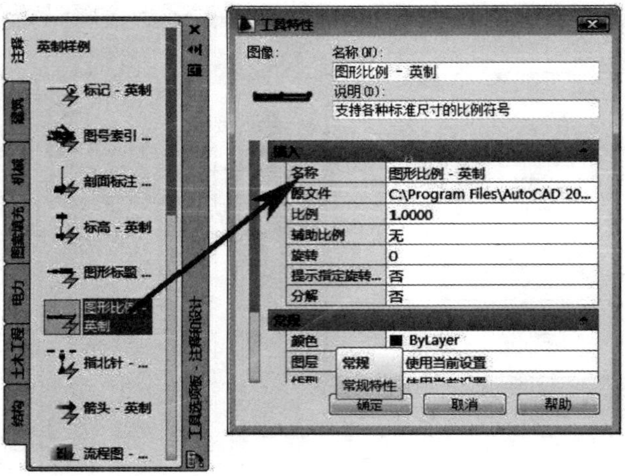

图 1－10 “工具特性”的内容

在设计中心树状图中的文件夹、图形文件或块上单击鼠标右键，然后在快捷菜单中单击“创建工具选项板”，创建包含预定义内容的工具选项板选项卡，如图 1－11 所示。

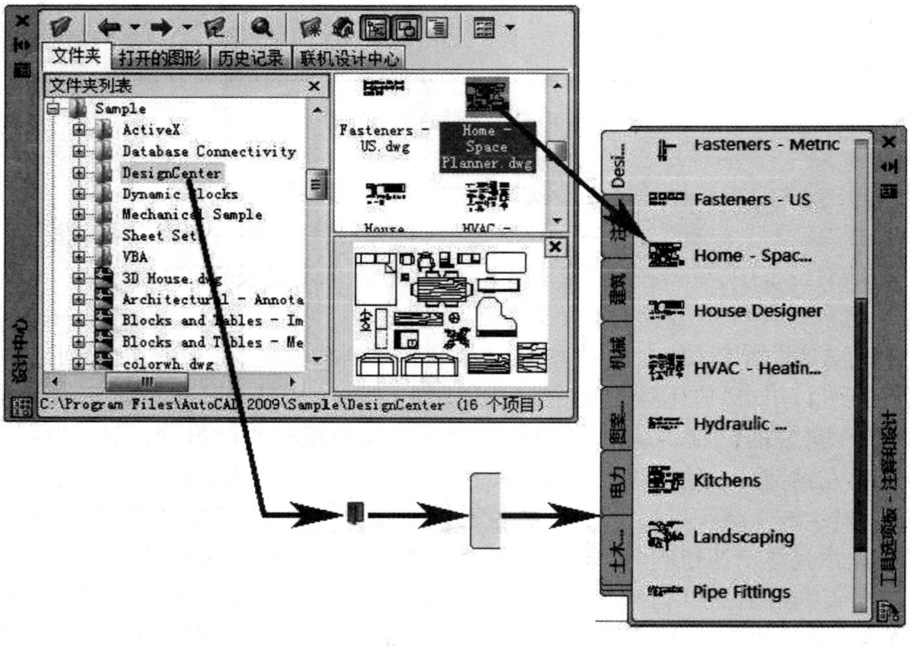

图 1－11 创建包含预定义内容的工具选项板选项卡

可以将可自定义的工具选项板组与功能区上的面板相关联。在功能区面板上单击鼠标右键可以显示可用工具选项板组的列表。

重新排列工具和工具选项板：将工具放到工具选项板上后，可以通过拖动或排序对这些工具进行重排。还可以在工具选项板上添加文字和分隔符。

4. 命令行与文本窗口

命令行位于绘图区的下方，用于接收用户输入的命令，并显示 AutoCAD 系统信息，提示用户进行相应的命令操作。将光标指向命令行的左端，按住鼠标左键可以将它拖动到其他位置，成为浮动窗口。文本窗口是显示 AutoCAD 命令的窗口，是放大了的命令行窗口。

打开文本窗口的方法有 3 种：

- 菜单命令：选择“视图”→“显示”→“文本窗口”命令。
- 快捷键：按 F2 键。
- 命令行：输入 TEXTSCR。

打开的文本窗口如图 1－12 所示。

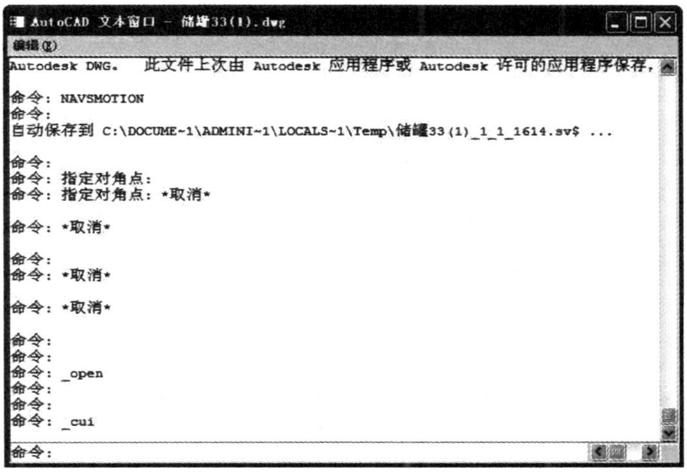

图 1－12　打开的文本窗口

5. 状态栏

状态栏位于 AutoCAD 工作界面的最底部，用来显示当前的状态或提示当前鼠标指针所处的位置。

状态栏上包含了 8 个绘图工具功能按钮，即“捕捉”“栅格”“正交”“极轴”“对象捕捉”“对象追踪”“线宽”，以及“模型”或“图纸”空间，单击一次这些功能按钮，将切换一次状态。使用状态栏上的这 8 个按钮可以进行精确绘图。

状态栏不仅可以显示光标的坐标值、绘图工具，还可以显示导航工具以及用于快速查看和注释缩放的工具，如图 1－13 所示。

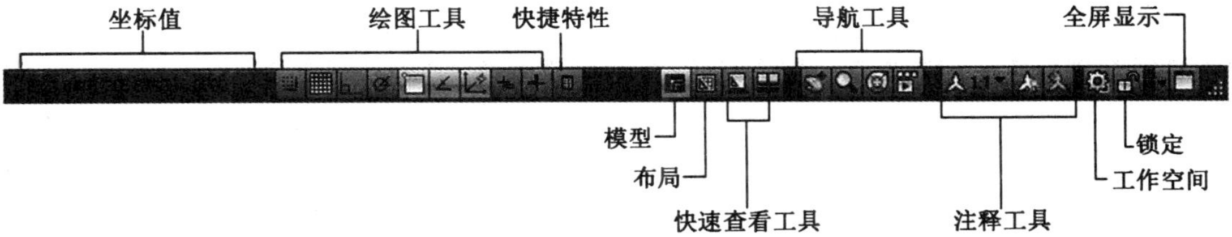

图 1－13　应用程序状态栏

用户可以以图标或文字的形式查看绘图工具按钮。通过捕捉工具、极轴工具、对象捕捉工具和对象追踪工具的快捷菜单，用户可以轻松更改这些绘图工具的设置。通过快速查看工具，用户可以预览打开的图形和图形中的布局，并在其间进行切换。使用导航工具可以在打开的图形之间进行切换和查看图形中的模型。通过注释工具可以显示用于注释缩放的工具。通过"工作空间"按钮，用户可以切换工作空间。"锁定"按钮可锁定工具栏和窗口的当前位置。要展开图形显示区域，可单击"全屏显示"按钮。当应用程序状态栏关闭后，屏幕上将不显示"全屏显示"按钮。

状态栏显示缩放注释的若干工具，如图 1－14 所示。对于模型空间和图纸空间，会显示不同的工具。

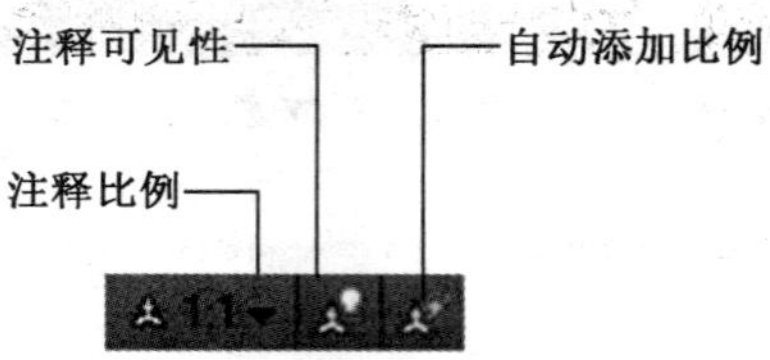

图 1－14　状态栏显示缩放注释的工具

6. 功能区

功能区是一种选项板，用于显示工作空间中基于任务的按钮和控件，如图 1－15 所示。

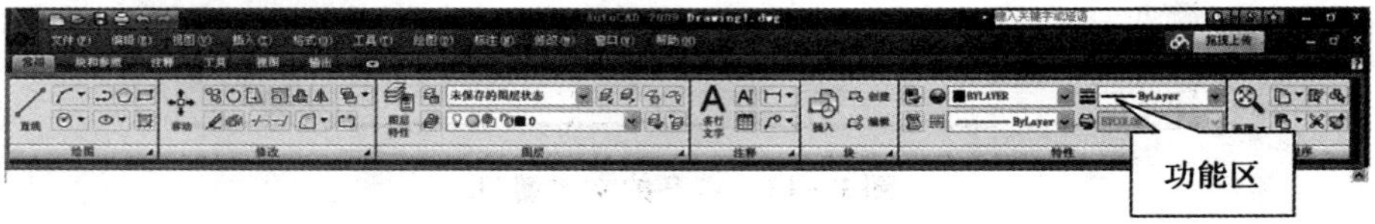

图 1－15　AutoCAD 的功能区

功能区由许多面板组成，这些面板被组织到依任务进行标记的选项卡中。与当前工作空间相关的操作都单一、简洁地置于功能区中。使用功能区时无须显示多个工具栏，它通过单一、紧凑的界面使应用程序变得简洁有序，同时使可用的工作区域最大化。功能区面板包含的很多工具和控件与工具栏和对话框中的相同。

功能区包含许多与在面板上提供的相同的命令。例如，DIMLINEAR 命令之前在面板的"标注"控制面板上提供。在功能区上，DIMLINEAR 位于"注释"选项卡的"标注"面板中。

用户使用"二维草图与注释"工作空间或"三维建模"工作空间创建或打开图形时，功能区将自动显示。用户可以通过执行以下任一操作，手动打开功能区：

- 依次单击"工具"菜单→"选项板"→"功能区"。
- 在命令提示下，输入 RIBBON。要关闭功能区，请在命令提示下输入 RIBBONCLOSE。

水平功能区在图形窗口的顶部展开。功能区水平显示时，每个选项卡均通过文字标签标识。面板右下角的箭头表示用户可以展开该面板以显示其他工具和控件。默认情况下，在单击其他面板时，已展开的面板会自动关闭。要使面板保持展开状态，请单击所展开面板右下角的图钉图标，如图 1－16 所示。

功能区垂直显示时，每个选项卡均通过图标来标识，如图 1－17 所示。

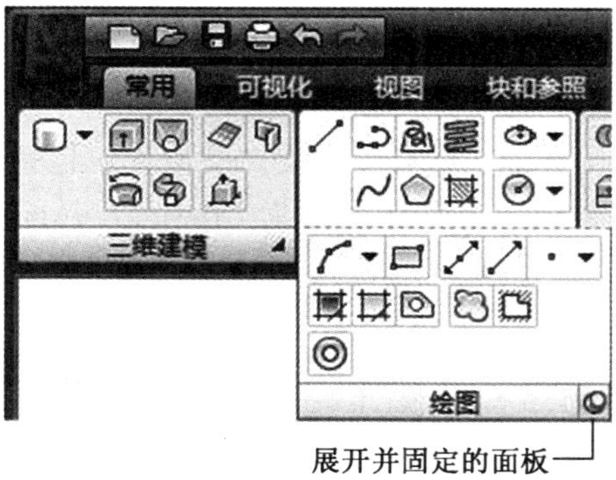

图 1－16　面板右下角的图钉图标

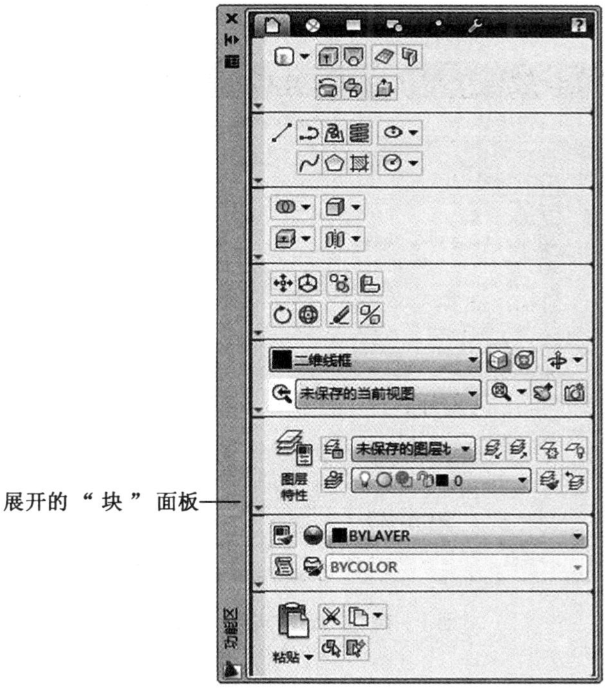

图 1－17　垂直显示的功能区

面板左下角的黑色三角形表示用户可以展开该面板以显示其他工具和控件。默认情况下，在单击其他面板时，垂直功能区上展开的面板将保持打开状态。要收拢展开的面板，请单击面板左下角的黑色三角形。要显示面板标题，请在功能区面板上单击鼠标右键，然后在该面板的快捷菜单上单击“显示面板标题”。

1.4 图形文件的操作和管理

与其他的应用软件一样，AutoCAD 对图形文件的操作也包括创建文件、保存文件等。

启动 AutoCAD 后，系统创建一个默认名称为 Drawing1.dwg 的图形文件，用户可以对该图形文件进行编辑，然后将其保存为其他名称。

1. 创建文件

创建文件首先要启动创建命令，可通过以下 3 种方式执行此命令：

- 菜单命令：选择“文件”→“新建”命令。
- 工具栏：单击“标准”工具栏中的“新建”按钮图标。
- 命令行：输入 NEW。

创建文件的步骤如下：

（1）启动 NEW 命令后，会弹出如图 1－18 所示的“选择样板”对话框。

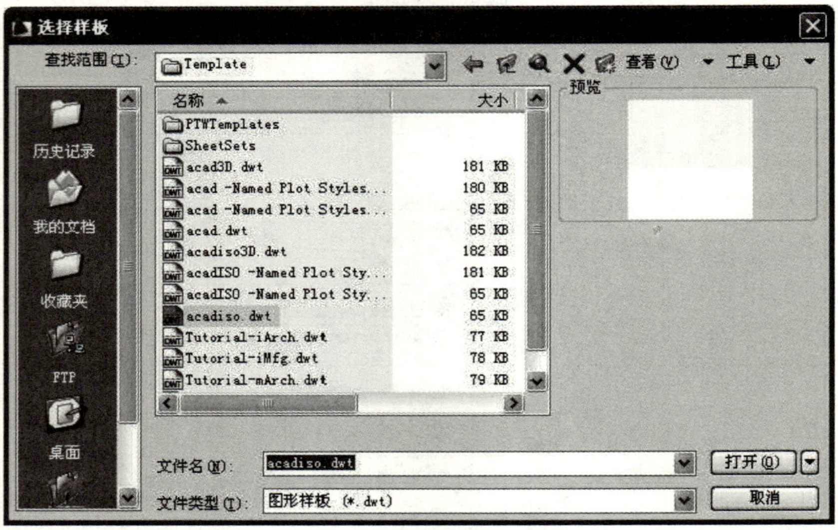

图 1－18 “选择样板”对话框

（2）在该对话框中选择一种样板作为模型来创建新的图形，在日常设计中最常用的是 acad 样板和 acadiso 样板。

（3）单击“打开”按钮，系统将打开一个基于样板的新文件，默认文件名为 Drawing1.dwg。如果再创建一个图形文件，则默认名称为 Drawing2.dwg，依此类推。

2. 打开文件

打开文件的方法有 3 种：

- 菜单命令：选择“文件”→“打开”命令。
- 工具栏：单击“标准”工具栏中的“打开”按钮。
- 命令行：输入 OPEN。

执行 OPEN 命令后，将弹出如图 1－19 所示的“选择文件”对话框。

在很难准确找到图形文件名称时，可以使用查找工具来查找并打开文件，通过名称、类

图 1－19　“选择文件”对话框

型、位置，以及时间过滤器来查找图形文件。

(1)通过名称和位置查找图形文件

通过名称和位置查找图形文件的操作步骤如下：

①在“选择文件”对话框中单击“工具”按钮右侧的黑色三角形，弹出“工具”的下拉菜单。

②在下拉菜单中选择“查找”命令，打开“查找”对话框，从中选择“名称和位置”选项卡，在选项卡中可以通过名称、类型及位置过滤器对图形文件进行搜索，如图 1－20 所示。

③在指定路径时可以单击其右侧的“浏览”按钮，弹出如图 1－21 所示的“浏览文件夹”对话框，从中选择所需搜索的文件夹，单击“确定”按钮。

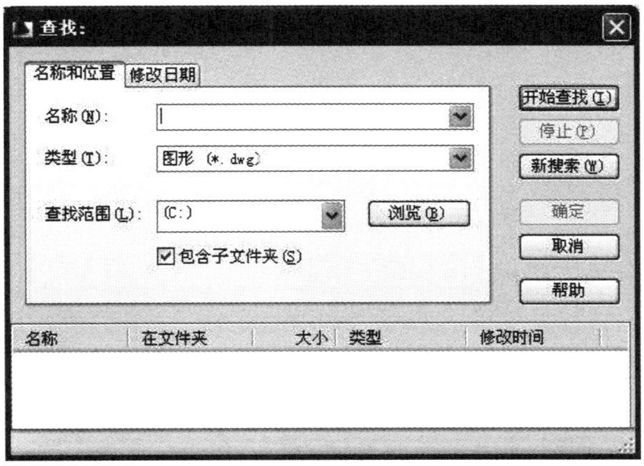

图 1－20　“查找”对话框

图 1－21　“浏览文件夹”对话框

④单击“开始查找”按钮，AutoCAD 会开始自动查找，被找到的文件名及其路径将被显

示在“查找”对话框最下边的列表框内。

⑤查找完毕后，单击“确定”按钮，返回“选择文件”对话框，被找到的文件或文件夹已显示在“选择文件”对话框中。被选择的文件将显示在预览框中，单击“打开”按钮或直接双击文件图标打开此文件。

(2)通过指定时间查找图形文件

通过指定时间查找图形文件的操作步骤如下：

①选择“文件”→“打开”菜单命令，弹出“选择文件”对话框，在此对话框中单击“工具”按钮右侧的黑色三角形，在弹出的下拉菜单中选择“查找”命令，在“查找”对话框中选择如图1-22所示的“修改日期”选项卡。

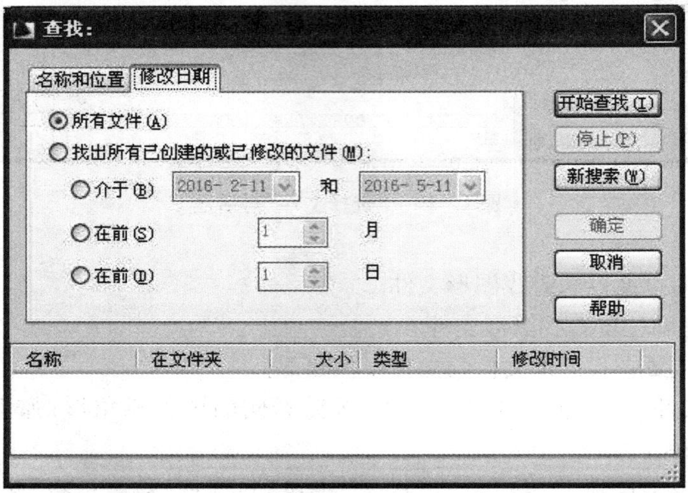

图1-22 “修改日期”选项卡

②在该选项卡中选择“所有文件”单选按钮表示将查找所有图形文件，选择“找出所有已创建的或已修改的文件”单选按钮可以指定一个具体到某月或某日的过滤器，然后单击“开始查找”按钮进行查找。

3. 保存文件

在 AutoCAD 中，保存文件的命令是 SAVE。此外，AutoCAD 还提供了自动保存文件、备份文件和其他保存功能。

启动保存命令可通过以下 3 种方式：

- 菜单命令：选择“文件”→“保存”。
- 工具栏：单击“标准”工具栏中的“保存”按钮。
- 命令行：输入 SAVE。

启动 SAVE 命令后，如果是第一次保存图形，将弹出如图 1-23 所示的“图形另存为”对话框。在对话框中输入文件的名称，单击“保存”按钮保存文件。

另外，使用 AutoCAD 的自动保存功能可以随时保存文件，操作步骤如下：

①选择“工具”→“选项”命令，弹出“选项”对话框。

②选择“打开和保存”选项卡，选中“自动保存”复选框，在“保存间隔分钟数”内输入数值，如图 1-24 所示。

图 1－23　“图形另存为”对话框

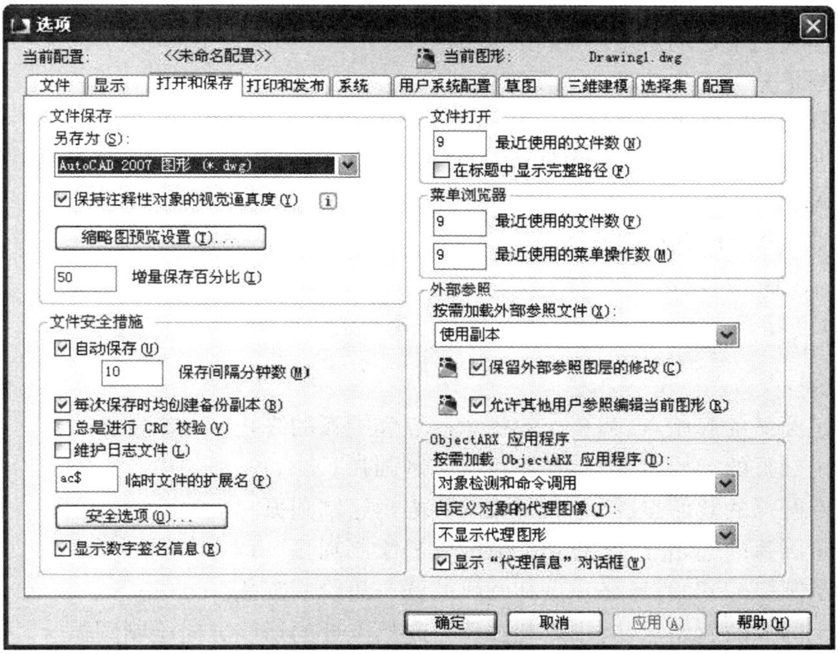

图 1－24　“选项”对话框中的“打开和保存”选项卡

③单击“确定”按钮后，系统将以此数字为间隔时间自动对文件进行保存。

4. AutoCAD 绘图环境的设置

一般情况下，用户是在系统默认的环境下工作的，但有时为提高绘图效率，也需要设置绘图环境。绘图环境主要指绘图窗口的显示颜色、鼠标指针颜色和尺寸、默认保存文件的路径，以及打开和保存图形文件的格式等。

1.5 AutoCAD 基本绘图及游艇基本绘图实例

1. 绘制直线段

命令:LINE。

功能:利用二维或三维点的坐标绘制二维或三维直线段。

菜单方式:Draw→Line。

工具栏:Draw→  。

2. 绘制直线

命令:XLINE。

功能:利用提供的二维或三维点坐标绘制双向无限延长的二维或三维直线。

菜单方式:Draw→Construction Line。

工具栏:Draw→  。

命令格式:

(1)绘制通过指定两点的无限长直线。

(2)绘制通过指定点的水平或垂直无限长直线。

(3)根据我们指定的角度绘制无限长直线。

(4)绘制平分一给定角度的无限长直线。

(5)绘制与指定线平行且保持一定偏移距离的无限长直线。

3. 绘制圆弧

命令: ARC。

功能:利用参数信息绘制圆弧。

菜单方式:Draw→Arc。

工具栏:Draw→  。

命令格式:

(1)指定圆弧的起始点、圆弧上的任意一点和圆弧的终止点绘制圆弧。

(2)指定圆弧的起始点、圆心和终止点绘制圆弧。

(3)指定圆弧的起始点、圆心和圆弧的圆心角绘制圆弧。

(4)指定圆弧的起始点、圆心和圆弧的弦长绘制圆弧。

(5)指定圆弧的起始点、终止点和圆弧的圆心角绘制圆弧。

(6)指定圆弧的起始点、终止点和圆弧在起始点处的切线方向绘制圆弧。

4. 绘制圆

命令:CIRCLE。

功能:利用参数信息绘制圆。

菜单方式:Draw→Circle。

工具栏:Draw→  。

命令格式:

(1)根据圆心坐标和圆的半径绘制圆。

(2)根据圆心坐标和圆的直径绘制圆。
(3)指定圆周上的三个点绘制圆。
(4)指定直径的两个端点绘制圆。
(5)指定半径绘制与两个已知图形对象(直线、弧线或圆)相切的圆。

5. 绘制椭圆和椭圆弧

命令:ELLIPSE。
功能:利用提供的参数信息绘制椭圆或椭圆弧。
菜单方式:Draw→Ellipse。
工具栏:DRAW→。
命令格式:
(1)指定椭圆某一轴的两个端点位置和另一轴的半长绘制椭圆。
(2)指定椭圆中心点、某一轴的一个端点和另一轴的半长绘制椭圆。
(3)指定椭圆中心点、某一轴的一个端点和一转角绘制椭圆。
(4)绘制椭圆弧。

6. 绘制矩形

命令:RECTANG。
功能:利用指定的对角点位置绘制矩形。
菜单方式:Draw→Rectang。
工具栏:DRAW→。

7. 绘制点

命令:POINT。
功能:在指定的位置绘制点。
菜单方式:Draw→Point。

8. 绘制等分点

命令:DIVIDE。
功能:沿着对象的直线方向或周长方向等距离地绘制点或插入块。

9. 绘制测量点

命令:MEASUR。
功能:在指定对象上按指定的长度绘制点或插入块。

10. 绘制二维多段线

命令:PLINE。
功能:绘制二维多段线。
菜单方式:Draw→Polyline。

11. 绘制样条曲线

命令:SPLINE。
功能:绘制二次或三次样条(NURBS)曲线。
菜单方式:Draw→Spline。
工具栏:DRAW→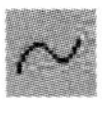。

12. 面域定义

命令:DIMORDINATE。

功能:定义面域。

菜单方式:Draw→Region。

工具栏:Draw→。

13. 文字标注

(1)定义文字样式

命令:STYLE。

功能:修改或命名文字样式并设置文字的当前样式。

菜单方式:Format→Text Style。

(2)单行文字标注

命令:TEXT。

功能:创建单行文字标注。

菜单方式:Draw→Text →Single。

14. 尺寸标注

尺寸标注描述了图纸中各部分图形的大小及相对位置关系,是游艇构件制造、加工及游艇装配的重要依据。AutoCAD 提供了多种尺寸标注方法,以适用于不同图形的不同需求。

(1)线性尺寸标注

命令:DIMLINEAR。

功能:标注水平方向和垂直方向的尺寸。

菜单方式:Dimension→Linear。

工具栏:Dimension→。

(2)对齐尺寸标注

命令:DIMALIGNED。

功能:与所选对象对齐、平行标注尺寸。

菜单方式:Dimension→Aligned。

工具栏:Dimension→。

(3)角度尺寸标注

命令:DIMANGULAR。

功能:标注圆弧包含角、圆上某段圆弧包含角、两条不平行直线夹角。

菜单方式:Dimension→Angular。

工具栏:Dimension→。

(4)基线标注

命令:DIMBASELINE。

功能:按基线标注方式标注尺寸。

菜单方式:Dimension→Baseline。

工具栏:Dimension→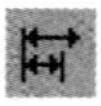。

(5)连续标注

命令:DIMCONTINUE。

功能:按连续标注方式标注尺寸。

菜单方式:Dimension→Continue。

工具栏:Dimension→。

(6)半径标注

命令:DIMRADIUS。

功能:标注圆或圆弧的半径。

菜单方式:Dimension→Radius。

工具栏:Dimension→。

(7)引线标注

命令:LEADER。

功能:创建引线标注方式,为图形添加注释文本等。

菜单方式:Dimension→Leader。

(8)尺寸标注样式

我们在进行尺寸标注时,往往需要设置尺寸线、尺寸界线、箭头的格式与属性,设置文字的外观、位置及对齐方式,设置主单位的格式与精度,公差标注格式等,上述这些格式与属性构成了尺寸标注样式。

命令:DIMSTYLE。

功能:创建或修改尺寸标注样式。

菜单方式:Dimension→Style。

工具栏:Dimension→。

15. 图案填充

在当前所示图形中,选择一封闭的区域,然后将事先设计的图案填充到该区域,这一过程叫作图案填充,在游艇 CAD 中可用于绘制剖面线。

命令:BHATCH。

功能:利用对话框对指定区域进行图案填充。

菜单方式:Draw→Hatch。

工具栏: Draw→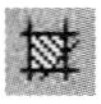。

16. 编辑二维图形

(1)复制对象

命令:COPY。

功能:将对象复制到指定位置。

菜单方式:Modify→Copy。

工具栏:Modify→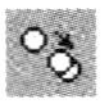。

(2)删除

命令:ERASE。

功能:从图形中删除指定的对象。

菜单方式:Modify→Erase。

工具栏:Modify→。

(3)镜像

命令:MIRROR。

功能:将对象按指定的镜像线做镜像复制。

菜单方式:Modify→Mirror。

工具栏:Modify→。

(4)偏移

命令:OFFSET。

功能:对指定的线、圆弧、圆等做同心复制。对于线而言,其圆心为无穷远,因此是平行复制。

菜单方式:Modify→Offset。

工具栏:Modify→。

(5)阵列

命令:ARRAY。

功能:按矩形或环形方式多重复制对象。有矩形阵列和环形阵列。

菜单方式:Modify→Array。

工具栏:Modify→。

(6)移动

命令:MOVE。

功能:在指定方向上按指定距离移动对象。

菜单方式:Modify→Move。

工具栏:Modify→。

(7)旋转

命令:ROTATE。

功能:将对象绕基点旋转指定的角度。

菜单方式:Modify→Rotate。

工具栏:Modify→。

(8)缩放

命令:SCALE。

功能:将对象按指定的比例因子相对于基点放大或缩小。

菜单方式:Modify→Scale。

工具栏:Modify→。

(9)拉伸

命令:STRETCH。

功能:移动或拉伸对象。STRETCH 命令与 MOVE 命令类似,可以移动部分图形。但用 STRETCH 命令移动图形时,这部分图形与其他图形的连接元素,如直线(LINE)、圆弧

（ARC）、多段线（PLINE）等，有可能受到拉伸或压缩。

菜单方式：Modify→Stretch。

工具栏：Modify→。

（10）拉长

命令：LENGTHEN。

功能：改变线段或圆弧的长度。

菜单方式：Modify→Lengthen。

工具栏：Modify→。

（11）修剪

命令：TRIM。

功能：用剪切边修剪对象（被剪边）。

菜单方式：Modify→Trim。

工具栏：Modify→。

（12）延伸

命令：EXTEND。

功能：延长指定的对象到另一对象（又称为边界边）。

菜单方式：Modify→Extend。

工具栏：Modify→。

（13）打断

命令：BREAK。

功能：删除部分对象或把对象分解成两部分。

菜单方式：Modify→Break。

工具栏：Modify→。

（14）圆角

命令：FILLET。

功能：给对象加圆形的倒角。

菜单方式：Modify→Fillet。

工具栏：Modify→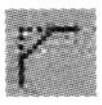。

（15）编辑多段线

命令：PEDIT。

功能：编辑由 PLINE 命令绘制出的多段线。

（16）编辑样条曲线

命令：SPLINEDIT。

功能：编辑由 SPLINE 命令绘制的样条曲线。

（17）面域的并、差、交运算

面域是实体的一种，下面所讲面域的并、差、交运算功能，对其他实体，如三维实体同样适用。

①面域的并

命令:UNION。

功能:将两个以上相互接触或重叠的面域合并为一个新的面域。

菜单方式:Modify→Solids Eidting→Union。

工具栏:Solids Eidting→ 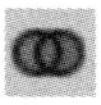 。

②面域的差

命令:SUBTRACT。

功能:从一些面域减去与之接触或重叠的别的面域。

菜单方式:Modify→Solids Eidting→Subtract。

工具栏:Solids Eidting→  。

③面域的交

命令:INTERSECT。

功能:将两个以上面域相互重叠的部分保留生成一个新的面域。

菜单方式:Modify→Solids Eidting→Intersect。

工具栏:Solids Eidting→  。

17. 游艇基本绘图实例

(1)腰圆的绘制

腰圆是船舶绘图中的常见图形,它由上下两个半圆组成,使用以上我们所学的基本绘图命令即可绘制。

绘图使用的命令:直线段命令 LINE、圆弧命令 ARC。

绘图步骤:先确定直线和圆弧的起点和终点坐标,再分别使用直线段命令 LINE 和圆弧命令 ARC 绘制。通过绘图操作绘制的腰圆图形如图 1 - 25 所示。

(2)游艇甲板开口绘制

货舱甲板开口是船舶绘图中的常见图形,它是由矩形的四个直角用圆弧代替而构成,使用以上所学的基本绘图命令即可绘制。

绘图使用的命令:直线段命令 LINE、圆弧命令 ARC。

绘图步骤:先确定直线和圆弧的起点和终点坐标,再分别使用直线段命令 LINE 和圆弧命令 ARC 绘制。绘制出来的甲板开口如图 1 - 26 所示。

(3)船体肋板轮廓的绘制

肋板轮廓由直线和样条曲线组成,使用以上我们所学的基本绘图命令即可绘制。由于肋板轮廓通常对称于中心线,所以绘制一半即可。

绘图使用的命令:直线段命令 LINE、样条曲线命令 SPLINE。

绘图步骤:先确定直线和样条曲线的起点和终点坐标、样条曲线上的若干点、样条曲线在起点和终点的切线方向,再分别使用直线段命令 LINE 和样条曲线命令 SPLINE 绘制。绘制出来的肋板轮廓如图 1 - 27 所示。

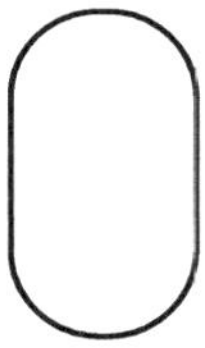
图 1－25　腰圆图形

图 1－26　甲板开口图形

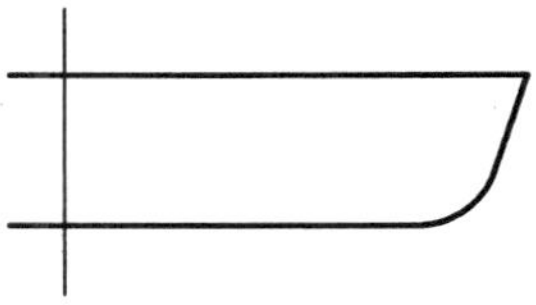
图 1－27　肋板轮廓圆形

思考与练习题

1. 简述 AutoCAD 的功能及应用。
2. 说明 AutoCAD 的安装与启动方法。
3. 简要说明 AutoCAD 用户界面的视窗、菜单、工具栏、功能区、命令行的功能。
4. 简述图形文件的操作和管理方法。
5. 简述 AutoCAD 的基本绘图功能，举出 5 个基本绘图命令实例。
6. 在计算机上进行 AutoCAD 的安装与启动操作。
7. 使用所学基本绘图知识绘制习题图 1－1 所示的由圆、圆弧和直线段组成的图形。
8. 使用所学基本绘图知识绘制习题图 1－2 所示的由圆和直线段组成的图形。

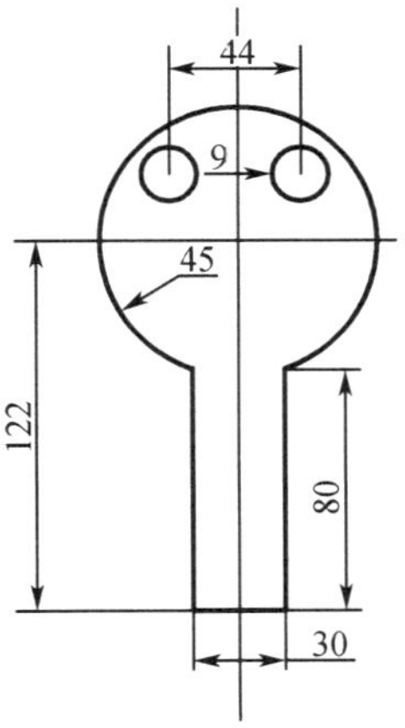

习题图 1－1　由圆、圆弧和直线段组成的图形①

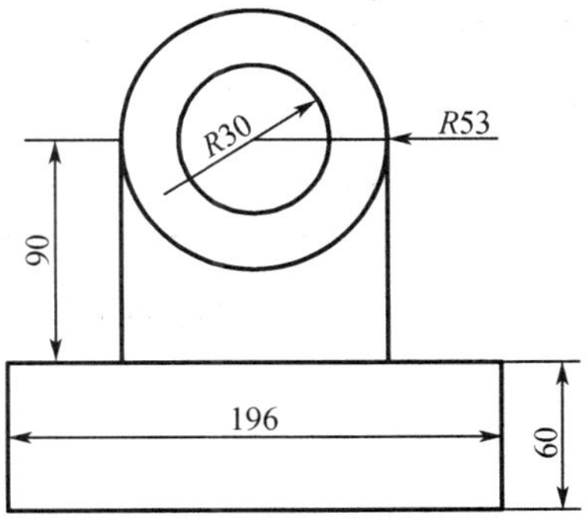

习题图 1－2　由圆和直线段组成的图形

9. 使用所学的计算机游艇基本绘图知识绘制习题图 1－3 所示的由圆弧、圆和直线段组成的图形。

10. 使用所学的计算机游艇基本绘图知识绘制习题图 1－4 所示的由圆弧和直线段组成的图形。

① 本书中未标注单位的表示长度的数值，其单位默认为 mm。

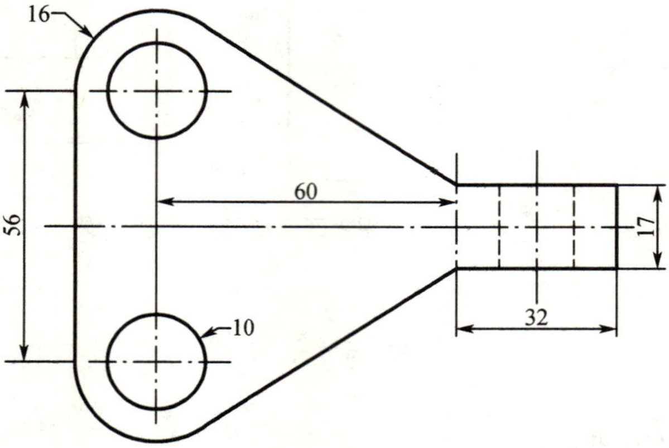

习题图 1 -3　由圆弧、圆和直线段组成的图形

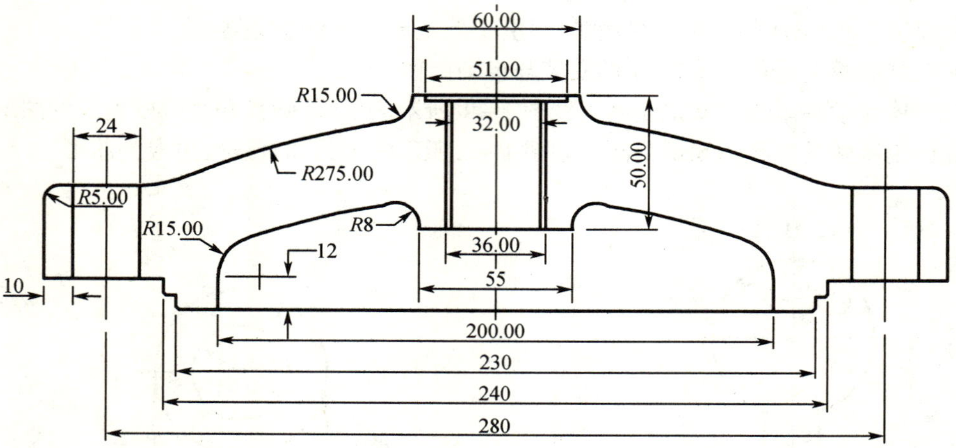

习题图 1 -4　由圆弧和直线段组成的图形

第 2 章　游艇工程图绘制

学习目标

【知识目标】

1. 能正确理解型线图的组成、型值表中数字的含义。
2. 能正确理解和掌握使用 AutoCAD 绘制游艇型线图的方法和步骤。
3. 能正确理解和掌握游艇典型横剖面图绘制的方法和步骤。
4. 能正确理解和掌握游艇基本结构图绘制的方法和步骤。

【能力目标】

1. 熟练掌握 AutoCAD 图层、颜色、线型、线宽等图形特性的操作和应用。
2. 能熟练应用 AutoCAD 绘制游艇型线图。
3. 能熟练应用 AutoCAD 绘制游艇典型横剖面图。
4. 能正确应用 AutoCAD 绘制游艇基本结构图。

2.1　游艇型线图绘制

由于型线图是绘制其他游艇图样时确定船体形状的依据，所以精度要求较高。绘制游艇型线图可以使用模拟手工绘图方法、使用 AutoCAD 绘制，也可以使用 Tribon，HD – SHM，SB 等造船专业软件进行绘制，现以 17 m 游艇为例，说明使用 AutoCAD 绘制型线图的方法和步骤。

已知 17 m 游艇主尺度、型值表、艏艉部侧视图、水线图、横剖面图和其他有关尺寸，该船垂线间长 17 000，10 个理论站，设计吃水 1 128，最大半宽 2 350，肋骨间距 500，0 肋骨与 0 站重合。半宽型值如表 2 – 1 所示，高度型值如表 2 – 2 所示 ，水线、甲板线、舷墙顶线圆弧半径、圆心横坐标如表 2 – 3 所示，艏部水线和纵剖线图、艉部水线和纵剖线图、横剖面图分别如图 2 – 1、图 2 – 2、图 2 – 3 所示 。

表 2 – 1　半宽型值

水线	300	600	900	1 200	1 500	上甲板边线	舷墙顶线
艉封板	—	—	—	985	1 456	1 735	1 718
0	—	—	—	1 233	1 496	1 780	1 780
1	—	—	1 150	1 570	1 790	2 090	2 090
2	—	1 056	1 620	1 890	2 040	2 270	2 270
3	842	1 555	1 925	2 125	2 210	2 350	—

表 2-1(续)

水线	300	600	900	1 200	1 500	上甲板边线	舷墙顶线
4	974	1 711	2 061	2 240	2 295	2 350	—
5	1 000	1 730	2 072	2 240	2 295	2 350	—
6	910	1 560	1 920	2 090	2 190	2 350	2 350
7	720	1 250	1 575	1 770	1 941	2 350	2 350
8	480	829	1 110	1 300	1 480	2 320	2 320
9	199	361	529	702	890	1 883	2 100
10	—	—	—	0	210	940	1 425

表 2-2　高度型值

纵剖线	0	1 000	2 000	上甲板边线	舷墙顶线
艉封板	1 155	1 205	—	2 172	2 550
0	1 155	1 154	—	2 170	2 545
1	720	840	1 939	2 140	2 515
2	300	580	1 403	2 110	2 110
3	0	364	990	2 100	—
4	0	309	830	2 100	—
5	0	299	814	2 100	2 100
6	0	334	1 009	2 105	2 117
7	0	440	1 600	2 145	2 770
8	0	770	2 030	2 210	3 085
9	0	1 670	—	2 285	3 160
10	1 200	2 453	—	2 348	3 225

表 2-3　水线、甲板线、舷墙顶线圆弧半径、圆心横坐标

水线	300	600	900	1 200	1 500	主甲板边线	舷墙顶线
艏圆弧半径	55	75	95	128	160	524	1 800
艏圆心横坐标	0	0	0	0	0	0	0
艉圆弧半径	480	788	1 212	—	—	—	—
艉圆心横坐标	0	0	0	0	0	0	0

1. 选取出图比例和决定布图形式

(1)选取出图比例

型线图出图比例常用的有 1∶50,1∶25,1∶20 及 1∶10 等几种。一般来说,精度要求高或船舶主尺度较小,则比例应取大些;精度要求低或船舶主尺度较大,则比例应取小些。游艇图纸大多在 A3 图纸上打印,所以如果使用 A3 图纸出图,型线图可选取 1∶25 的出图比例。

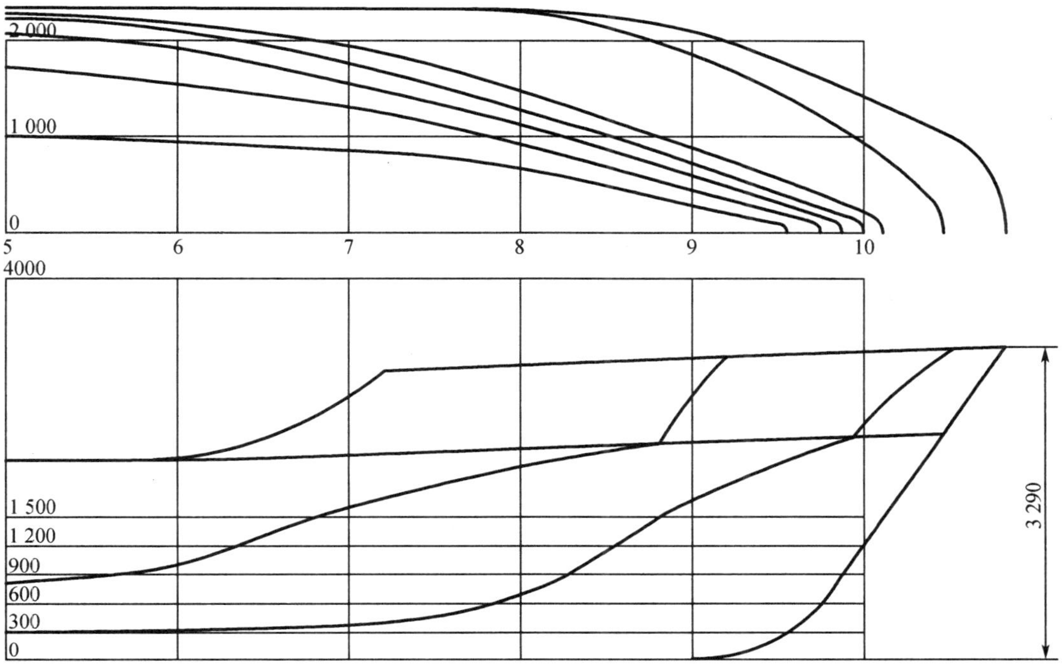

图 2-1 艏部水线和纵剖线图

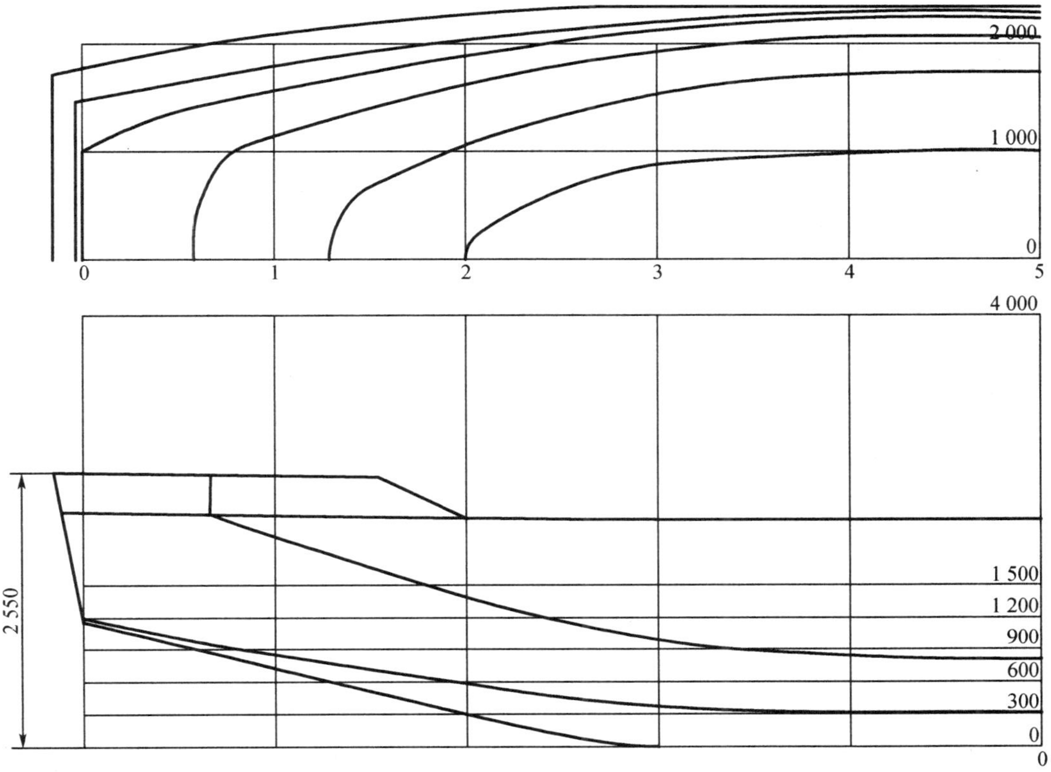

图 2-2 艉部水线和纵剖线图

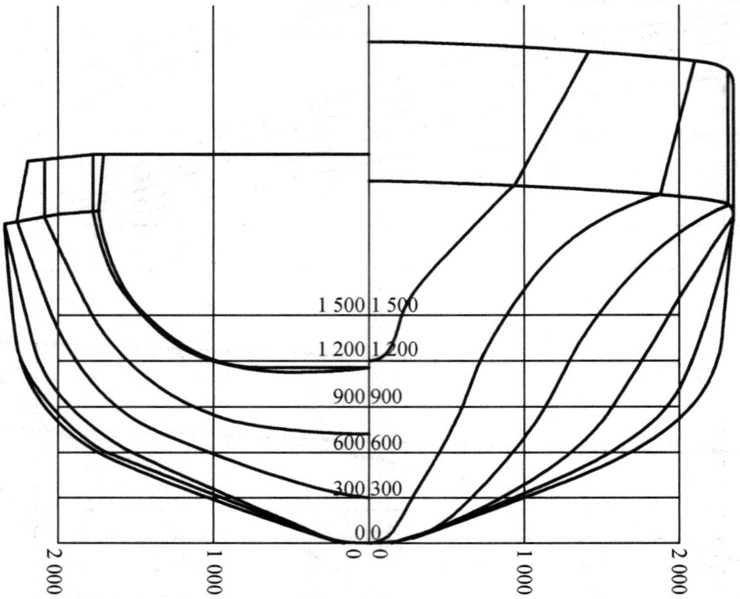

图 2－3　横剖面图

（2）决定布图形式

视图布置形式，主要根据船舶主尺度大小和线型变化情况而定。通常主尺度小或线型变化大的可采用分离布置，主尺度大的可采用重叠布置。如果游艇为小型游艇，线型变化也比较大，则采用分离布置的形式。比例和布图形式确定后，可绘制图纸边框线、标题栏和反向图号栏。

2. 作格子线

格子线是绘制型线图的基准线，因此作格子线时必须十分仔细谨慎，不要出现错误。作格子线的步骤和方法如下：

（1）作纵剖线图的基线

根据视图的布置形式和游艇主尺度，在图纸上合理地布置各视图的位置，画出各视图的基准线，见图 2－4。

（2）作艏垂线和艉垂线

根据艉端点至艉垂线的距离、标注尺寸的位置以及总长 L_{OA} 的大小，在基线上确定艉垂线点（即 0 站位置），然后根据垂线间长 L_{PP} 确定艏垂线点（即第 10 站位置）。过此两点作基线的垂线，并延长至半宽水线图的位置，见图 2－5。

（3）作半宽水线图的艇体中心线

根据半宽水线图的布图位置，在艏、艉垂线上自基线起量取相同距离，得艇体中心线与艏、艉垂线的交点，如 2－6 图所示，连接交点即得艇体中心线。

（4）作纵剖线图和半宽水线图的站线

在纵剖线图的基线和半宽水线图的艇体中心线上，根据型值表的站数等分垂线间长 L_{PP}，以确定各站线的位置。等分时，可用 DIVIDE 命令，从艉垂线起沿基线进行。然后连接基线和艇体中心线上的对应各点，得纵剖线图和半宽水线图中的各站线。艏、艉端的补加站线可用相同方法作出，见图 2－7。

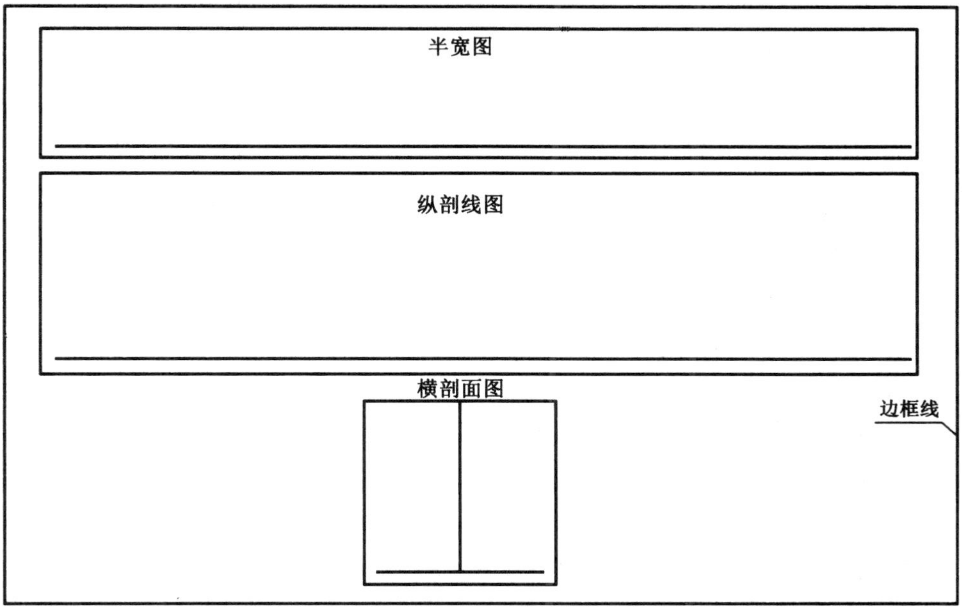

图 2－4　图面布置与作纵剖线图的基线

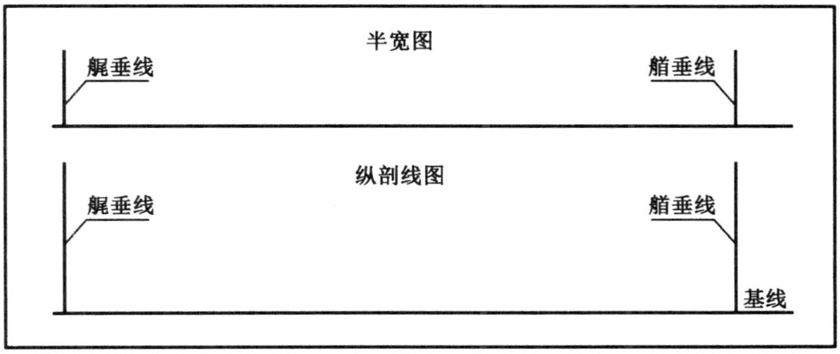

图 2－5　作艏垂线、艉垂线

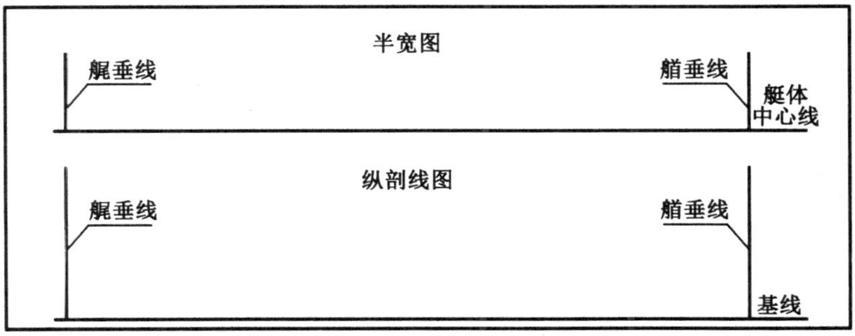

图 2－6　作艇体中心线

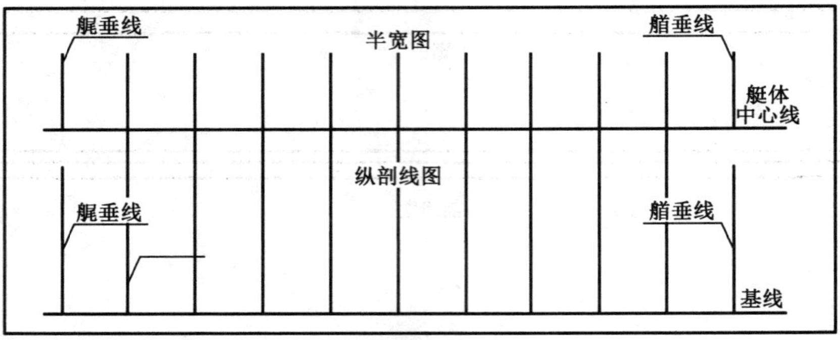

图 2－7　作纵剖线图和半宽水线图的站线

(5)作横剖线图的艇体中心线和基线

将纵剖线图的中站线(5 站)作为横剖线图的艇体中心线。根据横剖线图的布图位置，将纵剖线图的基线作为横剖线图的基线，见图 2－8。

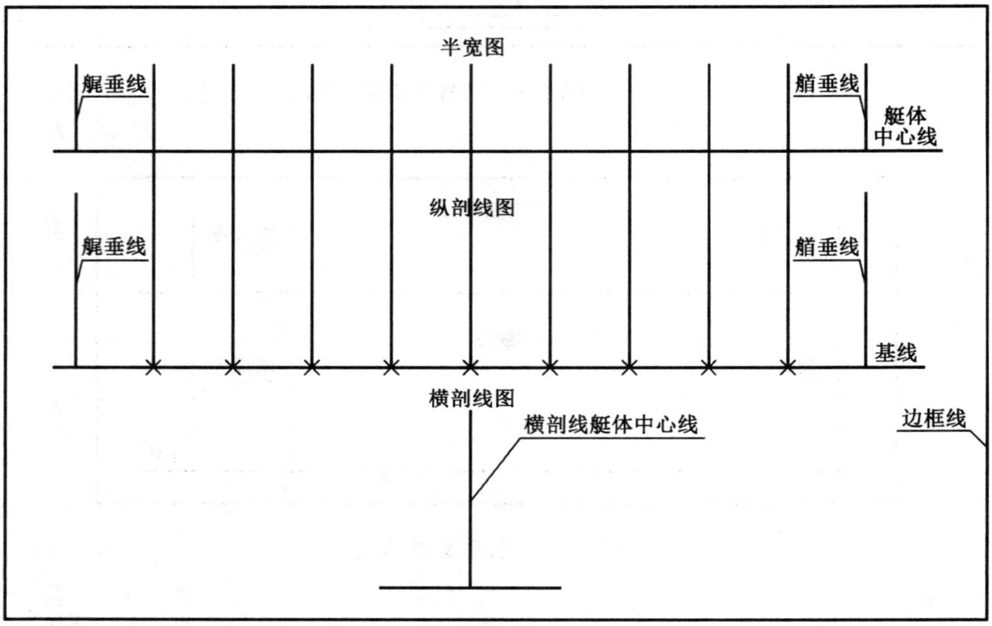

图 2－8　作横剖线图的艇体中心线和基线

(6)作半宽图的最大半宽线和各纵剖线

在半宽图上，以中线为准，沿 0 站量取最大半宽及最大纵剖线的距离，并用纵剖线间距等分最大纵剖线，等分方法同前，得最大半宽线及其他各纵剖线的等分点，过这些点且平行于基线作直线，即得到最大半宽线和各纵剖线，见图 2－9。

(7)作横剖线图的最大半宽线

沿基线向左右各绘制最大半宽两点，过这两点用直线绘制命令作出基线的垂线，即为横剖线图的最大半宽线，见图 2－10。

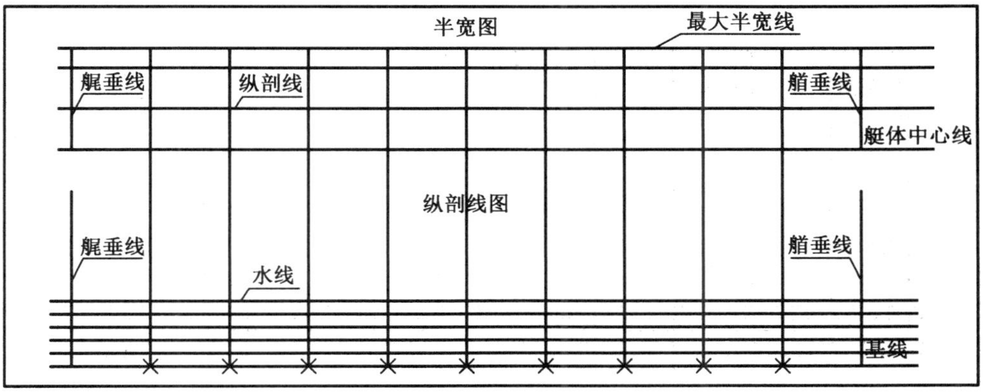

图 2-9 作半宽图的最大半宽线和各纵剖线

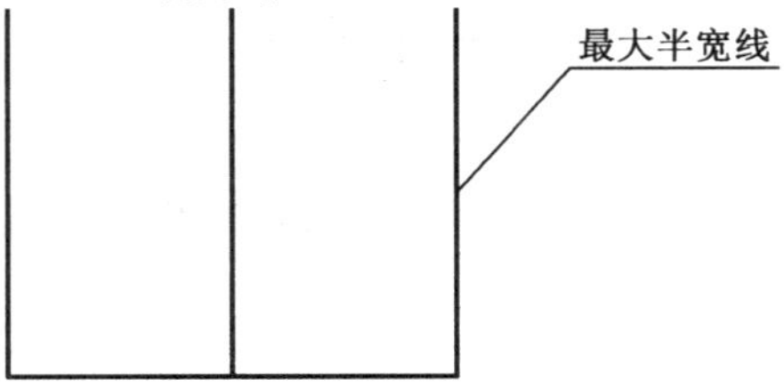

图 2-10 作横剖线图的最大半宽线

(8)作纵剖线图和横剖线图的水线

在纵剖线图中,以基线为准,沿艉垂线量取设计吃水的距离,并用水线间距(700 mm)等分(与作站线所使用的等分方法相同),得其他各水线的等分点。用纸条或分规移取尺寸到艏垂线、5 站和横剖线图中的最大半宽线上,录下各水线点,连接对应各点得各水线。见图 2-11。

(9)作横剖线图的纵剖线

根据纵剖面线间距在横剖线图上用直线命令绘制各纵剖线,见图 2-12。

3. 绘制各型线

(1)作纵剖线图的龙骨线及艏、艉轮廓线

若是水平龙骨,其与基线相吻合,则不必画出。若是倾斜龙骨,则应根据所给的倾斜尺寸,画出龙骨线。艏、艉轮廓线可根据提供的有关尺寸,用样条曲线命令光顺连接各点,见图 2-13。

(2)作纵剖线图的甲板边线、外板顶线及舷墙顶线

根据型值表右边部分中给出的甲板边线、外板顶线和舷墙顶线在各站处的高度值,用样条曲线命令输入各站线 X 值和对应的沿纵剖线图的各站线从基线向上的值,得各相应点,光顺连接即得甲板边线。舷墙顶线连接到折角点处,艏部舷墙顶线向甲板边线过渡部分用圆弧命令绘制,艉部舷墙顶线向甲板边线过渡部分用直线命令绘制,见图 2-14。

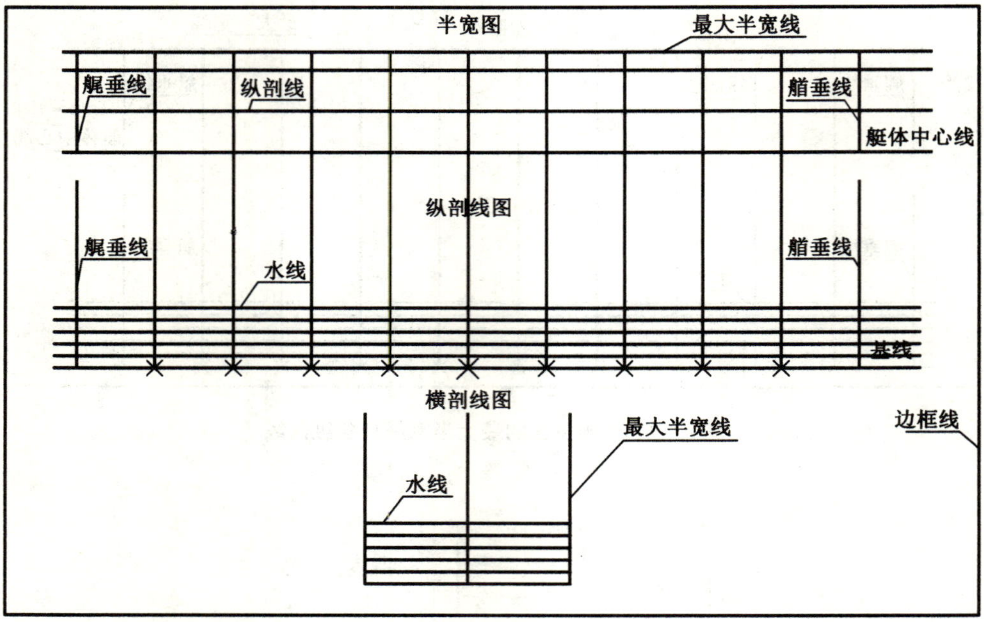

图 2-11　作纵剖线图和横剖线图各水线

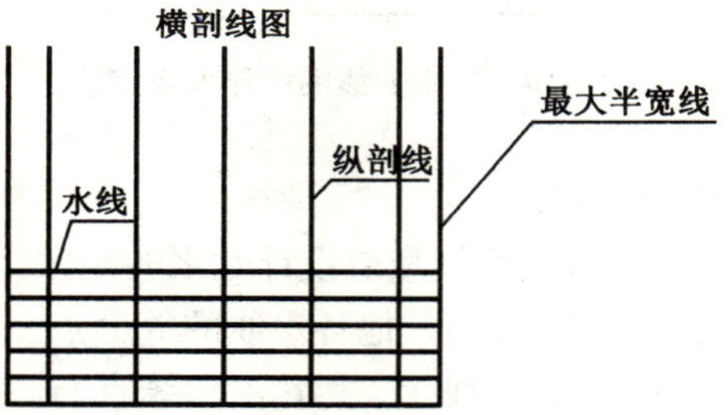

图 2-12　横剖线图的各纵剖线

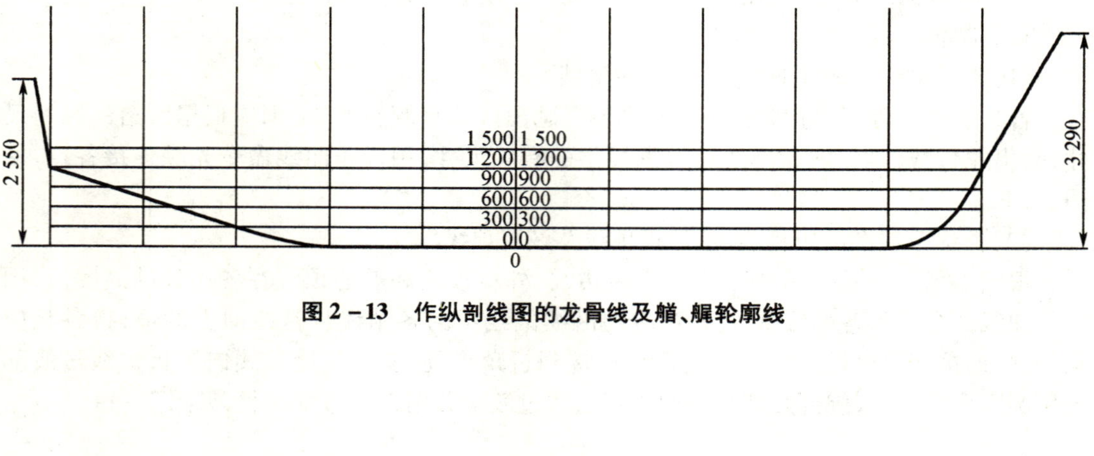

图 2-13　作纵剖线图的龙骨线及艏、艉轮廓线

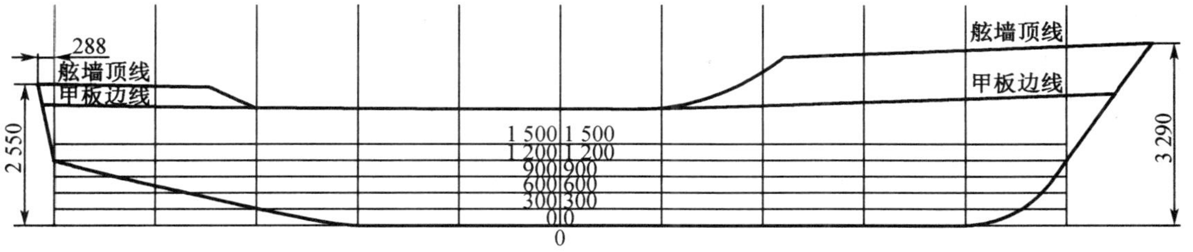

图 2－14　作纵剖线图的甲板边线及舷墙顶线

(3)作半宽图的设计水线、甲板边线及舷墙顶线

根据各站线 X 值和对应型值表设计水线、甲板边线和舷墙顶线的半宽值,得设计水线、甲板边线和舷墙顶线与各横剖线在半宽水线图各站上的坐标值。与艇体中心线的交点,可根据投影规律,从纵剖线图中求得(过轮廓线与水线交点作垂线),见图 2－15。根据型线艏端的圆弧半径和艉端形状的有关尺寸(或艉端圆弧半径)画出艏端圆弧和艉端形状(或艉端圆弧)。这里注意,设计水线的形状对游艇的航海性能有较大影响,一般不能轻易改动它的型值。上甲板边线、艉楼甲板边线与艉封板交点的投影位置,其交点的半宽值从型值表查出,交点的长度值可从图中标注直接查出。用样条曲线命令绘制设计水线、甲板边线及舷墙顶线,使用捕捉功能,捕捉与艏端圆弧相切(若艉端也为圆弧时,也应与艉端圆弧相切)的点,待观察光顺后,绘制出曲线。

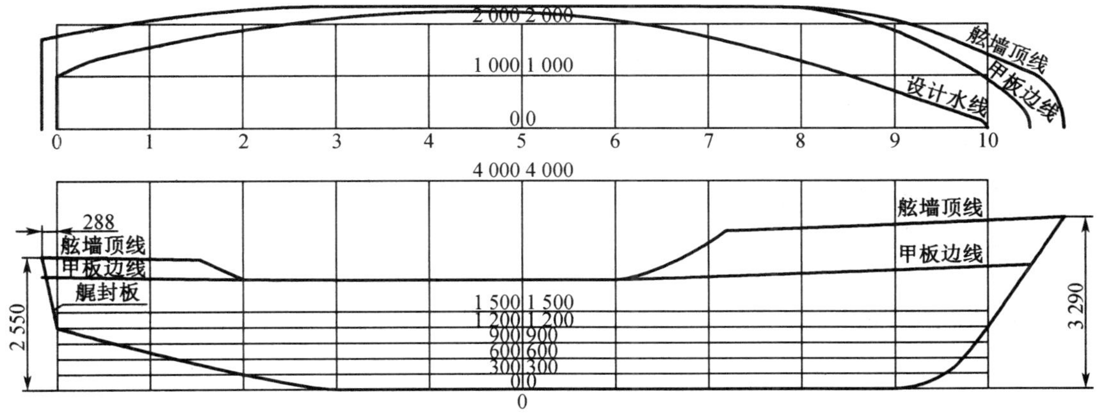

图 2－15　作半宽图的设计水线、甲板边线及舷墙顶线

(4)作横剖线图的最大横剖线

此游艇的最宽处在 5 站,根据型值表中的半宽值和水线高度,在横剖线图上用样条曲线命令绘制最大横剖线,当曲线连到底部时,横剖面线端点曲线方向为曲线顺延方向,当曲线连到舷侧端点时,通常与最大半宽线相切,见图 2－16。

(5)作横剖线图的甲板边线及舷墙顶线

在横剖线图上定点的位置只需半宽和高度两个型值。除了使用型值表中的型值,对于型值表中没有或者是被修改过的型值,还需要根据已经绘出的半宽水线图和纵剖面图测出所需要的型值。绘制横剖线图的甲板边线及舷墙顶线时,上述高度值可在纵剖线图上使用测距命令量取，其半宽值可在半宽水线图上使用测距命令量取，并分别进行记录，然后在横剖线图上定出各点。与艇体中心线交点可根据投影规律从纵剖线图上找到。用绘制样条曲线命令连接各点，得横剖线图的甲板边线及舷墙顶线，见图 2－16。

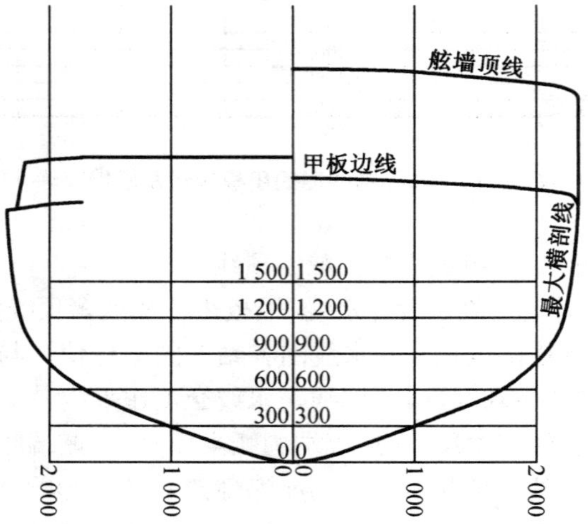

图 2－16　作横剖线图的最大横剖线、甲板边线及舷墙顶线

(6)作横剖线图的各横剖线

根据型值表的型值，在横剖线图上用绘制点命令沿各水线量取半宽值绘制点，沿各纵剖线量取高度值绘制点，艏部横剖线量在右边，艉部横剖线量在左边。与设计水线的交点，须用测距命令在半宽图上量取；与中纵剖线的交点，可从纵剖线图中横剖线与中纵剖线的交点用测距命令量取；与甲板边线及舷墙顶线的交点，前面已经得到。这样就得到各横剖线上所有的点，用样条曲线命令连接各点即得各横剖线，见图 2－17。同样，曲线连到底部端点切线应沿曲线顺延方向，连到舷部端点切线也应沿曲线顺延方向。当横剖线各点不能连成光顺曲线时必须修改某些交点的型值，直到型线光顺为止。在修改时，设计水线各点的型值不允许修改，因为设计水线的型值修改后，会引起水线面面积系数及艏进水角的改变，影响游艇的航海性能。

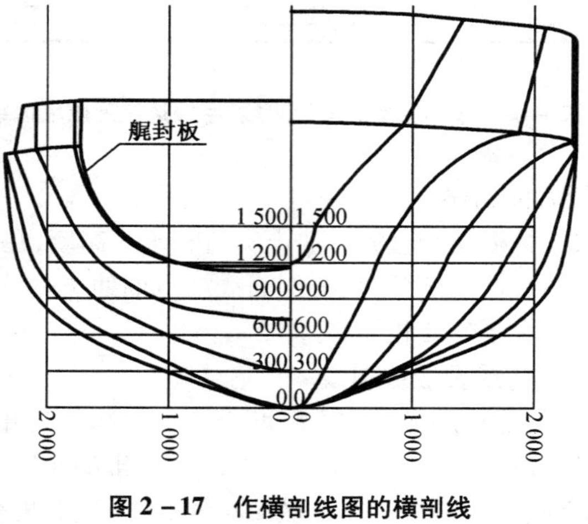

图 2－17　作横剖线图的横剖线

(7)在半宽图上绘制各水线

绘制水线时,可用测距命令在横剖线图中将水线与各横剖线交点的半宽值量取出来,然后绘至半宽图中相应的横剖线上。水线与中纵剖线的交点,可在纵剖线图上用测距命令量取,然后根据水线艏、艉端圆弧半径,定圆心,绘制圆弧。设置切点捕捉功能,用样条曲线命令绘制水线从中部开始逐点向艏、艉并与艏、艉圆弧相切。半宽图上绘制的各水线,见图2-18。

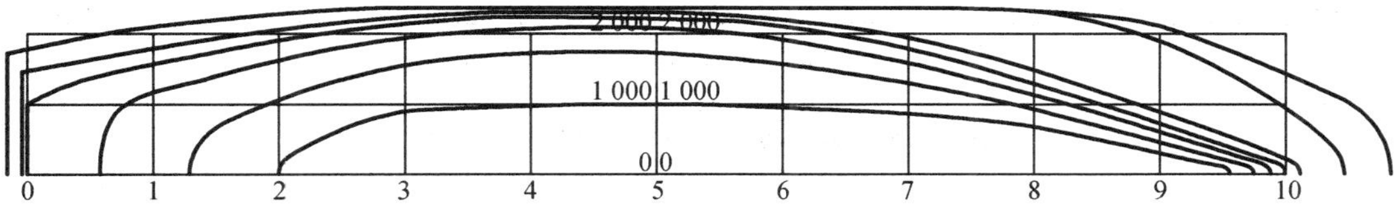

图2-18 作半宽图的各水线

(8)作纵剖线图的各纵剖线

用测距命令将横剖线图中纵剖线与各横剖线交点的高度值和半宽图中纵剖线与各水线、甲板边线、舷墙顶线交点的长度值,绘至纵剖线图上相应的横剖线、水线、甲板边线及舷墙顶线上,得到纵剖线上各点。用样条曲线命令光顺连接各点,即得纵剖线在纵剖线图上的投影,见图2-19。

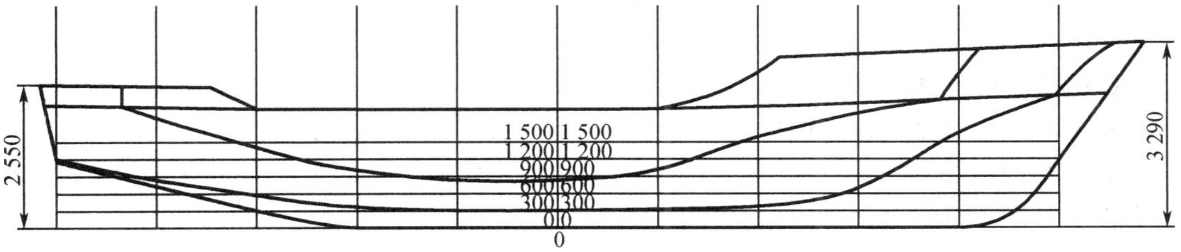

图2-19 作纵剖线图的各纵剖线

当型线不光顺时应进行修改。修改型线是一项细致的工作,对型线某一处的修改,常会引起型线上相邻部分的变化,并且涉及其他型线。所以在修改型线之前,要对型线有关部分加以观察和分析,然后着手进行。修改纵剖线时,如果单一变动纵剖线上点的型值,往往型值修改量较大,对其他型线的影响也较大。为此,可先适当变动半宽水线图中水线与纵剖线交点的型值,再变动纵剖线图中纵剖线与水线、横剖线交点的型值。这样,型值修改量小,型线也容易修改光顺。

(9)作艉封板曲线

在半宽图中绘制艉封板曲线的投影。在横剖线图中使用样条曲线命令,根据艉封板曲线与舷墙顶线、上甲板边线的交点高度值,艉封板与纵剖线的交点高度值,艉封板与水线的交点、与艇体中心线的交点,光顺连接各点,得艉封板在横剖线图上的投影。最后根据投影规律得艉封板在纵剖线图上的投影,见图2-15、图2-17。

(10)绘制纵剖线图的甲板中线

在型线图中,甲板中线通常是根据甲板边线作出的。这是由于甲板在横向具有梁拱,所以甲板边线与甲板中线在同一站线处就相差一个梁拱高,见图 2 - 20。当然,在不同站线处,随着甲板宽度的改变,其梁拱高也就随着改变。因此,绘制甲板中线的关键,是求取各站线的梁拱值。

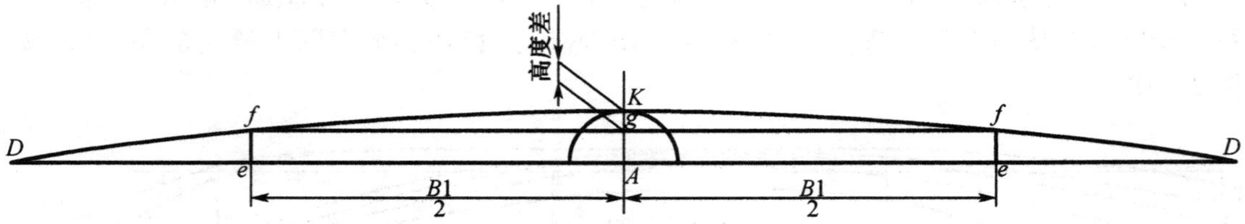

图 2 - 20　求甲板中线与甲板边线的高度差

习惯上在型线图中不表示甲板梁拱的形状,可是,根据甲板边线绘制甲板中线时,需要利用梁拱线。梁拱线的形状在全船是相同的,所以通常只需作出甲板宽度最大处的梁拱线即可。在这里说明抛物线梁拱线的作法,见图 2 - 21。

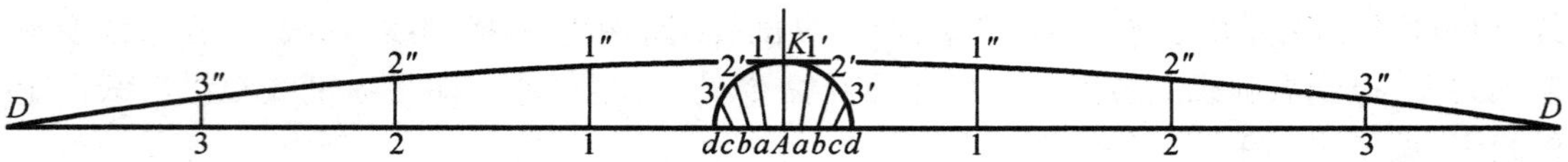

图 2 - 21　绘制梁拱线

抛物线梁拱曲线的作法:

①连接甲板宽度最大处甲板边线上的两点 DD,交艇体中心线于 A 点。

②以 A 为圆心,以艇体主尺度中所给出的梁拱值为半径作半圆,交艇体中心线于点 K,并交 DD 于 d,d 两点。

③将 DD,dd 两线段及$\widehat{dKd}$半圆弧分成相同的等份,得到分点 3,2,1,1,2,3;c,b,a,a,b,c;3′,2′,1′,1′,2′,3′。

④连接 $a1'$,$b2'$,$c3'$,并过 1,2,3 各点作 DD 的垂线。

⑤分别在垂线上量取 $11''=a1'$,$22''=b2'$,$33''=c3'$,得 1″,2″,3″各点。

⑥用曲线连接 D,3″,2″,1″,K,1″,2″,3″,D 各点,即得梁拱线。

梁拱线求得后,即可按图 2 - 21 所示,求得各站线的梁拱高,进而求取甲板中线在纵剖线图中与各横剖线交点的投影,将这些投影点连接起来,就是甲板中线在纵剖线图中的投影。

4. 检验型线

型线绘制结束后,需要对型线的精确性进行检验。型线的精确性体现在型线的光顺、协调和投影一致三方面,通常就从这三方面入手进行检验。产生型线不光顺、不协调和投影不一致的原因主要有:型值输入时可能有错误;连接曲线时没有通过规定的点;格子线绘制得不够准确;型值可能有错误;用样条曲线命令绘制曲线时,端点切线设置不好,等等。当发现型线有不光顺、不协调及投影不一致时,必须找出原因并进行修正。

(1)通过目测进行检验

①光顺性:型线的光顺性是指各型线的曲率应和缓地变化,不应有局部凹凸起伏和突

变现象存在。单根型线的光顺性通过目测加以检验。检验时,用眼从型线的端部顺着型线的变化方向观察,看其是否光顺。

②协调性:型线的协调性是指同组型线间的间距大小应有规律地变化,不应有时大时小的现象存在。

型线的变化有这样的特点:沿船长方向,中部变化比较平缓,艏艉两端型线变化较大;沿船深方向,设计水线处变化较平缓,甲板、底部线型变化较大。反映在横剖线图中,站距相等的两相邻横剖线的间距,艏艉部分大,舯部小。反映在半宽水线图中,等水线间距的相邻两水线的间距,通常自设计水线起,越向甲板、船底越大。

③投影一致性:型线的投影一致性是指型线上任一点在三视图中的投影应符合投影规律,即长对正、高平齐、宽相等。

(2)绘制斜剖线检验型线

对型线精度综合检验的方法通常是绘制斜剖线,斜剖线一般是侧垂面与外板型表面的交线。如果得到的斜剖线是一条光顺的曲线,则表明该处的型线绘制正确,即这部分型线的光顺性、协调性和投影一致性是满足要求的。如果得到的斜剖线不光顺,则需要修改斜剖线上某些点,使斜剖线光顺,并以此修改相应的型线。

一般来说,艇体艏部型线的曲率较大,变化也较剧烈。为此,常在艏部用包含中线面与设计水线面交线的侧垂面剖切外板型表面,作斜剖线,见图 2-22。根据平面投影特性可知,这样的斜剖线在横剖线图上的投影积聚为直线,在纵剖线图和半宽水线图的投影为曲线,不反映真实形状。为了获得斜剖线的真实形状,可用旋转法,将剖切平面绕中线面与设计水线面的交线旋转到中线面或设计水线面上,这样,在纵剖线图或半宽水线图中就可得到斜剖线的真实形状。

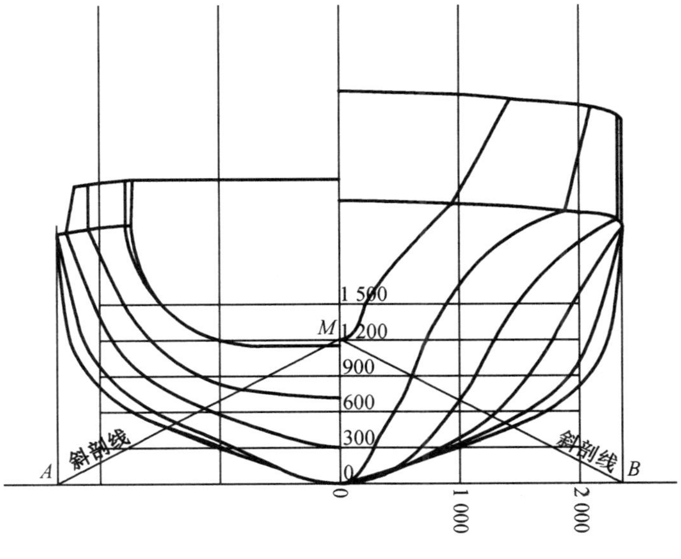

图 2-22 作斜剖线

斜剖线的作图方法通常如下:

①在横剖线图中,连接 *MA*,*MB*,这是斜剖线在横剖线图上的投影,见图 2-22。

②用测距命令量取 *M* 点至斜剖线与各横剖线交点的距离,并注明横剖线编号。

③在纵剖线图中，使 M 点与基线重合，在各站线上记下相应的交点；斜剖线与艏、艉轮廓线的交点，可以从纵剖线图中设计水线与艏、艉轮廓线的交点投影得到。

④用样条曲线命令光顺连接各点，得到在纵剖线图中的斜剖线的真实形状，见图 2－23。

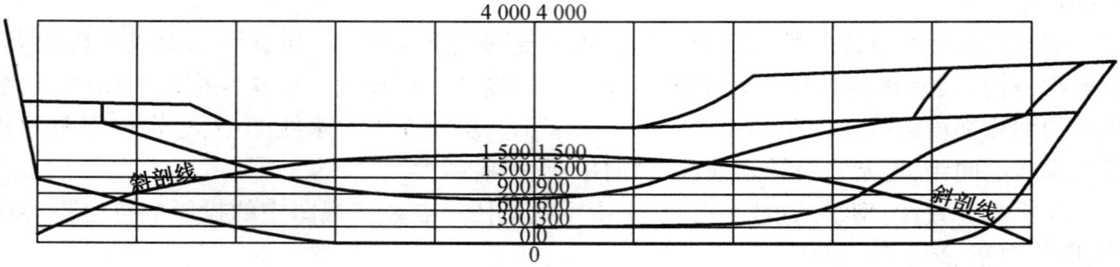

图 2－23 在纵剖线图中绘制斜剖线

5. 型线图的注字和标注尺寸

型线绘制完毕，在型线图中标注文字和尺寸，其基本内容如下：

(1) 标注型线和格子线的名称和编号。

(2) 在图纸右上方空白处，列出艇体主尺度；在左上方列出型值表。

(3) 标注艏、艉尺寸和其他有关尺寸。

(4) 填写标题栏和反向图号栏。

2.2 游艇典型横剖面图绘制

在游艇横剖面图的绘制中，重点是选取图样比例和图纸幅面、设置绘图单位和图形界限、图面布置，以及需要的主要绘制命令提示，而绘制组成横剖面图各个部分的详细过程不作详细介绍。

绘制横剖面图是艇体结构详细设计过程中的一项工作，与艇体分段结构图绘制密切相关，这里完成已知横剖面构件的尺寸和连接方式的情况下使用 AutoCAD 绘制横剖面图的任务。

1. 选取计算机出图的图纸幅面

使用计算机输出设备出图时，可根据输出设备所能绘制图纸的最大尺寸，设置出图比例。目前，工厂使用的绘图仪最大一般为 A0。尺度较小的船可选用较大的比例，超大型游艇要选用较小的比例，如 1∶100 或更小，通常根据输出设备所能绘制图纸的最大图纸幅面选定图样比例。但为了使用方便，图纸幅面不宜太大，所以有时还需根据选用的图纸幅面大小重新选取适当的图样比例。图纸幅面通常在 A0，A1，A2 范围内选择。

2. 设置计算机绘图环境

计算机绘图环境的设置通常包括绘图单位设置、精度设置，以及绘图空间的界限范围等方面。

(1) 设置绘图单位

- 命令：UNITS。
- 菜单：Format→Units。

绘图单位包括长度单位和角度单位，AutoCAD 提供了 Drawing Units 对话框来设置长度单位和角度单位。执行 UNITS 命令即可打开 Drawing Units 对话框，根据需要进行设置。

游艇图样绘制一般选取 Decimal（小数）类型，精度选取至 0.01 mm 即可。

Angle 选项组用于设置 AutoCAD 的角度单位类型与精度。游艇图样绘制一般选取 Deg/Min/Sec（度/分/秒），精度选取至 1 s 即可。

(2) 设置图形界限

- 命令：LIMITS。
- 菜单：Format→Drawing Limits。

例如设置 594×841（A1）的图纸，操作过程为：

```
Command:LIMITS
Reset model space limits(重新设置模型空间界限):
Specify lower left corner or[ON/OFF]<0.0000,0.0000>:(指定左下角点)
Specify upper right corner<420.0000,297.0000>:594,841(指定右上角点)
```

3. 图面布置

剖面图按剖切位置的肋位编号顺序从左至右依次布置。局部结构图可安排在剖面图相应结构部位的附近或其他空白的地方。主尺度栏和附注栏通常安排在图纸的右上方。布置可根据图幅左下角点和右上角点坐标进行，如果在以后的绘制过程中发现不合适的地方，可通过移动命令进行调整。

4. 绘制剖面图的外形和定出各部分结构的位置

在此项绘图中，对于线型和线宽的处理有两种方式：一种是先不设置线型、线宽和图层，待图形绘制完成后，再使用图形对象特性匹配命令设置；另外一种方式是绘图之前设置。两种方式各有方便之处，都可以采用。

(1) 在图纸下方适当位置使用直线段命令 LINE 作基线，然后根据剖面图的半宽值，在适当位置作出基线的垂线，即艇体中线。作基线的垂线，可利用屏幕下方的 OTRACK 按钮提供特殊方向和点的追踪功能，先打开 OTRACK 按钮，然后使用直线段命令 LINE 在基线上确定一个起点，将光标移开此点，大致移向垂直方向，则有虚线自动准确显示垂直方向，由此可确定垂线上另外一点。每个剖面图都应单独绘制艇体中线，而不允许两个剖面合用一条中线。

(2) 根据剖面图的剖切位置，在型线图中得出肋位剖面图外形的尺寸，然后绘制外形。如果读者的计算机或联网的计算机上有艇体型线光顺系统与型线图绘制系统，如上海沪东船厂开发的 HD-SHM 系统，那么所选肋位剖面的外形不需要重新绘制，只需从光顺后的型线图中将其粘贴过来即可。如果无上述条件，就要使用 AutoCAD 绘制，对于剖面外形由直线和圆弧组成的，只要使用直线段和圆弧绘制命令即可，要注意在舭部直线段和圆弧会相切；对于剖面外形除了由直线和圆弧组成外，还有一般曲线的情况，如舭部或甲板为一般曲线，则舭部或甲板要使用 SPLINE 命令绘制。

(3) 根据底部和各甲板间高度、各纵向围壁距艇体中线的尺寸等定出各部分结构的位置。确定各部分结构的位置时，注意使用 AutoCAD 提供的相对坐标功能，例如，甲板边线点在横剖面上距中心线和基准线的距离是确定的，这样就可以使用 POINT 命令在中心线和基准线相交处作出一点，再使用 POINT 命令并输入距中心线和基准线的相对坐标值，就确定了甲板边线点的位置。

由步骤(1)(2)(3)可绘出图 2－24 所示的图形。

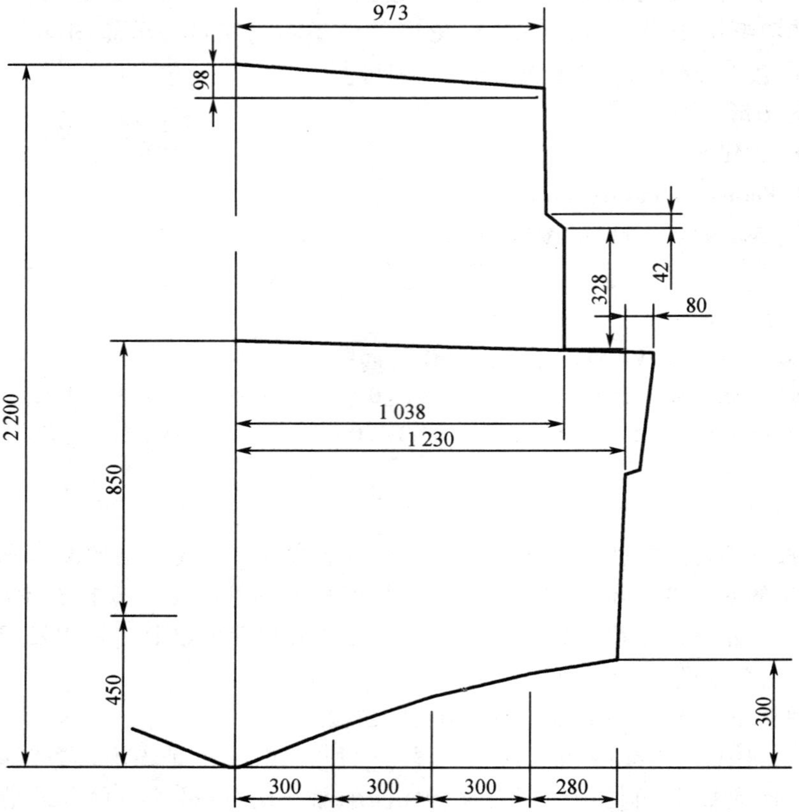

图 2－24　横剖面外形与各部分结构位置图形

5. 绘制各部分结构

绘制的顺序通常是先绘底部结构,再绘舷侧结构,然后绘甲板和上层建筑结构。由于艇体结构通常对称于中线面,所以剖面图的图形一般只绘略多于一半的图形,见图 2－25。

6. 绘制节点详图

对于横剖面中一些无法表达清楚的局部,可以将其引出放大构成节点图,如图 2－26 所示的横剖面图中的节点图。

7. 绘图前设置线型、线宽和颜色

如果不同线型、线宽的图线比较多且混合在一起,则使用特性匹配命令设置线型、线宽不够方便,在出图比例一定的情况下,可以根据将要绘制的图形对象的线型、线宽,先设置线型、线宽再绘图。例如,在对象特性工具栏中的线型下拉列表中根据将要绘制的图形对象的线型选择了所需要的线型再绘图,就可以绘制出如图 2－27 所示的图形。在对象特性工具栏中的线宽下拉列表中根据将要绘制的图形对象的线宽选择了所需要的线宽再绘图,就可以绘制出如图 2－28 所示的图形。

在出图时的线宽没有确定的情况下,可以先设置线型,不同线宽的图线可设置成不同颜色,再去绘图,最后出图时,对不同颜色设置不同线宽,例如将线宽为 0.5 mm 的图形对象颜色设置为红色。出图时使用 PLOT 命令,弹出如图 2－29 所示的 Plot 对话框。

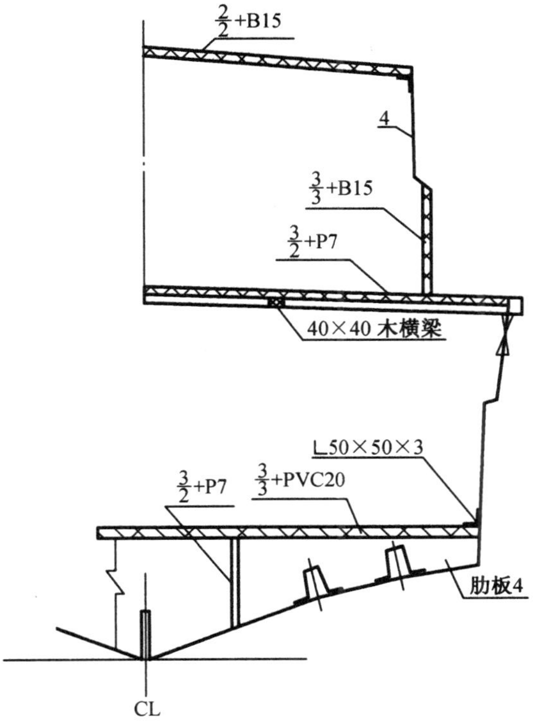

图 2-25 横剖面图的各部分结构

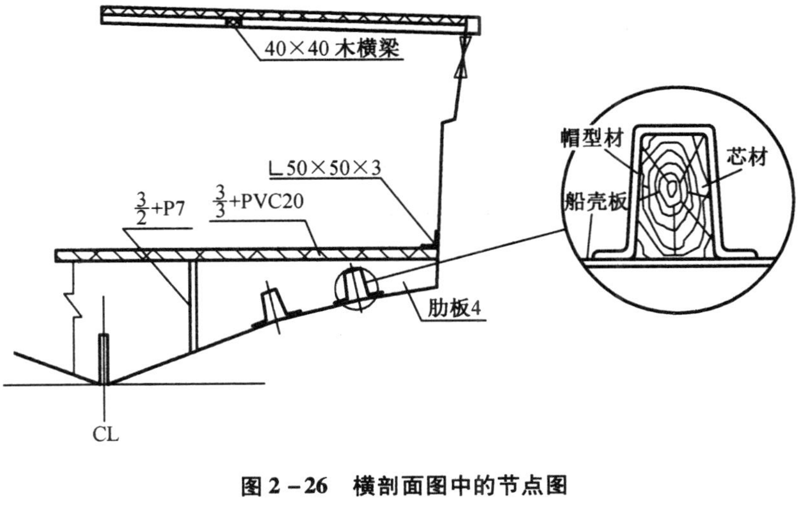

图 2-26 横剖面图中的节点图

从打印样式表 Plot style table(pen assignments)栏中选择一种样式表。如选择已有的 acad. ctb 样式表或新建样式表,再单击编辑(Edit)按钮,则弹出如图 2-30 所示的对话框。在图纸格式(Form View)选项中绘图笔颜色(Plot)下拉列表中选择线红色,在右侧的特性(Properties)栏中将线宽(Lineweight)选择为需要的 0.5 mm。

完成以上设置后,绘出的图纸中,凡是红色的图形,线宽均为指定的 0.5 mm。

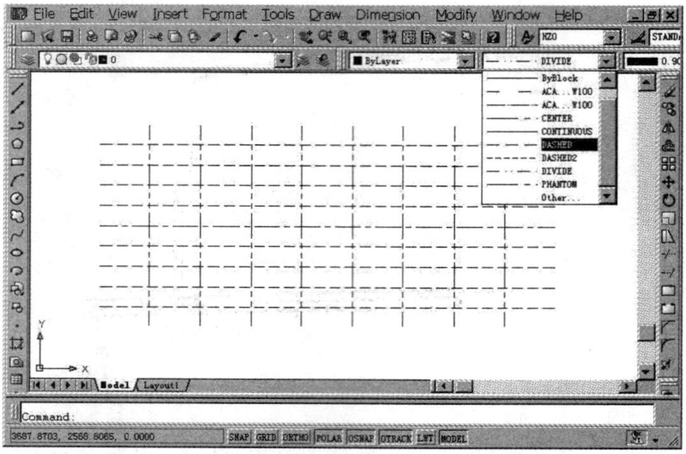

图 2-27　线型下拉列表中选择需要的线型绘出的图形

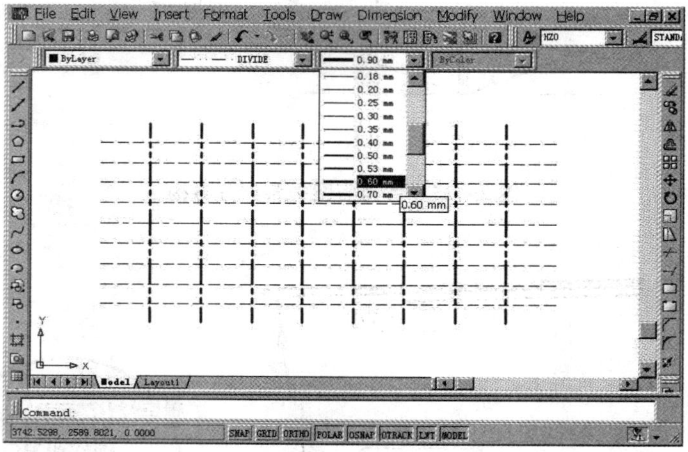

图 2-28　线宽下拉列表中选择“0.60 mm”线宽绘出的图形

8. 标注尺寸

横剖面图中的尺寸很多，因此在标注尺寸时必须做到布置合理。

9. 校对无误后按图线要求设置线型、线宽和标注尺寸

设置线型、线宽可采用特性匹配命令，例如，要将用细实线绘制的外板剖面线设置为粗实线，可按粗实线宽度绘制任意直线，然后使用特性匹配命令选中该直线，再点击外板剖面线，外板剖面线即变为粗实线，如图 2-31 所示。操作过程为：

```
Command: Matchprop
Select source object:选择源目标(粗实线)
Select destination object(s)or [Settings]: 被匹配对象(外板剖面线)
```

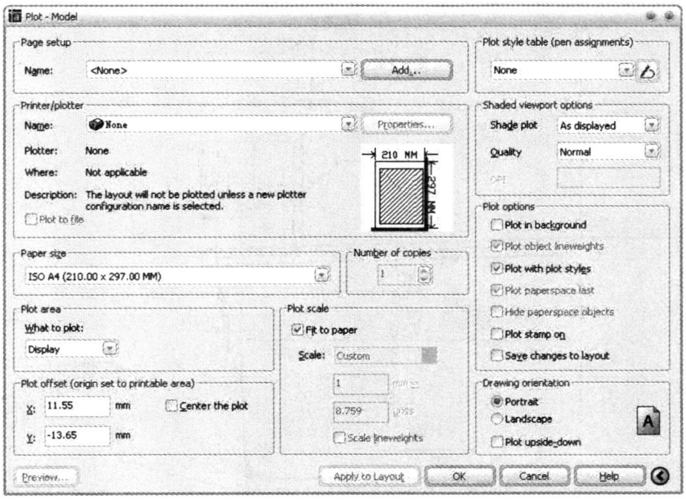

图 2-29 “Plot”对话框

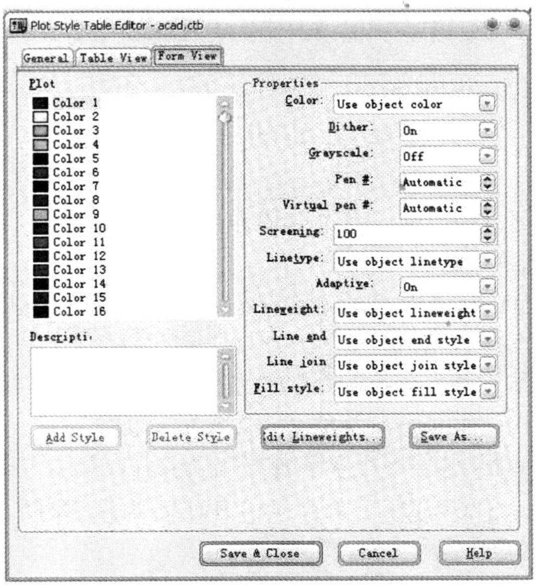

图 2-30 “Plot Style Table Editor”对话框

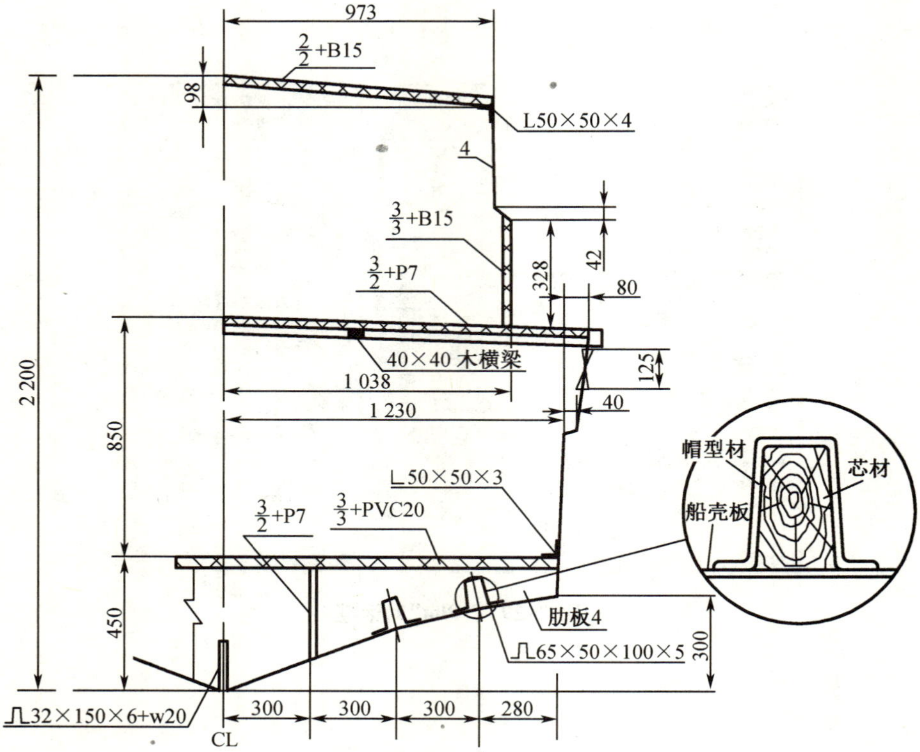

图 2-31 设置线宽后的横剖面图

2.3 游艇基本结构图绘制

在游艇基本结构图绘制中,重点是选取图样比例和图纸幅面、设置绘图单位和图形界限、图面布置以及需要的主要绘制命令提示。

绘制基本结构图也是艇体结构设计过程中必不可少的一项工作,这里介绍使用AutoCAD绘制基本结构图的方法和步骤。基本结构图是用一个纵向和数个水平方向剖面图或剖视图来表示艇体结构基本情况的全船性结构图样,与中横剖面图组成了表示全船结构的三向视图。基本结构图也是绘制其他结构图样的依据之一。

基本结构图由纵剖面图、各层甲板和平台图、舱底图,以及主尺度栏组成。

绘制基本结构图要参考型线图、总布置图和中横剖面图。绘制的主要步骤如下:

1. 选取剖切位置

打开型线图、总布置图和中横剖面图,使用绘图命令绘出剖面线,再使用查询等命令测出所需尺寸,然后删除所绘剖面线。

2. 确定图样比例和图纸幅面

基本结构图常用的比例是1∶100,1∶50,1∶25 等。如果甲板、平台层数较多,可以选用两张或两张以上图纸,以免图样幅面过大,使用不便。其他要求与中横剖面图相同。

3. 布置图面

中纵剖面图布置在图纸的上方，各层甲板和平台图依次布置在中纵剖面图的下方，舱底图布置在图纸的下方，主尺度栏布置在图纸的右上方。

4. 画出各图形的基准线

画出中纵剖面图的基线和各层甲板、平台图，以及舱底图的中线。在基线上定出垂线间长和肋位，再根据基线上的肋位定出各中线上的相应肋位。确定肋位时，可使用 DIVIDE 和 EASURE 命令，同时注意使用 POINTSTYLE 命令将点的形式设置为十字形。

5. 绘制各图的外形

(1)绘制中纵剖面的外形

中纵剖面图的外形通常由型线图的中纵剖线和甲板中线确定。如果有 HD－SHM 系统已经建立了的艇体型线，可调用型线图的中纵剖线和甲板中线，如果没有 HD－SHM 系统建立的艇体型线，可根据型值，使用 SPLINE 命令绘制。上层建筑中的各层甲板、平台线可按总布置图中表达的各层甲板、平台的位置及甲板间高度画出。

(2)绘制甲板图和平台图的外形

在中线上任意作若干根肋位线，在肋位上定出由型线图提供的甲板边线或平台边线的型值，可调用型线图中的型线或使用 SPLINE 命令绘制，即得甲板、平台图的外形。注意利用步骤1中所测得的数据。

(3)绘制舱底图的外形

舱底图的外形与剖切位置有关。如果在最下层甲板与底部构架之间选取剖切面时，则一般取最下层甲板边线为外形轮廓。如果剖切面取自底部构架上缘，则取肋板边线和内底板边线为外形轮廓。它们的画法与甲板图相似。

6. 绘制纵剖面图

在中纵剖面图的外形基础上画出纵、横构件。注意使用图形编辑命令。步骤如下：

(1)绘制横舱壁、上层建筑横向围壁、货舱口和机舱口围板、内底板等。

(2)绘制中内龙骨、甲板纵桁、纵舱壁、舷侧纵桁等纵向构件。绘制时应注意，凡位于中线面的纵向构件均作未剖切绘制。

(3)绘制横梁、肋板强肋骨等横向构件。

7. 绘制甲板图、平台图和舱底图

在甲板图、平台图和舱底图的外形基础上画出纵、横构件。步骤如下：

(1)绘制甲板板、平台板和内底板上的开口。

(2)绘制纵、横构件。

(3)绘制甲板板、平台板和内底板的接缝线。

如果结构对称于中线面，则允许甲板图、平台图和舱底图(通常限于单底结构的船)的图形不全部画出，而只画出略多于一半的图形。

中纵剖面图与甲板图、平台图及舱底图是表示同一条船结构的两个不同方向的视图，两者有着密切的联系。绘图时，要注意相互对应，要充分利用计算机绘图的编辑功能。例如，可将中纵剖面图上的肋骨位置点直接复制到甲板图上等。

8. 按图线要求设置线型、线宽和标注尺寸

方法与中横剖面图相同。

9. 标注舱室名称，填写主尺度栏和标题栏

该部分内容可使用字符标注的有关命令进行。

10. 基本结构图绘制实例

基本结构图绘制实例如图 2－32 所示。

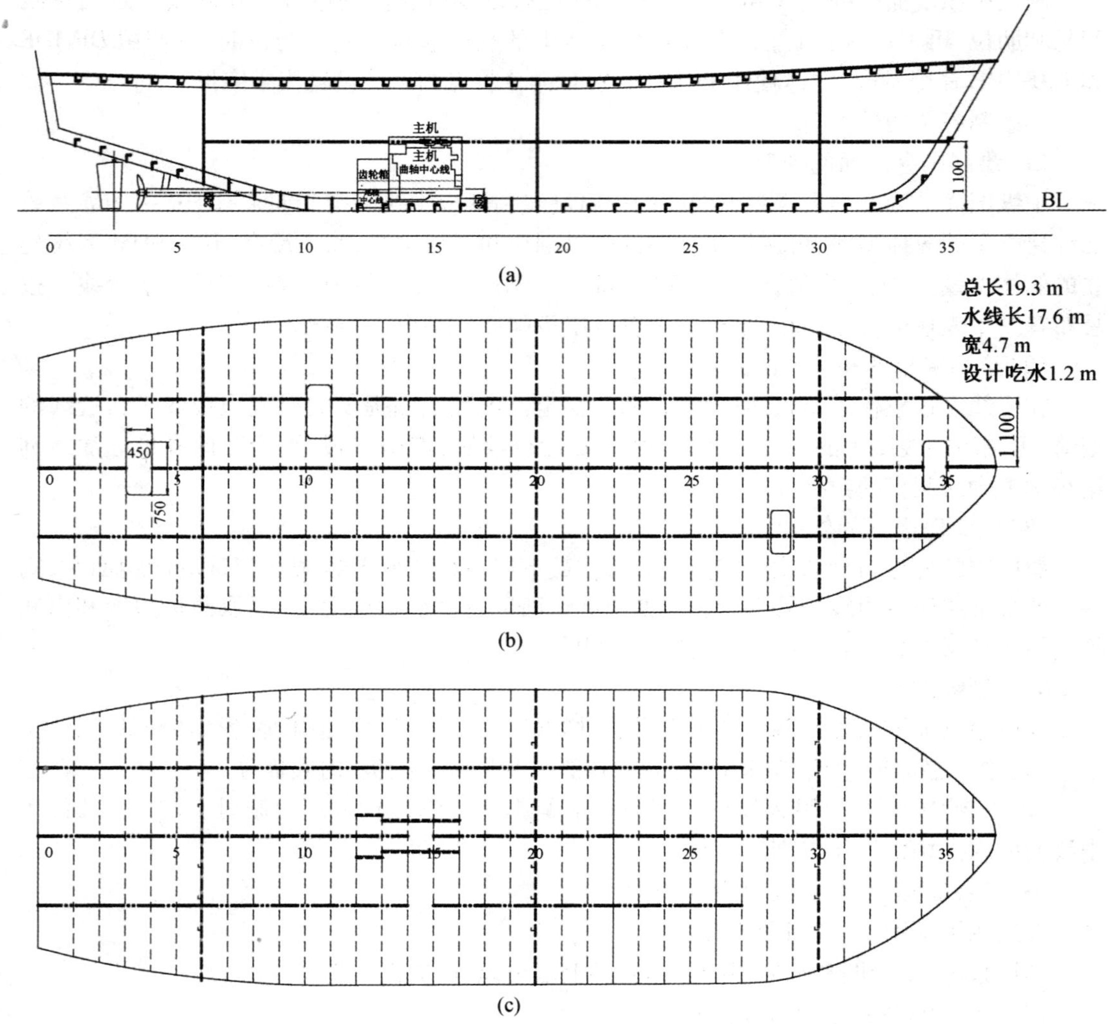

(a) (b) (c)

图 2－32　游艇基本结构图

(a)总纵剖面图；(b)甲板平面图；(c)舱底图

思考与练习题

1. 简述型线图的组成、型值表中数字的含义。
2. 简要说明使用 AutoCAD 绘制游艇型线图的方法和步骤。
3. 简述使用 AutoCAD 绘制游艇典型横剖面图的方法和步骤。
4. 简要说明使用 AutoCAD 绘制游艇基本结构图的方法和步骤。

5. 举出使用 AutoCAD 的图层、颜色、线型、线宽等图形特性绘制游艇横剖面图的实例。

6. 根据表2－1、表2－2和表2－3，应用 AutoCAD 绘制图2－1、图2－2和图2－3所示游艇型线图。

7. 应用 AutoCAD 绘制图2－31所示游艇典型横剖面图。

8. 应用 AutoCAD 绘制图2－32所示游艇基本结构图。

第3章　游艇CAD犀牛软件应用

学习目标

【知识目标】

1. 理解犀牛软件(Rhino)的用途、特点。

2. 理解和掌握犀牛软件工作界面的视窗、状态列面板、工具列与按钮、面板选项。

3. 理解和掌握打开或建立一个新模型、储存文件、分工运行、授权管理员等文件管理方法。

【能力目标】

1. 掌握犀牛软件(Rhino)的用途、特点和在工程实际中的应用。

2. 掌握犀牛软件的工作界面的视窗、状态列面板、工具列与按钮、面板选项的应用。

3. 掌握打开或建立新模型、储存文件、分工运行、授权管理员等文件管理方法的应用。

3.1　概　　述

Rhino是美国Robert McNeel & Associates开发的个人计算机上强大的专业3D造型软件,它可以广泛地应用于三维动画制作、工业制造、科学研究,以及机械设计等领域。它能轻易整合3d Max与Softimage的模型功能部分,对要求精细、弹性与复杂的3D NURBS模型,有独特的效能。其能输出OBJ,DXF,IGES,STL,3DM等不同格式,并适用于几乎所有3D软件,尤其对增加整个3D工作团队的模型生产力有明显效果,故使用3d Max,AutoCAD,Maya,Softimage,Houdini,LightWave等3D设计人员不可不学习使用。

Rhino,中文名称犀牛,是一款超强的三维建模工具,大小才百兆字节左右,硬件要求也很低。但是它包含了所有的NURBS建模功能,用它建模感觉非常流畅,所以大家经常用它来建模,然后导出高精度模型给其他三维软件使用。

犀牛软件由于具有强大的高级建模功能,自推出以来,很多3D专业制作人员及爱好者都在使用它。它不像其他三维软件那样有着庞大的身躯,通常需要几百兆甚至几吉字节的储存空间,而犀牛软件全部安装完毕只需要一百兆字节左右的储存空间,使用时只需要一百兆字节左右的内存空间。由于引入了高清晰度渲染器,其图像的品质已非常接近高端的渲染器。犀牛软件不但可用于CAD,CAM等工业设计,也可为各种卡通设计、场景制作及广告片头打造出优良的模型。犀牛软件操作流程便于掌握,具有人性化的特点。犀牛软件是受三维建模人员欢迎、能够满足设计需要、具有特殊使用价值的高级建模软件。从设计稿、手绘到实际产品,或只是一个简单的构思,用犀牛软件提供的建模工具便可以精确地制作出作为渲染表现、工程图、分析评估以及生产使用的模型。

- 犀牛软件可以精确建模,大到汽车、飞机、船舶,小到珠宝首饰的设计都可以快速精确地成型。

- 支持多种文件格式,如 DWG,DXF,3DS 等。
- 上手容易,用户可以快速地掌握软件的操作方法。
- 高效率,软件较小,占内存系统资源少,无特别的硬件需求。
- 兼容性好,兼容于其他设计、工程、CAD、制图、动画以及插画软件。
- 强大的曲面建模方式,在工业产品立体效果图建模效率上比其他三维软件高。

犀牛软件是为设计和创建 3D 模型而开发的。虽然它带有一些有用的渲染功能,但这并不是犀牛软件的主要功能。可以利用 Rhino 生成的模型导入到 CAD 之类的软件完成标注、注释。熟练使用 Rhino 之后,可建立复杂的三维模型。

Rhino 可以创建、编辑、分析和转换 NURBS 曲线、曲面和实体,并且在复杂度、角度和尺寸方面没有任何限制。

3.2　犀牛软件的工作界面

启动犀牛软件的方法如下:

在桌面点击犀牛软件图标

,或在系统开始菜单的程序中选择犀牛软件图标

即可启动犀牛软件。

1. Rhino 视窗

Rhino 视窗如图 3－1 所示。

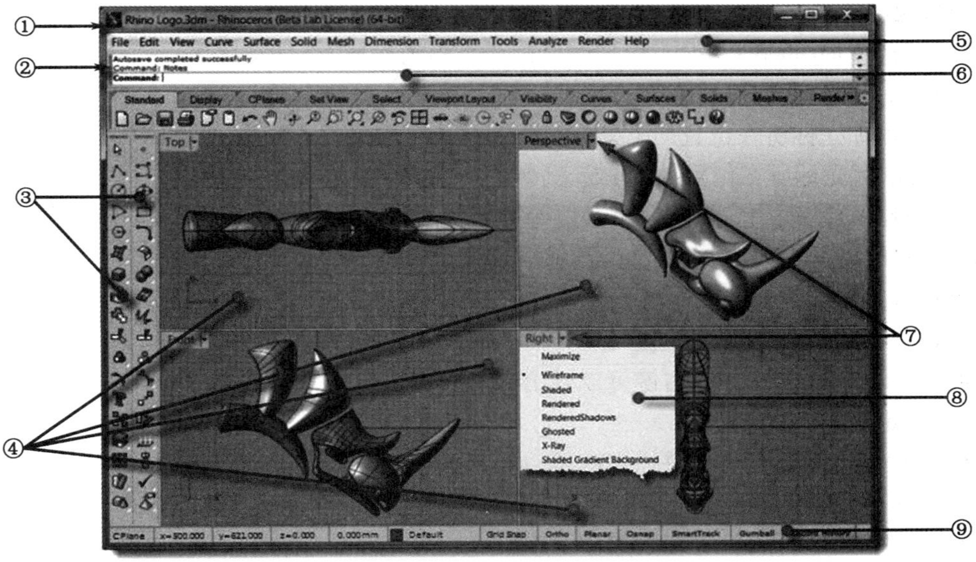

图 3－1　Rhino 视窗

图 3－1 中数字说明如下:

①视窗标题列:显示打开的模型的文件名称与大小。

②指令历史视窗:显示执行过的指令与提示记录,可以复制指令历史记录的文字再粘

贴到指令行、巨集编辑器、按钮的巨集栏位或其他可以接受粘贴文字的程序。按鼠标右键可以弹出快显功能表。

③工具列:有图示的按钮,可以用来执行指令。

④工作视窗:显示 Rhino 的工作环境,包括物件、工作视窗标题、背景、工作平面格线、世界坐标轴图示。

⑤功能表:依功能将 Rhino 的指令归类。

⑥指令提示:显示指令的动作提示,可以输入指令名称或选择选项。按鼠标右键可以弹出快显功能表。

⑦工作视窗标题:在工作视窗标题上按鼠标右键,该工作视窗会变为使用中的工作视窗,但不会取消选取物已选取的物件。

⑧工作视窗功能表:在工作视窗标题上按鼠标右键或按工作视窗标题右侧的黑色三角形可以弹出工作视窗功能表。

⑨状态列:显示目前的坐标系统、光标所在的位置与各种状态列面板。

2. 状态列面板

Rhino 的状态列面板功能表如下。

工作平面	x	y	z	英寸	■ 图层	锁定格点	正交	平面模式	物件锁点	智慧轨迹	操作轴	记录建构历史	过滤器	资讯

鼠标光标停留在功能表上的项目时,状态列会显示该项目的说明,下面对功能表中各项目进行说明。

(1)工作平面/世界:切换工作平面坐标与世界坐标。

(2)x:鼠标光标所在位置的 x 坐标。

(3)y:鼠标光标所在位置的 y 坐标。

(4)z:鼠标光标所在位置的 z 坐标。

(5)单位:目前使用的单位,如英寸、毫米等。执行绘图指令时会显示鼠标光标到上一个指定点的距离。

(6)图层面板:目前的图层与颜色。

- 在图层面板上按鼠标左键可以弹出图层清单。
- 在图层面板上按鼠标右键可以弹出图层面板视窗。

(7)锁定格点面板

- 在锁定格点面板上按鼠标左键可以切换格点锁定状态。锁定格点以粗体字显示时表示格点锁定功能已打开。
- 按鼠标右键可以设定相关选项。

格点锁定选项:

打开/关闭格点锁定:切换格点锁定的状态,与在锁定格点面板上按鼠标左键相同。

使用中的工作视窗/全部工作视窗:

①显示格线:切换工作平面格线的可见性。

②显示格线轴:切换工作平面 xy 轴的可见性。

③显示世界坐标轴图示:切换工作视窗左下角的世界坐标轴图示的可见性。

④设定锁定间距:设定格点锁定的间距。

⑤锁定间距:显示目前的锁定间距。

⑥设定:打开文件属性→格线页面。

(8)正交面板

- 在正交面板上按鼠标左键可以切换正交模式的状态。文字以粗体显示表示已打开。
- 按鼠标右键可以设定相关选项。

正交选项:

①打开/关闭正交:切换正交的状态,与在正交面板上按鼠标左键相同。

②设定正交角度:设定要使用的正交角度。

③正交角度:显示目前的正交角度。

④设定:打开选项→建模辅助页面。

(9)平面模式面板

- 在平面模式面板上按鼠标左键可以切换平面模式的状态。文字以粗体显示表示已打开。
- 按鼠标右键可以设定相关选项。

平面模式选项:

打开/关闭平面模式:切换平面模式的状态,与在平面模式面板上按鼠标左键相同。

(10)物件锁点面板

- 在物件锁点面板上按鼠标左键可以显示/隐藏物件锁点工具列。不论物件锁点工具列显示与否,有物件锁点模式启用时物件锁点就会以粗体显示。
- 物件锁点工具列可以选择要使用的物件锁点。

物件锁点选项:

①打开/关闭物件锁点面板:切换物件锁点工具列的打开/关闭状态。

②锁点于锁定的物件:切换是否可以锁点于锁定的物件。

③锁定视角交点:切换是否可以锁点于物件在视角上的交点。

④设定:打开选项→建模辅助页面。

(11)智慧轨迹面板

- 在智慧轨迹面板上按鼠标左键可以切换智慧轨迹的状态。文字以粗体显示表示已打开。
- 按鼠标右键可以设定相关选项。

智慧轨迹选项:

①打开智慧轨迹:切换智慧轨迹的状态,与在智慧轨迹面板上按鼠标左键相同。

②设定:打开选项→建模辅助→智慧轨迹页面。

(12)操作轴

- 在操作轴面板上按鼠标左键可以切换操作轴的状态。文字以粗体显示表示已打开。
- 按鼠标右键可以设定相关选项。

操作轴选项:

①打开/关闭操作轴:切换操作轴的状态,与在操作轴面板上按鼠标左键相同。

②可锁点:拖曳时可使用物件锁点。

③不锁点:拖曳时不使用物件锁点。

④设定:打开选项→建模辅助→操作轴页面。

(13)记录建构历史面板

- 在建构历史面板上按鼠标左键可以打开或关闭记录建构历史。文字以粗体显示表示已打开。
- 按鼠标右键可以设定相关选项。

记录建构历史选项:

①总是记录建构历史:记录每一个支持的指令的建构历史。

②更新子物件:输入的物件改变时子物件会自动更新。

③锁定子物件:锁定以建构历史建立的子物件。

④破坏建构历史警告:设定建构历史的子物件被编辑时是否弹出警告。

(14)过滤器面板

按过滤器面板可以打开或关闭选取过滤器工具列。

(15)资讯面板

在资讯面板上按鼠标右键可以选择要显示的资讯,各种资讯会在资讯面板上轮流出现:

选取的物件的数目;选取的物件的图层;相对坐标与角度;曲线参数/*UV* 坐标;尺寸标注型式;附注;绝对公差;目前图层的线型;关闭的图层数目;目前的字型;工作平面名称;工作平面/同步工作平面;平行视图尺寸;距离上次储存的时间(分钟);CPU 使用量;内存使用量;可用的实体内存。

3. 工具列与按钮

Rhino 执行后会打开预设的工具列配置,预设的工具列只是许多工具列之中的三个,许多未打开的工具列可以从预设工具列上的按钮弹出。

(1)打开工具列

- 从工具功能表选择工具列配置。
- 在工具列对话框的文件栏位选取一个工具列集。
- 在工具列清单选取要打开的工具列。

(2)使工具列浮动

- 拖曳工具列的拖曳区。
- 放开鼠标左键放置工具列,工具列上会出现标题列,如图 3 -2 所示。

图 3 -2 有标题列的工具列

(3)分离联结的工具列

按一下有子工具列的图标,弹出子工具列。如图 3 -3 所示。

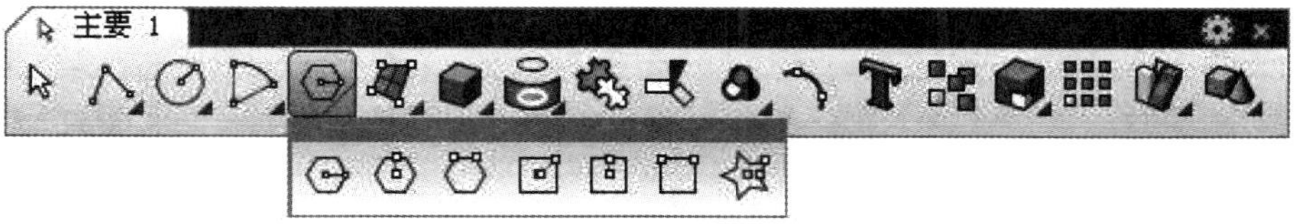

图 3 –3　弹出的子工具列

(4)移动浮动的工具列

拖曳工具列的标题列,移动浮动的工具列,如图 3 –4 所示。

图 3 –4　子工具列拖曳后的浮动工具列

(5)调整浮动的工具列的宽度

拖曳工具列边框。

(6)停靠工具列

- 拖曳工具列的标题列到 Rhino 绘图区的边缘。
- 放开鼠标左键停靠工具列。

工具列按钮会重新排列成单行,标题列会消失,并固定在绘图区边缘,如图 3 –5、图 3 –6 所示。

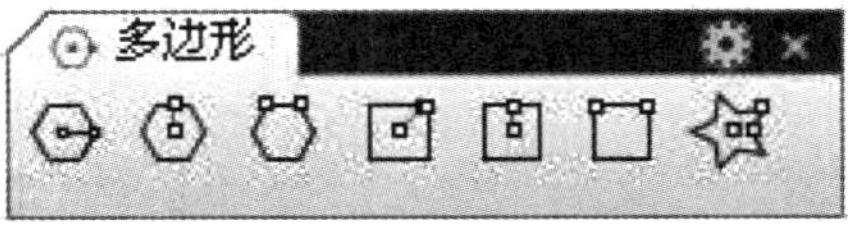

图 3 –5　停靠工具列前

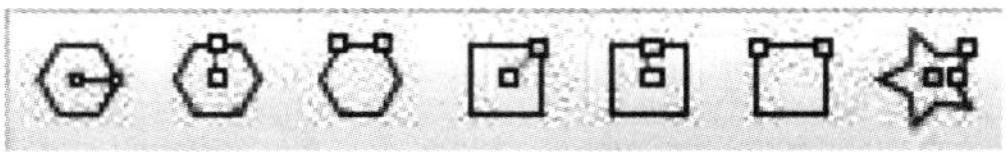

图 3 –6　停靠工具列后

附注:如果需要将工具列移动到绘图区边缘,但不想停靠工具列,拖曳工具列时按住 Ctrl 键可以避免工具列停靠。

(7)锁定工具列的位置

在选项→工具列→大小与型式页面勾选锁定停靠的视窗。也可以在工具列空白的区域或工具列标签上按鼠标右键,从弹出的功能表选择锁定停靠的视窗。

(8)打开联结的工具列

按住有工具列联结的按钮。有工具列联结的按钮的右下角会有一个黑色三角形。

(9)打开子工具列

如图 3 –7 所示。

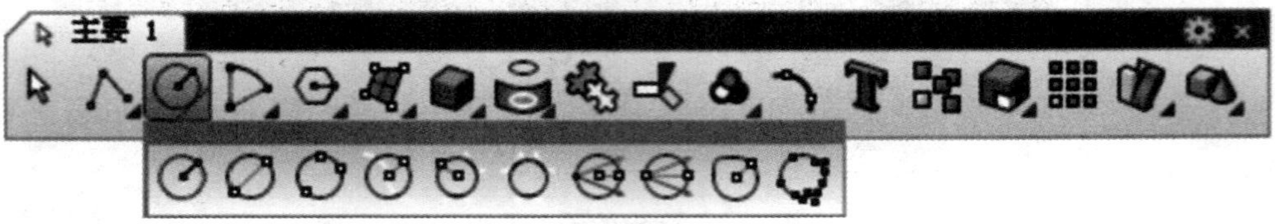

图 3－7　打开的子工具列

(10)关闭工具列

在工具列对话框中,取消勾选工具列。也可以在工具列停靠区空白的区域或工具列的拖曳区按鼠标右键,从弹出的工具列清单中取消勾选需要关闭的工具列。

(11)使用工具列按钮

①移动按钮

- 移动鼠标光标至工具列按钮上。
- 按住 Shift 键。
- 按住鼠标左键,将该按钮拖曳到其他工具列或同一个工具列的不同位置。

②复制按钮

- 移动鼠标光标至工具列按钮上。
- 按住 Ctrl 键。
- 按住鼠标左键,将该按钮拖曳到其他工具列或同一个工具列的不同位置。

③删除按钮

- 移动鼠标光标至工具列按钮上。
- 按住 Shift 键。
- 按住鼠标左键,将该按钮拖曳离开工具列。

(12)建立联结

- 打开要放置联结按钮的父工具列。
- 打开联结按钮要联结的子工具列。
- 按住 Ctrl 键。
- 按住鼠标右键,将按钮拖曳到其他工具列。

按钮会被复制到目的工具列上,按钮的右下角会出现一个黑色三角形。

(13)解除联结工具列

- 移动鼠标光标至联结按钮上。
- 按住 Shift 键。
- 按鼠标右键打开按钮编辑器对话框。
- 从联结的工具列的下拉清单选择无联结。

4. 面板选项

Rhino 的许多设定有专属的面板,可以从面板功能表打开这些面板。

附注:当鼠标光标停留在面板标签上时可以转动鼠标滚轮切换面板。

(1)面板视窗

如图 3－8 所示。

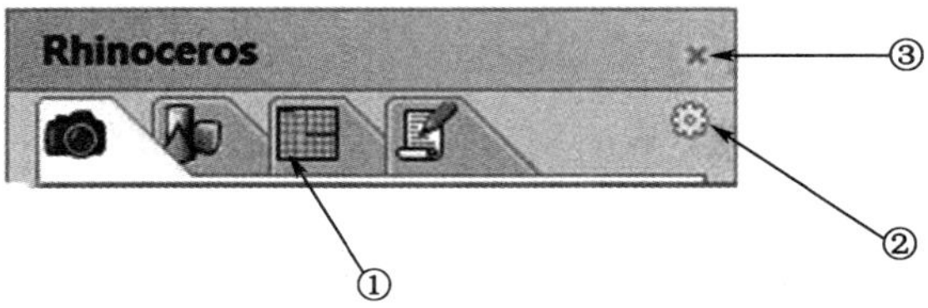

图 3－8　面板视窗

①—标签;②—选项图示;③—关闭按钮

- 重新安排面板标签的位置:以鼠标左键按住一个标签,将它拖曳到标签列的其他位置。
- 建立浮动的面板视窗:以鼠标左键按住一个标签,将它拖曳离开目前的面板视窗。
- 将标签移动至其他面板视窗:以鼠标左键按住一个标签,将它拖曳到其他面板视窗的标签列。
- 在目前的面板视窗打开一个面板:在标签列上按鼠标右键,或在选项图示上按鼠标左键,选择要打开的面板。
- 将面板打开在之前所在的面板视窗:从面板功能表选择要打开的面板名称。
- 关闭面板视窗:按  按钮。

(2)面板外观选项

- 水平:将标签列显示在面板视窗的上缘。
- 垂直:将标签列显示在面板视窗的右缘。
- 标签大小:设定标签的尺寸,小/中/大。

(3)可用的面板

方块编辑;计算器;显示;环境;底平面;说明;图层状态;图层;材质库;灯光;巨集编辑器;材质;网格修复精灵;已命名工作平面;位置记录;已命名视图;附注;属性;RPN 计算器;太阳;贴图;网页浏览器。

3.3　文 件 管 理

1. 打开一个模型或建立一个新模型

(1)New

从模板文件建立一个新模型,从预设的模板文件建立 Rhino 模型。

步骤:选取要使用的模板文件。勾选当 Rhino 启动时使用这个文件,将选取的文件作为 Rhino 启动时使用的预设模板文件。按不使用模板,以 Rhino 内部预设的设定建立新文件。

模板文件:模板文件是一般的 3DM 文件,可以储存 Rhino 模型文件里的几何图形、格线设定、工作视窗配置、图层、单位、公差等所有设定。例如,Rhino 要以英寸为预设单位,使用 New 指令打开需要变更设定的模板文件,将单位变更为英寸,再使用 SaveAsTemplate 指令将目前的文件储存为新的模板文件。如果在 Windows 登录的 Current User 下没有记录预设的模板文件,则必须选择一个 Rhino 启动时使用的模板文件。在启动模板对话框中,如果未勾选,每次 Rhino 启动时都显示这个对话框,在每一次执行 Rhino 时,都可以选择用来建立新模型的模板文件。

模板文件的储存路径为 C:\Users\<使用者>\AppData\Roaming\McNeel\Rhinoceros\5.0\Localization\zh-CN\Template Files。

(2) Open

打开现有的模型文件。打开已存在的 Rhino 文件或其他 Rhino 可以读取的文件格式。

步骤:选择文件类型→选取一个文件→按打开文件按钮。

附注:Rhino 打开非 3dm 文件时,该文件的名称会显示在 Rhino 视窗的标题列,第一次储存时预设以同样的名称储存为 3dm 文件。当 Rhino 读取的是网格文件类型时,网格物件并不会转换成 NURBS 曲面。

2. 储存文件

(1) Autosave

储存目前模型的备份文件。自动储存机制会在每隔一段时间自动储存目前的文件,自动储存的文件会在模型关闭时自动删除。当 Rhino 未成功结束、死机或是电脑关机时未储存文件,自动储存的文件会保留在磁盘里。当 Rhino 启动时检测到自动储存的文件,Rhino 会提示储存该复原文件。

警告:这是储存复原文件的唯一机会,如果选择不储存,自动储存的复原文件会被删除。

打开自动储存功能:在文件选项页面的自动储存群组下,勾选储存间隔,输入自动储存的间隔(分钟)。

设定自动储存文件的名称及储存位置:在文件选项页面的自动储存群组下,设定自动储存文件的文件夹与名称。

设定在执行某些指令前先自动储存文件:在文件选项页面的自动储存群组下,在"永远在这些指令之前储存"栏位输入指令名称。即使将自动储存功能关闭,只要这些指令执行,Rhino 也会自动储存文件。

(2) IncrementalSave

在文件名称加上递增的数字,储存不同版本的模型。在文件名称加上递增的数字另存文件。

附注:目前的模型不受影响。

(3) Revert

复原文件在上一次存档以后的所有变更。

(4) Save

储存目前的模型。

附注:在每次储存文件前先备份原来的文件。

步骤:在文件名称栏位输入文件名称→按存档。

选项:

①附注:储存附注文字。

②最小化保存:清除渲染、分析网格虽然可以让文件变小,但下次打开该文件时需要较多的时间重新计算渲染网格。

③仅储存几何图形:只储存几何物件,不储存图层、材质、属性、附注与单位设定。这个选项和导出物件很类似,使用这个选项储存时必须另存文件,储存的文件也不会成为目前 Rhino 打开的文件。

④储存贴图:将材质、环境、贴图印花使用的图片储存在文件里。

(5) SaveAs

以不同的文件名称储存目前的模型,同时关闭目前的模型并打开另存的模型。

(6) SaveAsTemplate

储存目前的模型为模板文件。

步骤:在文件名称栏位输入文件名称→按存档。

附注:模板文件预设的储存位置为 C:\Users\ <使用者> \AppData\Roaming\McNeel\Rhinoceros\5.0\Localization\zh - CN\Template Files。可以在选项→文件页面改变模板文件预设的储存位置。

(7) SaveSmall

储存模型,但去除渲染与分析网格。

附注:当需要节省磁盘空间或是经由电子邮件或其他媒体传输文件时可以使用这个指令。当下次再打开这个模型时,渲染或着色工作视窗时会再重新建立物件的着色格。如果模型需要较久的着色网格转换时间,可以将着色网格储存在模型文件里,下次打开该模型时可以省下重新转换着色网格的时间。

(8) 备份文件

每次储存文件之前自动建立备份。

3. 使用分工运行

分工运行可以将一个需要多人合力才能完成的模型切割成许多文件,让数个使用者可以同时编辑这个模型的不同部分。一个文件同时只能由一个使用者编辑,每一个使用者在自己负责的文件里可以看到模型其他部分的进度。

附加的文件可以是 Rhino 的模型文件或是其他 Rhino 可以导入的任何文件类型。附加的文件无法编辑(例如:移动、缩放等),但可以作为其他指令(例如:复制、挤出等)的输入物件。

(1) Worksession:管理插入目前模型的外部参考文件。

(2) PurgeRefObjects:删除分工运行的参考物件。

(3) LimitReferenceModel:画一个球体,清除球体以外的分工运行参考物件。

4. 使用授权管理员

(1) CheckOutLicense:从公用授权管理员(Zoo)取出授权。

(2) CheckInLicense:将授权存入公用授驻管理员。

5. 检查文件是否有错误

(1) Audit:检查目前打开的文件是否有错误。

(2) Audit3dmFile:检查任何 Rhino 文件是否有错误。

(3) Rescue3dmFile:取出损坏的文件里的物件。

思考与练习题

1. 简述犀牛软件(Rhino)的用途、特点。
2. 说明犀牛软件工作界面的视窗、状态列面板的用途和使用方法。
3. 说明犀牛软件工作界面的工具列与按钮、面板选项的用途和使用方法。
4. 说明打开或建立一个新模型、储存文件、分工运行、授权管理员的方法。
5. 举出几个应用犀牛软件(Rhino)进行游艇设计的工程实例。

第 4 章　犀牛 2D 图形绘制

学习目标

【知识目标】

1. 理解和掌握犀牛软件基本对象点、线、面、网格的含义。

2. 理解和掌握单点、多点、抽离点、最接近点绘制的方法步骤。

3. 理解和掌握直线、多重直线、逼近数个点绘直线、通过数个点绘多重直线的方法步骤。

4. 理解和掌握矩形、多边形、圆、圆弧、椭圆绘制的方法步骤。

5. 理解和掌握文字、直线尺寸、对齐尺寸、角度尺寸、半径尺寸标注、剖面线绘制的方法步骤。

【能力目标】

1. 掌握犀牛软件基本对象点、线、面、网格的应用。

2. 掌握单点、多点、抽离点、最接近点绘制的方法与操作。

3. 掌握直线、多重直线、线段、逼近数个点绘直线、通过数个点绘多重直线的方法与操作。

4. 掌握矩形、多边形、圆、圆弧、椭圆绘制的方法与操作。

5. 掌握文字、直线尺寸、对齐尺寸、角度尺寸、半径尺寸标注、剖面线绘制的方法与操作。

4.1　犀牛软件中的基本对象

1. 点

点是犀牛软件中物件的基本对象，点可以单独存在，表示一个空间位置，通过点可以连接成各种曲线。在犀牛软件中，点位于主工具栏最上面的一个图标，在点的下一级工具栏中有单点、多点等各种点，如图 4－1 所示。

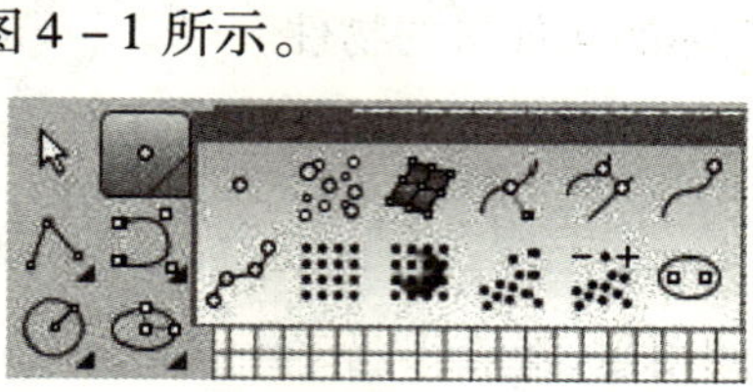

图 4－1　点的下一级工具栏

2. 线

犀牛软件中的线物件分为直线、曲线（圆弧等）、封闭线（圆、椭圆、多边形等），绘制它们的工具栏如图 4－2 所示。

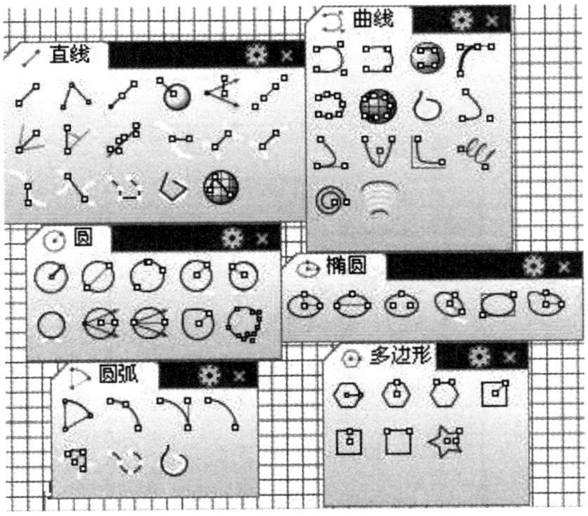

图 4－2　绘制直线、曲线（圆弧等）、封闭线（圆、椭圆、多边形等）的工具栏

3. 面

面物件分为曲面、多重曲面和实体。曲面是指单个 NURBS 曲面，是犀牛软件造型的最基本要素。多重曲面是指被连接，而且又不形成封闭空间的一组曲面。实体是指封闭的单个曲面（如球体）或者形成封闭空间的多重曲面。

4. 网格

犀牛软件中的网格（MESH），就是 POLYGON 对象，与之相关的工具栏如图 4－3 所示。

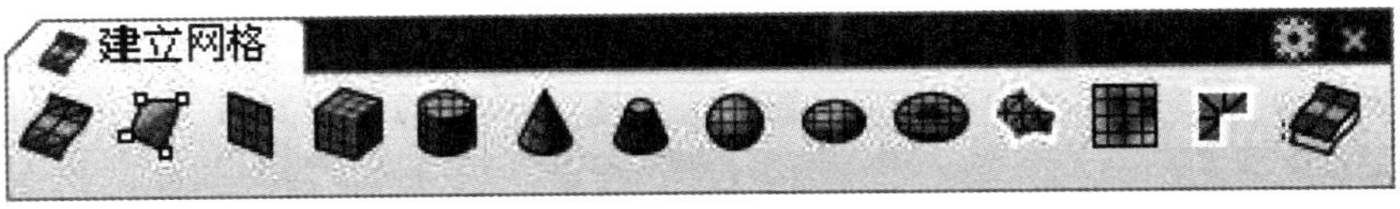

图 4－3　网格工具栏

网格也可以被连接，连接后的网格为多重网格。网格在犀牛软件中只是辅助的建模元素，只提供了几种几何造型，要得到更为复杂的网格造型需要从曲面转化而来。图标就是曲面和网格进行转化的按钮，按左键是将曲面转化成网格，按右键是将网格转化成曲面。

4.2　点　绘　制

点绘制工具列和各图标名称如图 4－4、图 4－5 所示。

1. 单点

图标为 ° ，指令为 Point。找到这个指令的所有方式：

- 工具列：点/主要 2。

图 4-4 点绘制工具列

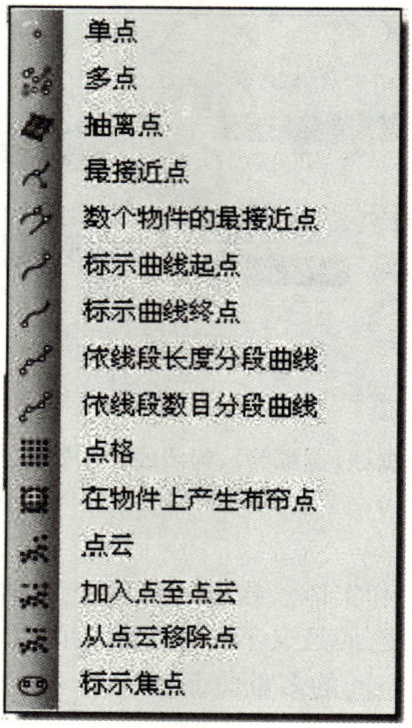

图 4-5 点绘制工具列各图标名称

- 功能表：曲线→点物件→单点。

Point 指令：在指定的位置建立单一物件。点绘制实例如图 4-6 所示。

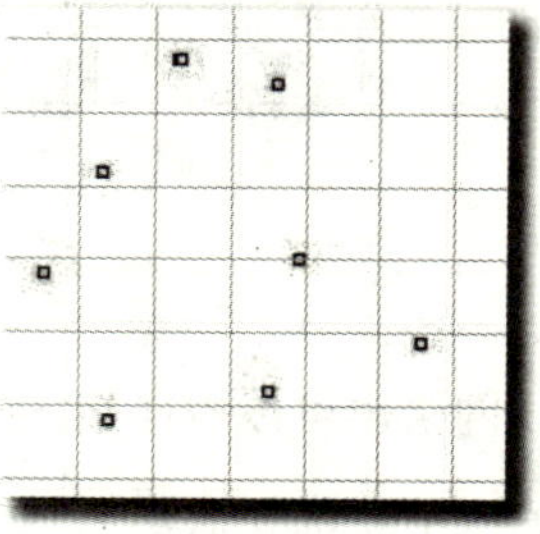

图 4-6 点绘制实例

步骤：指定要建立点物件的位置。

2. 多点

图标为 ，指令为 Points。找到这个指令的所有方式：

- 工具列：3D 量测/点/主要 2。
- 功能表：曲线→点物件→多点。

Points 指令：连续建立数个点物件。

步骤：连续指定几个要建立点物件的位置，按 Enter 结束指令。

3. 抽离点

图标为 ，指令为 ExtractPt。找到这个指令的所有方式：

- 工具列：点/从物件建立曲线。
- 功能表：曲线→从物件建立曲线→抽离点。

ExtractPt 指令：将曲线的控制点或编辑点、曲面的控制点、文字的插入点和网格的顶点复制为点物件。如图 4 -7 所示。

步骤:选取曲线、曲面或网格物件。Rhino 会在物件的每一个控制点或顶点的位置建立点物件。

只抽离选取的点:打开物件的控制点或编辑点,选取要复制的控制点或编辑点。

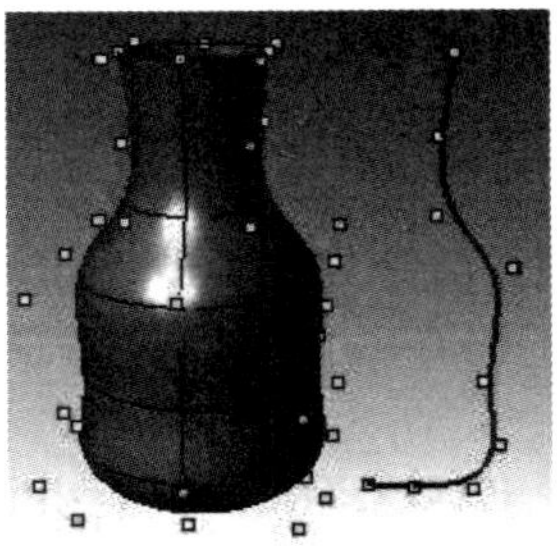

图 4 -7　从曲面抽离点

选项:

(1)目的图层:指定指令建立物件的图层。

(2)目前的:在目前的图层建立物件。

(3)输入物件:在输入物件所在的图层建立物件。

(4)目标物件:在目标物件所在的图层建立物件。

4. 最接近点

图标为,指令为 ClosestPt。找到这个指令的所有方式:

- 工具列:点。
- 功能表:曲线→点物件→最接近点。

ClosestPt 指令:在选取的物件上最接近指定点的位置建立一个点物件,或是在两个物件距离最短的位置各建立一个点物件。如图 4 -8 所示。

步骤:选取目标物件→指定要计算最接近点的基准点→在全部物件的最接近点建立一个点物件。一次选取数个物件时只会找出一个最接近点,如果要在每个物件上找出最接近点,必须对每个物件分别执行 ClosestPt 指令。指令视窗会显示基准点与最接近点之间的距离。

选项:

(1)物件:计算两个物件之间的最接近点。

选取一条曲线或一个点物件:在原来与后来选取的物件上各找出一个最接近的点,各建立一个点物件,这个指令用来测试两条曲线非常有用。如图 4 -9 所示。

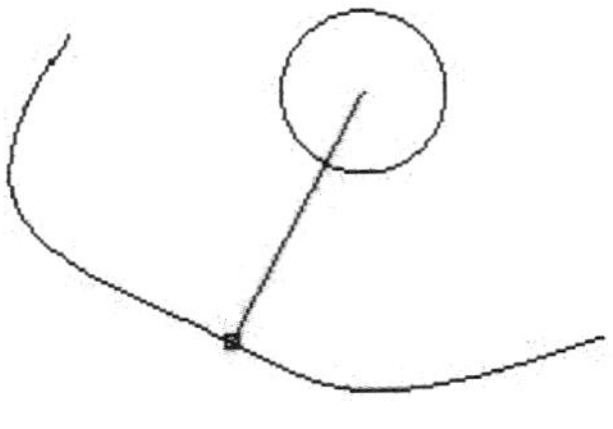

图 4 -8　在两个物件距离最短的位置各建立一个点物件

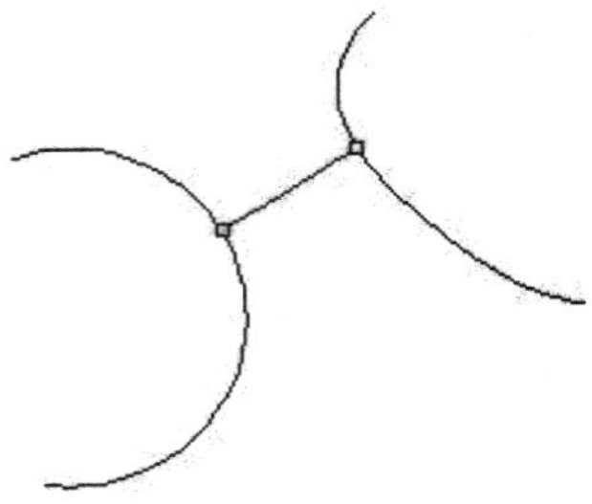

图 4 -9　两个物件之间的最接近点

(2)建立直线:在物件上的最近点与指定的基准点之间建立一条直线。

5. 标示曲线起点

图标为,指令为 CrvStart。找到这个指令的所有方式:

- 工具列:点。
- 功能表:曲线→点物件→标志曲线起点。

CrvStart 指令:在曲线的起点放置一个点物件。

步骤:选取曲线。

6. 标示曲线终点

图标为,指令为 CrvEnd。找到这个指令的所有方式:

- 工具列:点。
- 功能表:曲线→点物件→标志曲线终点。

CrvEnd 指令:在曲线的终点放置一个点物件。

步骤:选取曲线。

7. 依线段长度分段曲线

图标为,指令为 Divide。找到这个指令的所有方式:

- 工具列:点。
- 功能表:曲线→点物件→曲线分段→分段数目/分段长度。

Divide 指令:以设定的分段数或分段长度在曲线上建立分段点或将曲线分割。在曲线上建立分段点,如图 4 - 10 所示。

图 4 - 10　在曲线上建立分段点

步骤:选取曲线→输入分段数目。这个指令会沿着曲线平均放置点物件,曲线的两端也会各放置一个点物件。

选项:

(1)长度:从曲线的起点开始分段建立点物件。如果从曲线的另一端开始分段曲线,可以在曲线上按鼠标左键反转分段的方向。

(2)分割:在分段点分割曲线,不建立点物件。

(3)标示端点:在曲线的端点放置点物件。

(4)输出成群组:以指令得到的结果物件建立群组。

8. 点格

图标为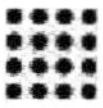,指令为 PointGrid。找到这个指令的所有方式:

- 工具列:点。
- 功能表:未在功能表里。

PointGrid 指令:建立矩形阵列的点云。如图 4 - 11 所示。

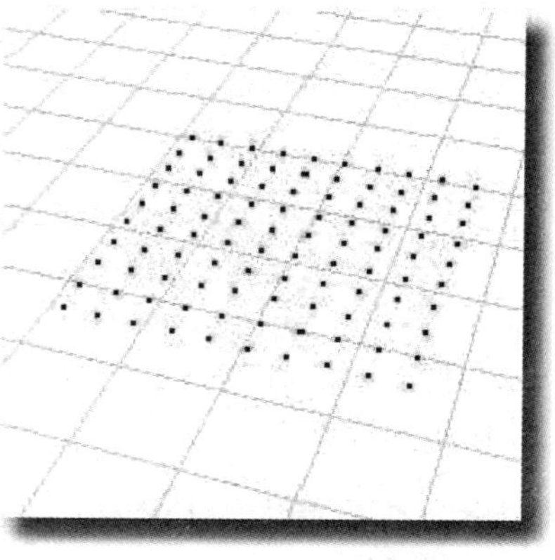

图 4 - 11　矩形阵列的点云

步骤:输入 x 方向的点数。输入 y 方向的点数。画出一个定义范围的矩形。建立的矩形点物件阵列会成为一个点云。

9. 在物件上产生布帘点

图标为,指令为 DrapePt。找到这个指令的所有方式:

- 工具列:点。
- 功能表:曲线→点物件→布帘点。

DrapePt 指令:将矩形的点物件阵列往使用中

工作视窗工作平面的方向投影至物件上。

步骤:在物件上方框选一个矩形区域对物件做布帘。点物件阵列会投影至物件上。

选项:

(1)自动间距

是:布帘曲面的控制点以间距选项的设定值平均分布,这个选项的数值越小,曲面结构线密度越高。间距 = 设定控制点的间距。

否:自定控制点的间距。*U/V* = 设定布帘曲面 *UV* 方向的控制点数。

(2)自动侦测最大深度

是:自动判断矩形范围内布帘曲面的最大深度。

否:自定深度。最大深度 = 设定布帘曲面的最大深度,最大深度可以远离照相机(1.0)或靠近照相机(0.0),让布帘曲面可以完全或部分覆盖物件。Drape:将矩形的点物件阵列向使用中工作视窗工作平面的方向投影至物件上,并建立通过投影点的曲面。

10. 点云

图标为,指令为 PointCloud。找到这个指令的所有方式:

- 工具列:点
- 功能表:曲线→点云→建立点云。

PointCloud 指令:以选取的点物件建立一个点云,除了方便选取以外,显示速度也会变快。

从其他文件导入大量的点物件时,将点物件组成点云可以提高 Rhino 的效率。

可以将任何数量的点物件组成单一点云物件,使 3DM 文件变小,并提高效能,也可以像一般的点物件一样锁点或选取点云中的点物件。点云就像是网格,但不显示网格顶点之间的网格框线。

步骤:选取点物件与点云。可以使用 Explode 指令将点云炸开成为个别的点物件。

选项:

(1)加入:将点物件加入已存在的点云。

(2)移除:从点云之中移除选取的点物件。

11. 标示焦点

图标为,指令为 MarkFoci。找到这个指令的所有方式:

- 工具列:点。
- 功能表:曲线→点物件→标示焦点。

MarkFoci 指令:在椭圆、双曲线、抛物线焦点的位置建立点物件。

步骤:选取椭圆、双曲线或抛物线。如图 4 - 12 所示。

图 4 - 12　椭圆、双曲线的焦点

选项:

画出轴线:在椭圆、双曲线的两个焦点之间,或抛物线的焦点与顶点之间建立一条直线,如图 4 - 13 所示。

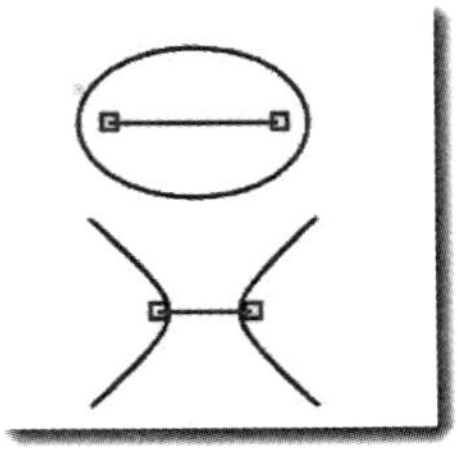

图 4 - 13　椭圆、双曲线焦点的轴线

4.3 直线绘制

绘制直线工具列和图标名称如图 4－14、图 4－15 所示。

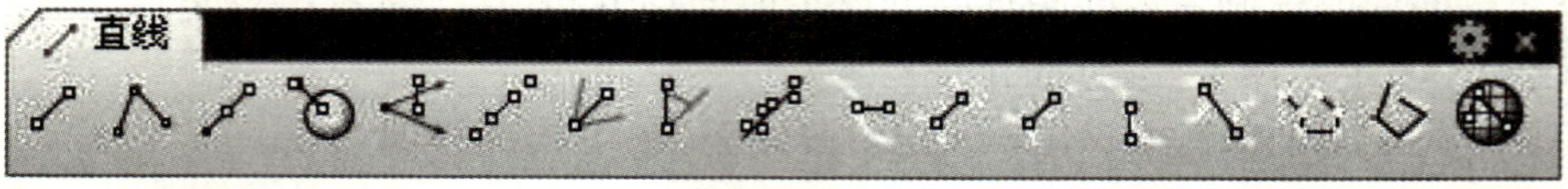

图 4－14　直线工具列各图标

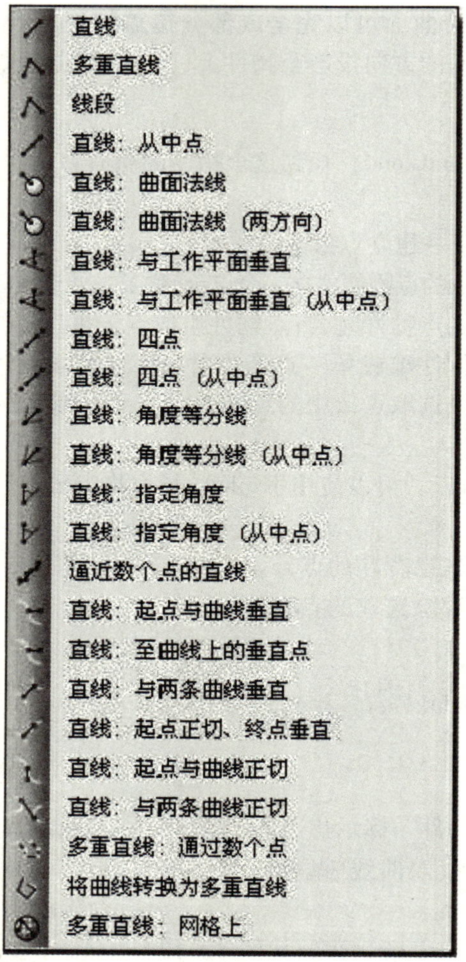

图 4－15　直线工具列图标名称

1. 直线

图标为，指令为 Line。找到这个指令的所有方式：

- 工具列：直线/绘制曲线。
- 功能表：曲线→直线→单一直线/线段/起点与曲线垂直/与两条曲线垂直/起点与曲

线正切/与两条曲线正切/正切、垂直/指定角度/角度等分线/从四点/曲面法线/与工作平面垂直。

Line 指令:建立单一线段直线。如图 4 - 16 所示。

步骤:指定直线的起点→指定直线的终点。可以使用物件锁点锁定已存在的物件画出直线。

选项:

(1)两侧:在起点的两侧画出物件,建立的物件长度为指定长度的两倍。如图 4 - 17 所示。

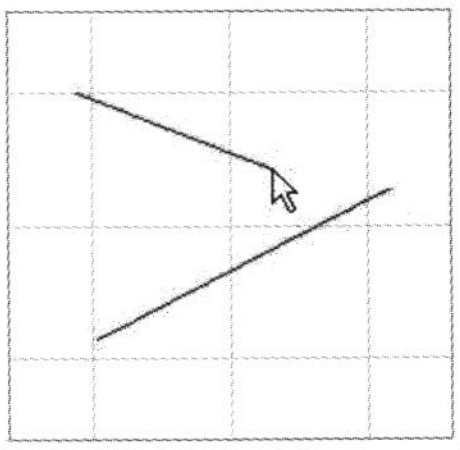

图 4 - 16　单一线段直线

(2)法线:画出一条与曲面垂直的直线。如图 4 - 18 所示。

步骤:选取一个曲面→指定曲面上直线的起点→指定直线的终点或输入长度,按 Enter。

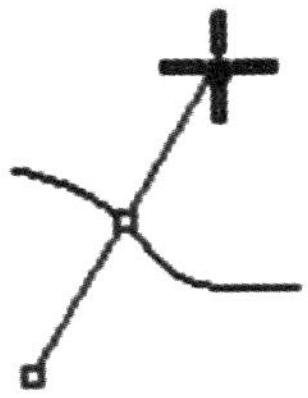

图 4 - 17　在起点的两侧画出物件

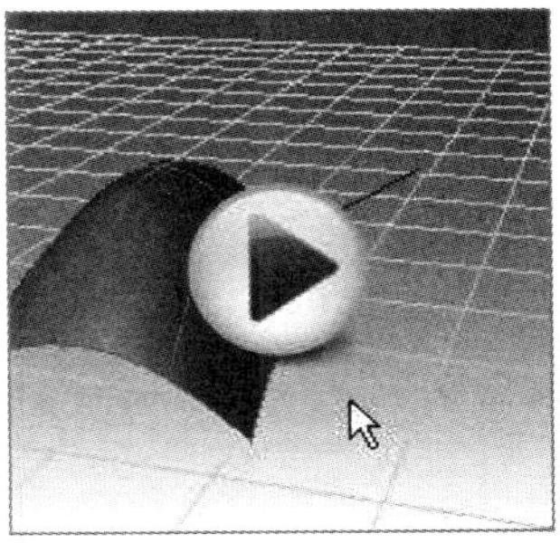

图 4 - 18　画出一条与曲面垂直的直线

法线选项的下一级选项为不论修剪与否:

①否:当鼠标标记移动超出曲面的修剪边界时会显示禁止光标,则无法从曲面被修剪掉(不可见)的部分画出法线。

②是:忽略曲面的修剪边缘,只有在鼠标标记超出原始曲面的边界时才会显示禁止光标。

(3)指定角度:画出一条与基准线成指定角度的直线。如图 4 - 19 所示。

步骤:指定基准线(参考线)的起点→指定基准线(参考线)的终点→输入角度,按 Enter→指定直线的终点。

(4)与工作平面垂直:画出一条与工作平面垂直的直线。如图 4 - 20 所示。

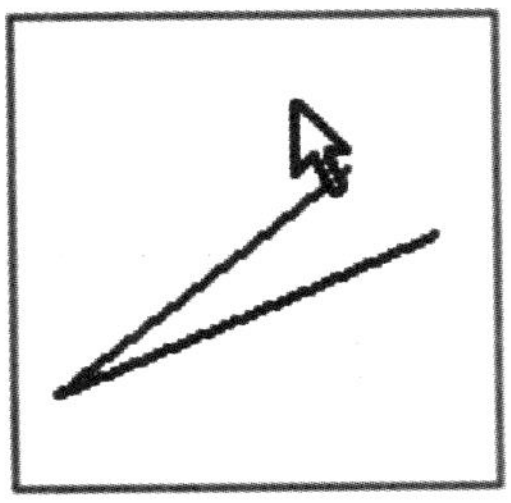

图 4 - 19　画出一条与基准线成指定角度的直线

图 4 - 20　画出一条与工作平面垂直的直线

步骤:指定直线的起点→指定直线的终点或输入长度,按 Enter。

(5)四点:以两个点指定直线的方向,再以两个点为端点画出直线。如图 4－21 所示。

步骤:指定基准线的起点→指定基准线的终点(第二参考点)→指定直线的起点→指定直线的终点。

(6)角度等分线:以指定的角度画出一条角度等分线。如图 4－22 所示。

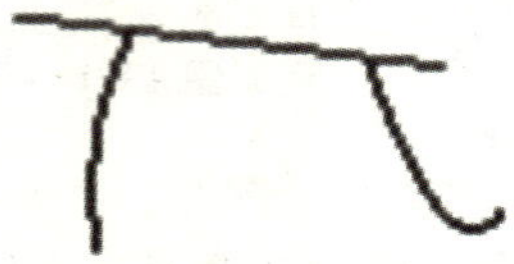

图 4－21　以两个点指定直线的方向,再以两个点画出直线

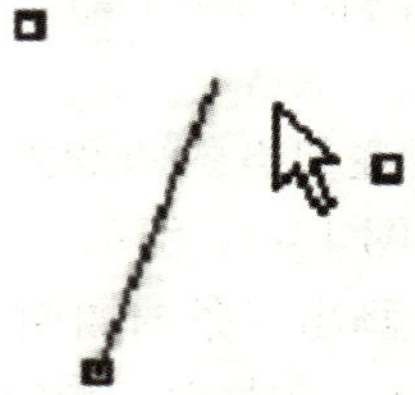

图 4－22　以指定的角度画出一条角度等分线

步骤:指定角度等分线的起点→指定起始角度线→指定终止角度线→指定直线的终点或输入长度,按 Enter。

(7)与曲线垂直:画出一条与其他曲线垂直的直线。如图 4－23 所示。

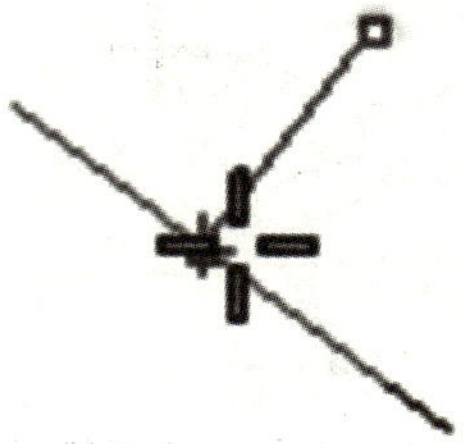

图 4－23　画出一条与其他曲线垂直的直线

步骤:在一条曲线上指定直线的起点→指定直线的终点。

与曲线垂直选项的下一级选项:

①点:可以指定靠近曲线的点,但不会锁定到曲线上。

②从第一点:将直线的起点固定于曲线上的指定点。

③两条曲线:画出一条与两条曲线垂直的直线,如图 4－24 所示。

(8)与曲线正切:画出一条与其他曲线正切的直线,如图 4－25 所示。

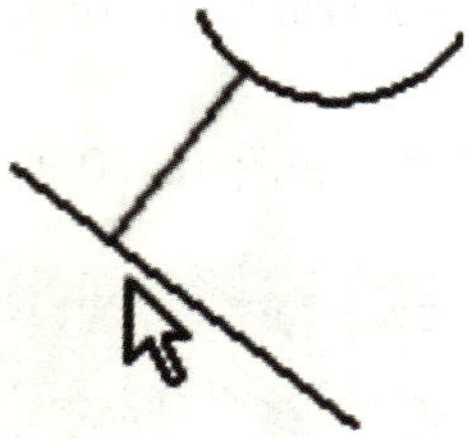

图 4－24　画出一条与两条曲线垂直的直线

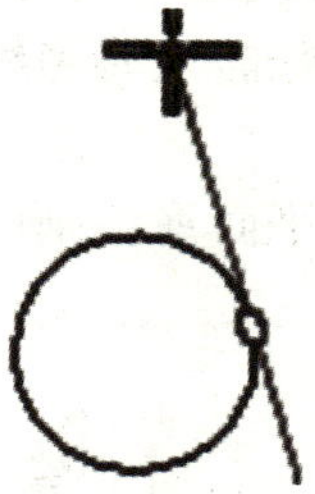

图 4－25　画出一条与其他曲线正切的直线

步骤:在一条曲线上指定直线的起点→指定直线的终点。

与曲线正切选项的下一级选项:

①点:可以指定靠近曲线的点,但不会锁定到曲线上。

②从第一点:将直线的起点固定于曲线上的指定点。

③两条曲线:画出一条与两条曲线正切的直线,如图 4－26 所示。

(9)延伸:以直线延伸一条曲线,如图 4 – 27 所示。

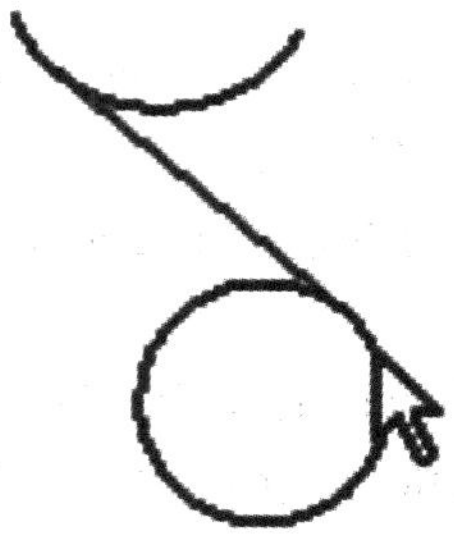

图 4 – 26　画出一条与两条曲线正切的直线

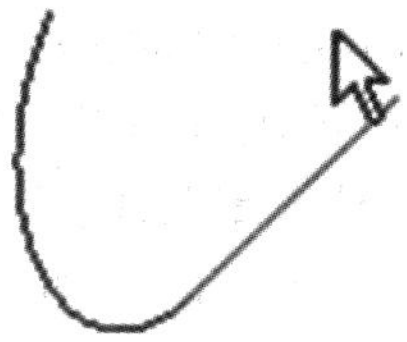

图 4 – 27　以直线延伸一条曲线

步骤:选取一条曲线(或直线)要延伸的端点→指定直线的终点或输入长度,按 Enter。

2. 多重直线

图标为 ,指令为 Polyline。找到这个指令的所有方式:

- 工具列:直线/主要 1/绘制曲线。
- 功能表:曲线→多重直线→多重直线/通过数个点/网络上。

Polyline 指令:画出一条由数条直线线段或圆弧线段组合而成的多重直线或多重曲线,如图 4 – 28 所示。

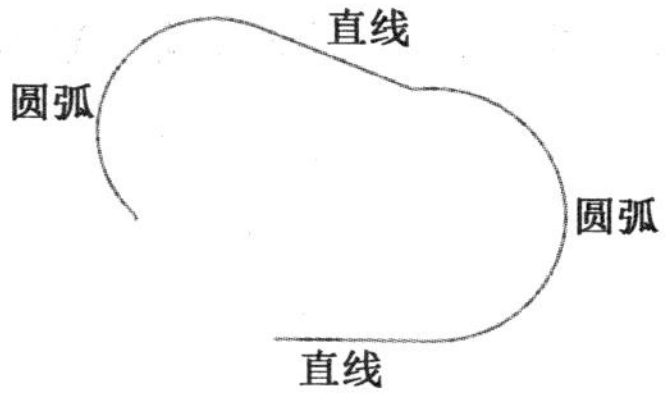

图 4 – 28　由数条直线线段或圆弧线段组成的多重直线或多重曲线

```
指令:Polyline
多重直线起点(持续封闭(P)=否):
多重直线的下一点(持续封闭(P)=否　模式(M)=直线　导线(H)=否　复原(U)):m
多重直线的下一点,按 Enter 完成(持续封闭(P)=否　模式(M)=圆弧　导线(H)=是　方向(D)
中心点(C)　复原(U)):m
多重直线的下一点,按 Enter 完成(持续封闭(P)=否　模式(M)=直线　导线(H)=是　长度(L)
复原(U)):
多重直线的下一点,按 Enter 完成(持续封闭(P)=否　封闭(C)　模式(M)=直线　导线(H)=是
长度(L)　复原(U)):m
多重直线的下一点,按 Enter 完成(持续封闭(P)=否　封闭(C)　模式(M)=圆弧　导线(H)=是
方向(D)　中心点(N)　复原(U)):n
圆弧中心点(复原(U)):
多重直线的下一点,按 Enter 完成(持续封闭(P)=否　封闭(C)　模式(M)=圆弧　导线(H)=是
方向(D)　中心点(N)　复原(U)):
```

通过模式(M)可以切换绘制直线和圆弧,相应的选项也有所不同。

步骤:指定第一个线段的起点→指定第一个线段的终点→这个点同时也是下一个线段的起点→指定下一个线段的终点→继续指定其他的点完成多重直线,按 Enter 结束。

附注:多重直线是由数条端点相接并组合在一起的直线线段所组成。需要建立单一直线线段请使用 Line 指令。Lines 指令可以建立数条端点相接但未组合的直线线段。

选项：

(1)持续封闭：当鼠标光标靠近曲线起点时自动封闭曲线。建立曲线时指定了两个点以后曲线会自动封闭，继续指定更多的点，曲线会持续维持封闭状态。

步骤：建立曲线时移动鼠标光标至曲线的起点附近，按鼠标左键，曲线会自动封闭，按住 Alt 键可以暂时停用自动封闭功能。

(2)封闭：自动封闭曲线，这个选项只有在指定了三个点以后才会出现。

(3)导线：打开动态的正切或正交轨迹线，让建立圆弧与直线混合的多重曲线时更方便。如图 4－29 所示。

(4)长度：设定下一个线段的长度，这个选项只有在模式为直线时才会出现。

(5)模式：设定下一个画出的线段为直线或圆弧。

①直线：下一个画出的是直线线段。

②圆弧：下一个画出的是圆弧线段。

a. 方向：指定下一个圆弧线段起点的正切方向。如图 4－30 所示。

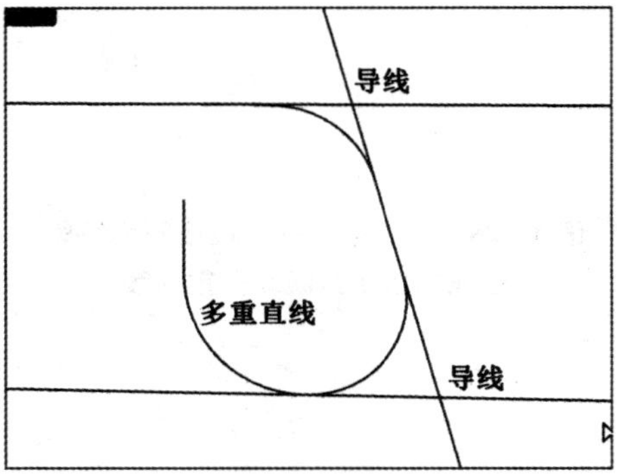

图 4－29　动态的正切或正交轨迹导线

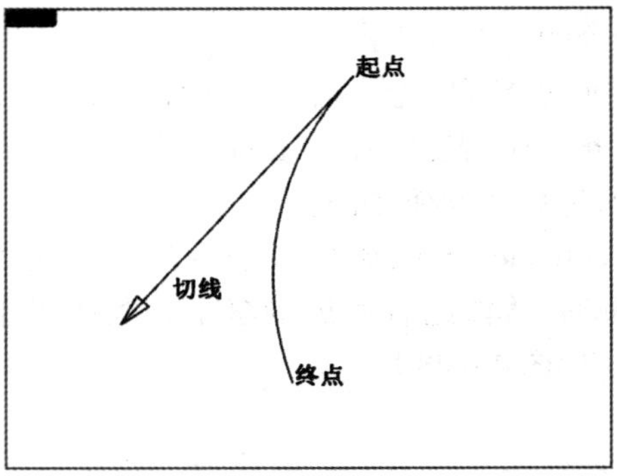

图 4－30　指定下一个圆弧线段起点的正切方向

b. 中心点：指定圆弧的中心点。

(6)复原：复原上一个动作。

3. 线段

图标为，指令为 Lines。找到这个指令的所有方式：

- 工具列：直线/主要 1/绘制曲线。
- 功能表：曲线→直线→线段。

Lines 指令：画出数条连续但未组合的直线线段。如图 4－31 所示。

步骤：指定第一条直线线段的起点→指定下几个点，按 Enter 键。

附注：Polyline 指令可以画出包含数条直线线段或圆弧线段的多重直线或多重曲线。

选项：

(1)封闭：将最后一条线段的终点放置在第一条线段的起点。

(2)复原：复原上一个动作。

4. 逼近数个点绘直线

图标为，指令为 LineThroughPt。找到这个指令的所有方式：

- 工具列：直线。
- 功能表：未在功能表里。

LineThroughPt 指令：画出一条逼近数个点的直线。如图 4 – 32 所示。

步骤：选取任何数量的点物件、控制点、点云（可混合选取）。

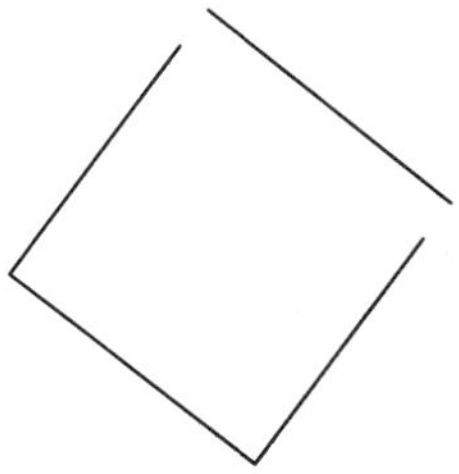

图 4 – 31　数条连续但未组合的直线线段

5. 通过数个点绘多重直线

图标为，指令为 CurveThroughPt。找到这个指令的所有方式：

- 工具列：曲线/绘制曲线/主要 2。
- 功能表：曲线→自由造型→通过数个点。

CurveThroughPt 指令：建立通过数个点物件的曲线。

步骤：选取点物件。

选项：

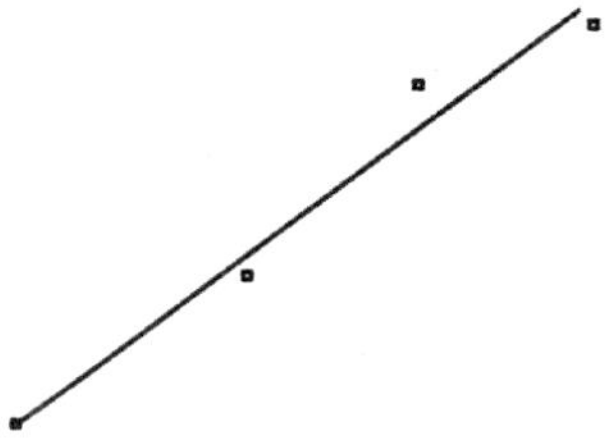

图 4 – 32　画出一条逼近数个点的直线

（1）阶数：设定曲线或曲面的阶数。建立阶数较高的曲线时，控制点的数目必须比阶数大 1 或以上，得到的曲线的阶数才会是设定的阶数。

（2）曲线类型：有控制点和内插点两个选项。控制点：将曲线的控制点放在与选取的点物件、顶点或控制点相同的位置，如图 4 – 33 所示。内插点：建立通过选取的点物件、顶点或控制点的曲线，如图 4 – 34 所示。

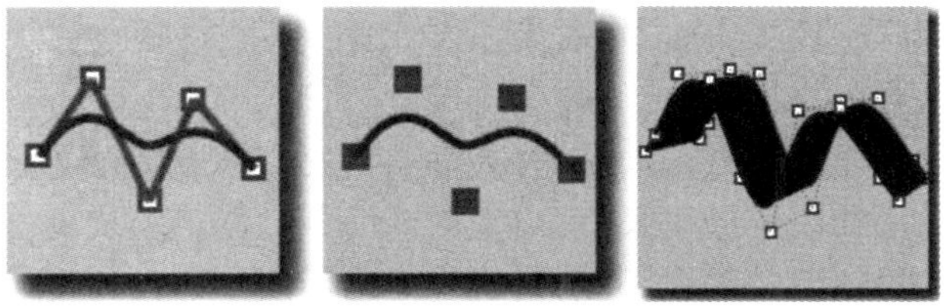

图 4 – 33　将曲线的控制点放在与选取的点物件、顶点或控制点相同的位置

图 4 – 34　建立通过选取的点物件、顶点或控制点的曲线

（3）节点：决定内插点曲线如何参数化，当内插点曲线的每一个指定点的间距都相同时，三种参数化建立的曲线完全一样。在建立内插点曲线时，指定的点会转换为曲线节点

的参数值,参数化决定节点之间的参数间距。

节点选项下一级选项有一致、弦长、弦长平方根。一致:节点的参数间距都是1,节点的参数间距并不是节点之间的实际距离,当节点之间的实际距离大约相同时,可以使用一致的参数化。除了将曲线重建以外,只有一致的参数化可以分别建立数条参数化相同的曲线。不论如何移动控制点改变曲线的形状,参数化一致的曲线的每一个控制点对曲线的形状都有相同的控制力,曲面也有相同的情形。弦长:以内插点之间的距离作为节点的参数间距,当曲线插入点的距离差异非常大时,以弦长参数化建立的曲线会比一致的参数化好。弦长平方根:内插点之间的距离的平方根作为节点的参数间距。

6. 将曲线转换为多重直线

图标为 ,指令为 Convert。找到这个指令的所有方式:

- 工具列:圆弧/曲线工具/直线。
- 功能表:曲线→转换。

Convert 指令:转换曲线为多重直线或圆弧多重曲线。

步骤:选取要转换的曲线→选择选项。

选项:

(1)输出为:有圆弧、直线两个下一级选项。圆弧:将曲线转换为圆弧线段组成的多重曲线,曲线接近直线的部分会转换为直线线段。直线:将曲线转换为多重直线。

(2)简化输入物件:有是、否两个下一级选项。是:合并共线的直线与共圆的圆弧。这个选项可以确保含有圆弧与直线线段的 NURBS 曲线可以在正确的位置切断为圆弧或直线,使曲线转换更精确。附注:这个选项是以模型的绝对公差与角度公差运行,而不是指令里的自定公差设定。否:当相对于绝对公差而言非常短的 NURBS 曲线转换为直线或圆弧时形状可能会有过大的改变,关闭这个选项或许可以得到比较好而且精确的结果。

(3)删除输入物件:将原来的物件从文件中删除。

(4)角度公差:相连的线段的角度差。设定0允许建立非正切的圆弧,圆弧线段端点可能会产生锐角,但因为有圆弧线段的关系,结果会比使用直线选项时的线段数少很多,可以用最少的线段数逼近原来的曲线。

(5)公差:结果的线段的中点与原来的曲线的容许公差,取代绝对公差的设定。

(6)最小长度:结果线段的最小长度,设定为0为不限制最小长度。

(7)最大长度:结果线段的最大长度,设定为0为不限制最大长度。

(8)目的图层:指定指令建立物件的图层。有目前的、输入物件两个下一级选项。目前的:在目前的图层建立物件。输入物件:在输入物件所在的图层建立物件。

7. 网格上绘多重直线

图标为 ,指令为 PolylineOnMesh。找到这个指令的所有方式:

- 工具列:直线。
- 功能表:曲线→多重直线→网格上。

PolylineOnMesh 指令:在网格上画出一条多重直线。如图 4-35 所示。

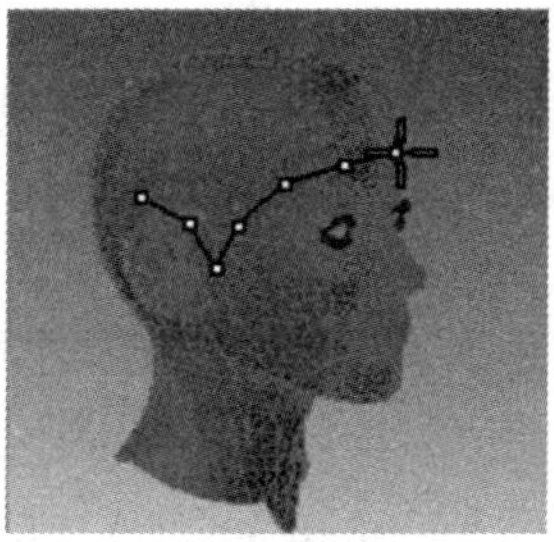

图 4-35 在网格上画出一条多重直线

步骤:选取一个网格→指定多重直线的起点→指

定下几个点,按 Enter。

4.4　矩 形 绘 制

矩形绘制工具列和矩形绘制图标名称如图 4 –36、图 4 –37 所示。

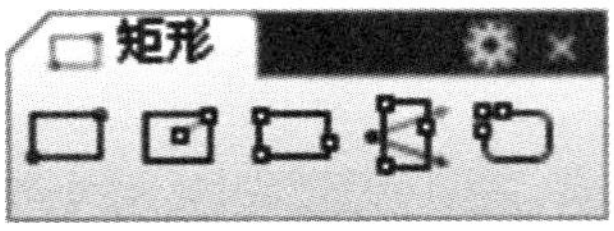

图 4 –36　矩形绘制工具列各图标

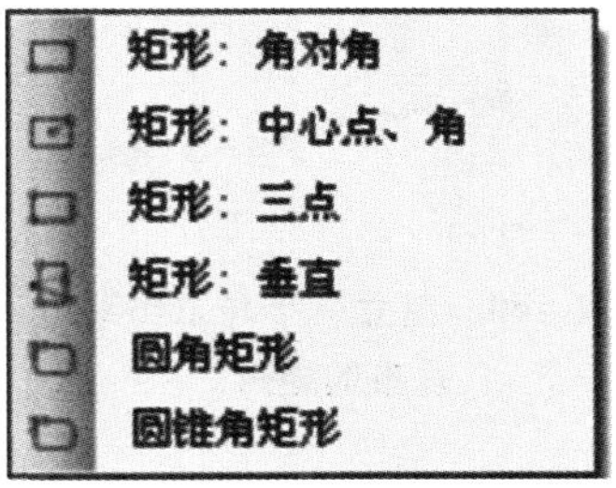

图 4 –37　矩形绘制工具列图标名称

以上各图标全部是矩形指令的不同选项。下面从使用第一个图标进入矩形指令,介绍不同选项的功能。

图标为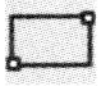,指令为 Rectangle。找到这个指令的所有方式:

- 工具列:绘制曲线/主要 2/矩形。
- 功能表:曲线→矩形。

Rectangle 指令:画出一个封闭的矩形多重直线。如图 4 –38 所示。

步骤:画出矩形。

选项:

(1)预设:是指定两个对角建立底面矩形。

附注:按住 Shift 可以建立一个正方形。

步骤:指定第一个角→指定其他角,或输入长度。

(2)三点:以两个相邻的角和对边上的一点画出矩形。如图 4 –39 所示。

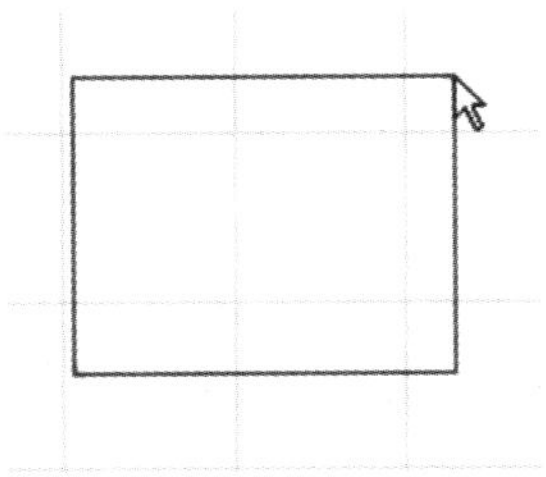

图 4 –38　矩形多重直线

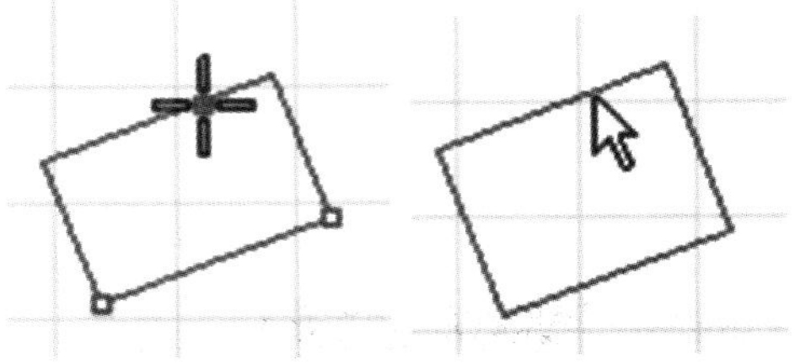

图 4 –39　以两个相邻的角和对边上的一点画出矩形

步骤:指定边的起点→指定边的终点→指定或输入宽度。

(3)垂直:建立一个与工作平面垂直的矩形。如图 4 –40 所示。

步骤:指定边的起点→指定边的终点→指定或输入宽度。

(4)中心点:从中心点建立矩形。如图 4 –41 所示。

步骤:指定中心点→指定其他角或输入长度。

(5)圆角:将四个角倒圆。

步骤:指定圆角的半径。如图 4 –42 所示。

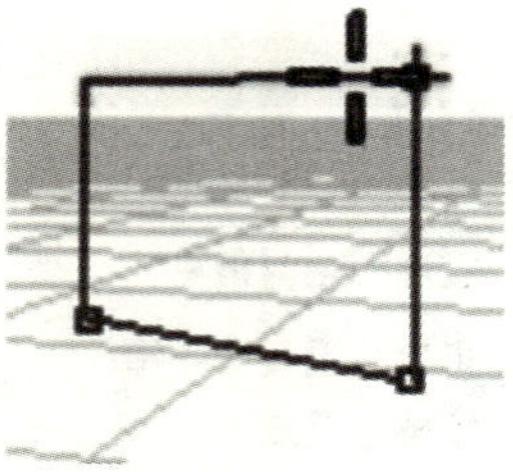

图 4 –40　建立一个与工作平面垂直的矩形

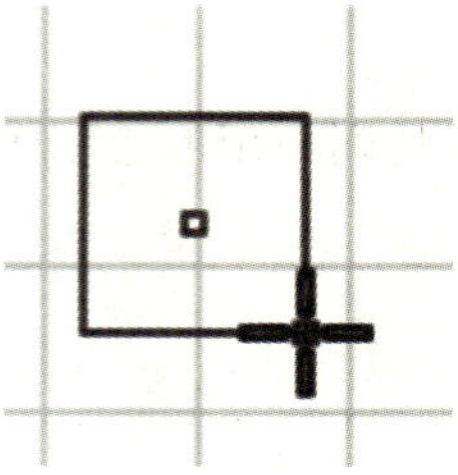

图 4 –41　从中心点建立矩形

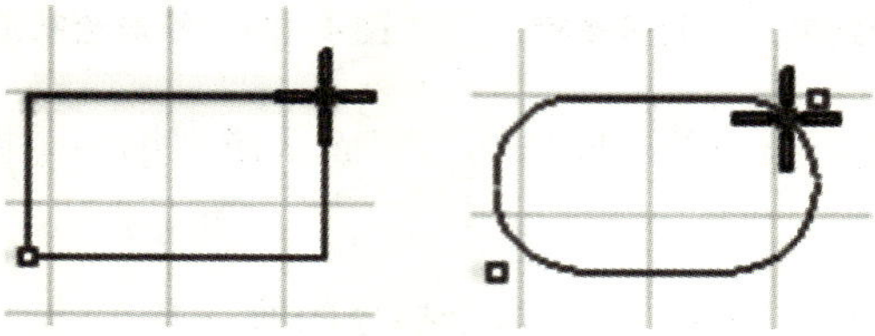

图 4 –42　将四个角倒圆

选项:

①圆弧:以圆弧为矩形的角。

②圆锥:以圆锥线为矩形的角。

4.5　多边形绘制

多边形绘制工具列和多边形绘制图标名称如图 4 –43、图 4 –44 所示。

图 4 –43　多边形绘制工具列各图标

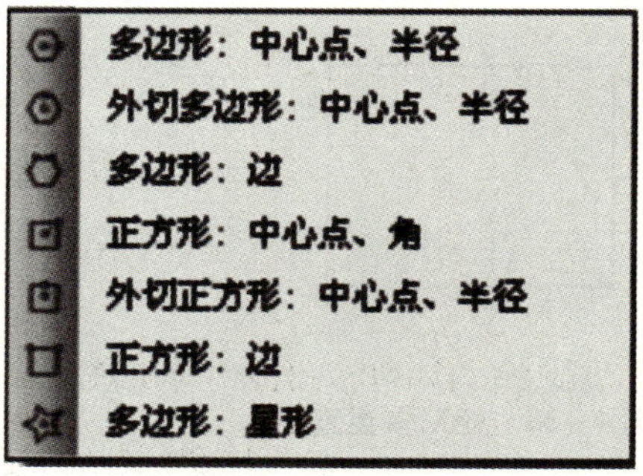

图 4 –44　多边形绘制工具列图标名称

以上各图标全部是多边形指令的不同选项。下面从使用第一个图标进入多边形指令,介绍不同选项的功能。

图标为,指令为 Polygon。找到这个指令的所有方式:

- 工具列:多边形工具列/主要 1 工具列/绘制曲线工具列。
- 功能表:曲线→多边形→中心点、半径/以边/星形。

Polygon 指令:以设定的边数建立多边形曲线。如图 4－45 所示。

步骤:选择的选项会提示下一步该如何做,未选择选项时指令会使用预设的选项。

基底的选项:

(1)边数:指定多边形边的数目。

(2)内接:指定半径画一个不可见的圆,建立角位于圆上的多边形。

步骤:指定中心点→指定一个角。

(3)外切:指定半径画一个不可见的圆,建立边的中点与圆正切的多边形。

步骤:指定中心点→指定多边形边的中点。

(4)边缘:指定一个边的两个端点建立多边形。如图 4－46 所示。

步骤:指定边的起点→指定边的终点。

选项为反转:反转建立多边形的方向。

(5)星形:建立星形的多边形。如图 4－47 所示。

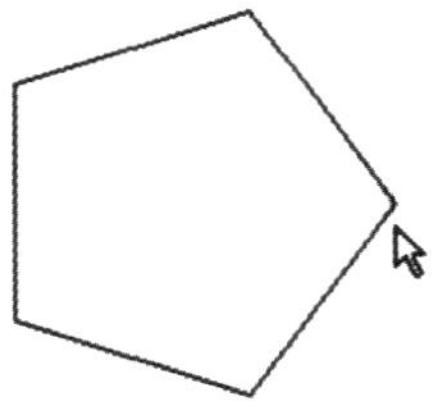

图 4－45　五边形曲线

图 4－46　指定一个边的两个端点建立多边形

图 4－47　建立星形的多边形

步骤:指定中心点→指定一个角→指定半径画一个不可见的圆,定义星形的第二个半径。

选项为自动:按 Enter 自动决定星形的第二个半径建立正星形。

位置选项:

(1)垂直:画出一个与工作平面垂直的多边形。指定中心点与半径。

(2)环绕曲线:画出一个与曲线垂直的多边形。选取一条曲线,在曲线上指定中心点及半径或直径。

4.6　圆的绘制

绘制圆的工具列和图标名称如图 4－48、图 4－49 所示。

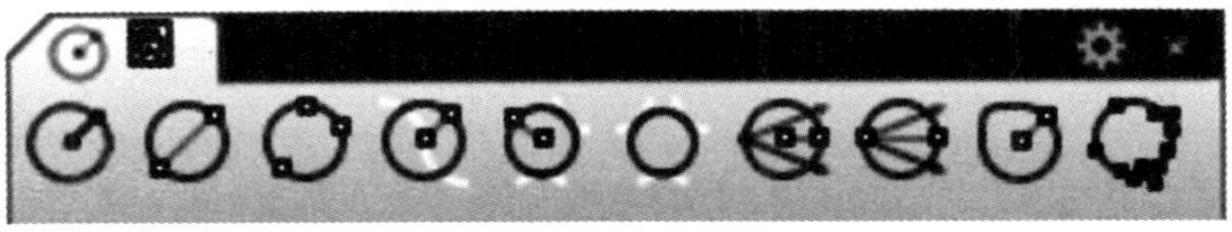

图 4－48　圆绘制工具列各图标

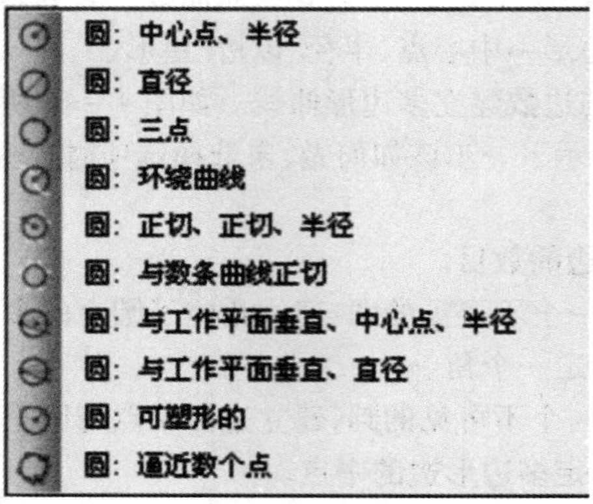

图 4 – 49　圆绘制工具列图标名称

以上各图标全部是 Circle 指令的不同选项。下面从使用第一个图标进入 Circle 指令，介绍不同选项的功能。

图标为 ，指令为 Circle。找到这个指令的所有方式：

- 工具列：主要 1/圆/绘制曲线。
- 功能表：曲线→圆。

Circle 指令：以中心点和半径画一个圆。

```
Command:Circle ↻
圆心(可塑形的(D)  垂直(V)  两点(P)  三点(O)  正切(T)  环绕曲线(A)  逼近数个点(F)):
```

步骤：指定圆心→指定半径或选择选项。按此步骤画出的圆如图 4 – 50 所示。

选项：

(1)可塑形的：以指定的阶数与控制点数建立形状近似的 NURBS 曲线。如图 4 – 51 所示。

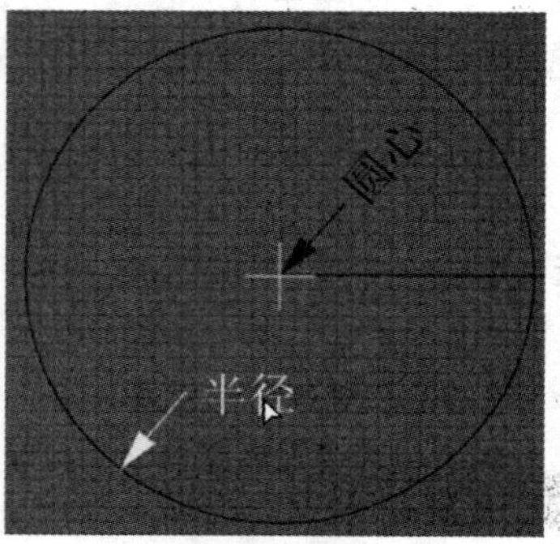

图 4 – 50　指定中心点和半径画一个圆

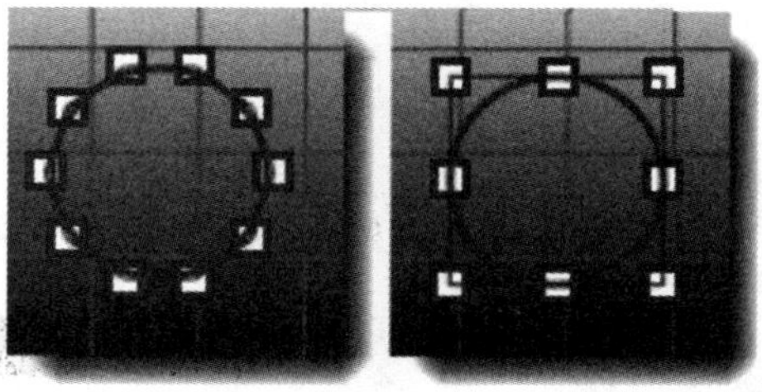

图 4 – 51　可塑形的 3 阶圆形(左)与不可塑形的 2 阶圆形(右)

可塑形的选项过程：

圆心（可塑形的(D)　垂直(V)　两点(P)　三点(O)　正切(T)　环绕曲线(A)　逼近数个点(F)）：D ↻

圆心（阶数(D)=3　点数(P)=10　垂直(V)　两点(O)　三点(I)　正切(T)　环绕曲线(A)　逼近数个点(F)）：

阶数：设定曲线的阶数。点数：设定曲线的控制点数。

(2)两点：以直径的两个端点画圆。通过指定直径的起点与终点画圆，如图 4－52 所示。

(3)三点：以圆周上的三个点画圆。通过指定圆通过的三个点画圆，如图 4－53 所示。

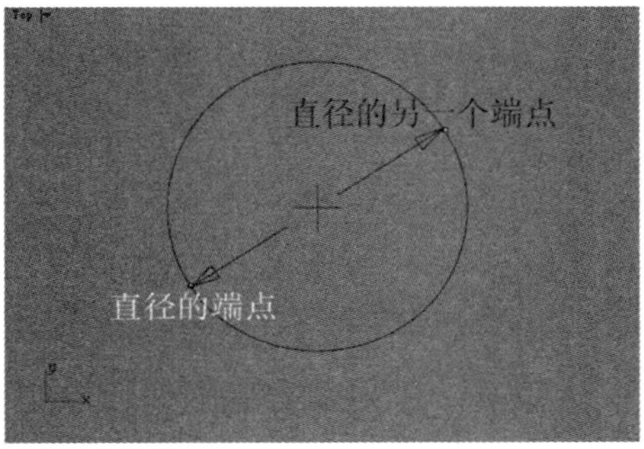

图 4－52　通过指定直径的起点与终点画圆

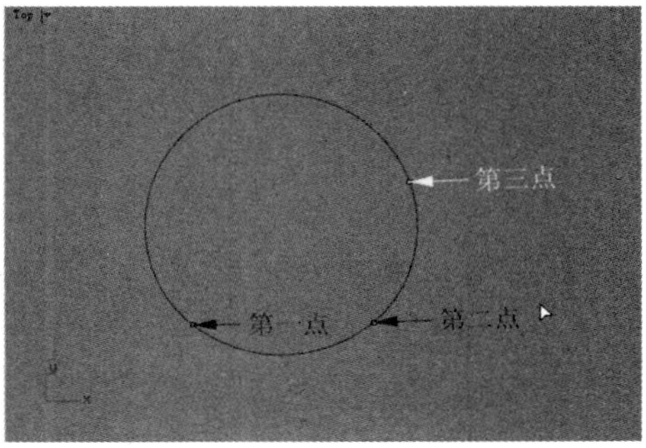

图 4－53　通过指定圆通过的三个点画圆

三点的下一级选项：

半径：指定圆的半径与定位，建立通过前两个指定点的圆。指定一点，或输入半径数值。指定建立圆的方向（通过第二点）。如图 4－54 所示。

(4)环绕曲线：画出一个与曲线垂直的圆。选取一条曲线，在曲线上指定圆的中心点及半径或直径。如图 4－55 所示。

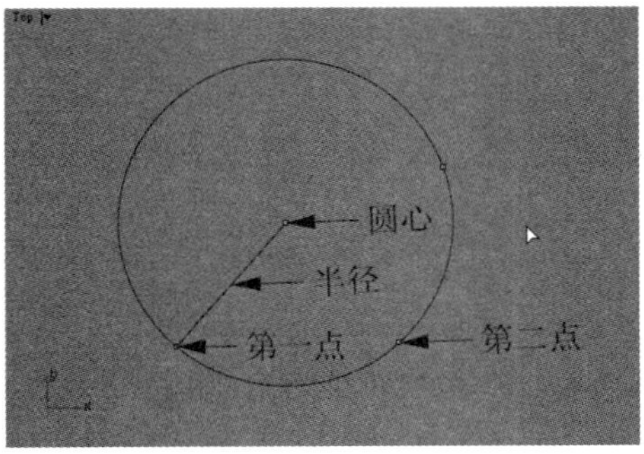

图 4－54　指定圆半径与定位绘制圆

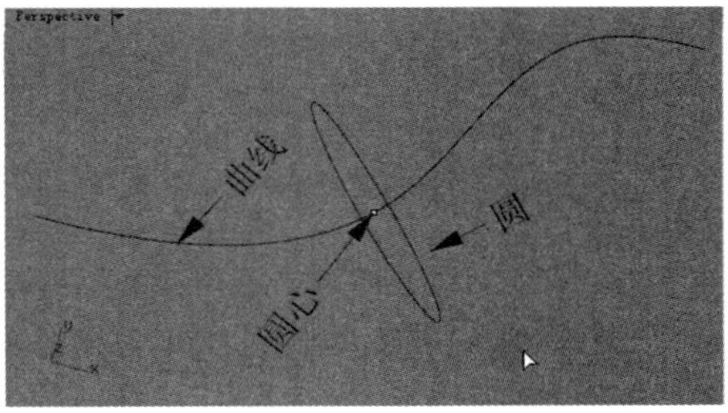

图 4－55　与曲线垂直的圆

(5)逼近数个点：画出逼近选取的点物件、曲线/曲面控制点或网格顶点的圆。选取数个点物件或控制点，至少需要选取三个点物件或控制点。如图 4－56 所示。

(6)正切：画出与曲线正切的圆。

在第一条曲线上指定第一个正切点。在第二条曲线上指定第二个正切点，或输入半径。选取第三条正切曲线，或按 Enter 画出一个与前两条曲线上的指定点正切的圆。如图 4 - 57 所示。

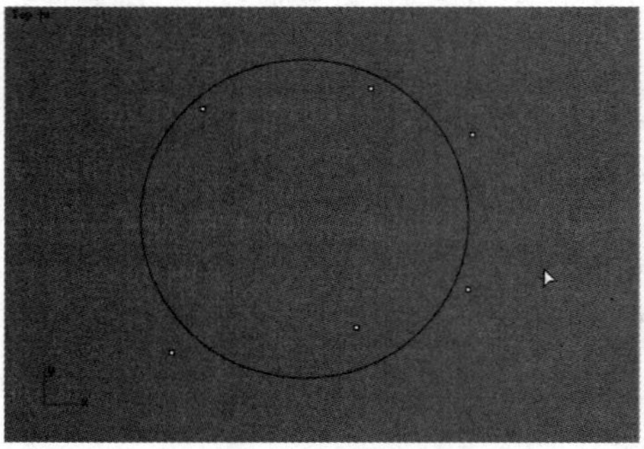

图 4 - 56　逼近数个点绘制圆

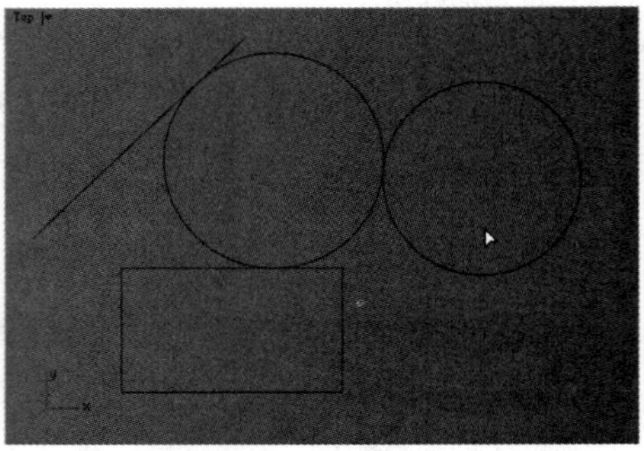

图 4 - 57　与曲线正切的圆

正切的下一级选项：

①从第一点：限制画出的圆一定要与第一条曲线上的指定点正切。

②点：指定一点，此点可以不是在其他曲线上的正切点。

③半径：指定半径固定圆的大小，如果第二条正切曲线上有某一个点可以与指定半径的圆正切，正切线标记可以锁定该点。

(7)垂直：画一个与工作平面垂直的圆。指定中心点及半径，或选择其他选项。

下一级选项为半径/直径：切换使用半径或直径画圆。指定一点，或输入数值。

(8)定位：建立非位于工作平面上的圆。指定一个方向，建立的圆的平面会与该方向垂直。如图 4 - 58 所示。

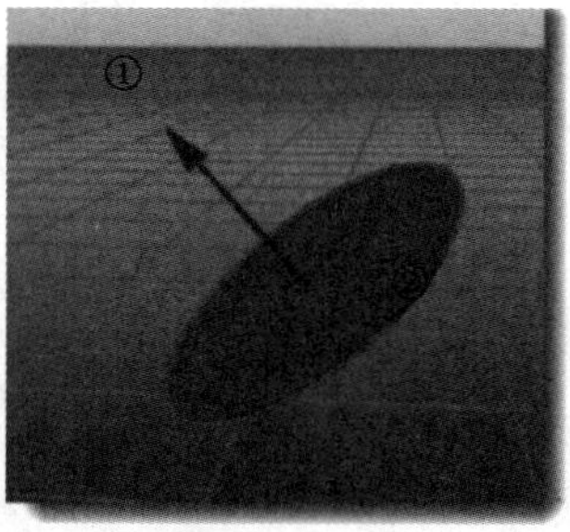

图 4 - 58　圆的平面与指定的方向垂直

①—指定的方向；②—圆所在的平面

(9)周长：指定圆周的长度。在指令行输入圆周长度的数值或以鼠标指定，以鼠标指定时圆周的长度会显示在状态列。

(10)面积：指定圆的面积的大小。在指令行输入圆的面积数值或以鼠标指定，以鼠标指定时面积会显示在状态列。

4.7 圆弧绘制

绘制圆弧的工具列和图标名称如图4－59、图4－60所示。

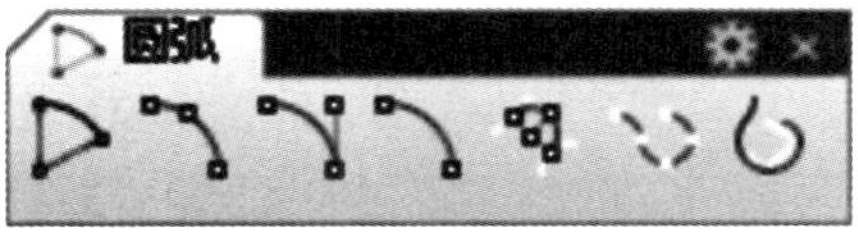

图4－59 圆弧绘制工具列各图标

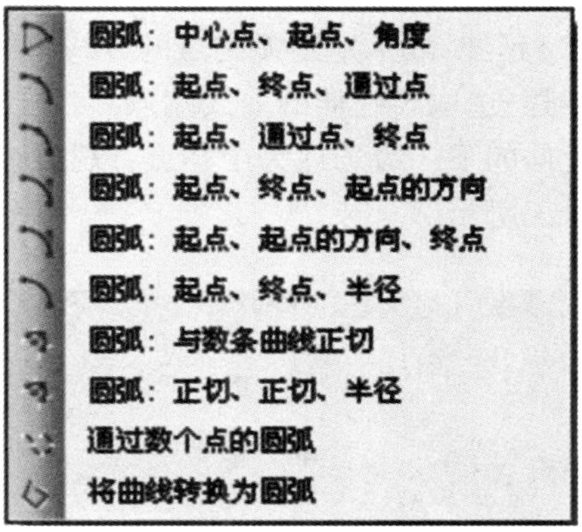

图4－60 圆弧绘制工具列图标名称

图标为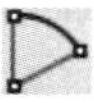，指令为Arc。找到这个指令的所有方式：

- 工具列：主要1/圆弧。
- 功能表：曲线→圆弧→中心点、起点、角度/起点、终点、方向/起点、终点、通过点/起点、终点、半径/起点、通过点、终点/正切、正切、半径/与数条曲线正切。

Arc指令：画出一条圆弧曲线。依序指定中心点、起点、终点或角度建立圆弧。如图4－61所示为使用Arc指令绘制的圆弧。

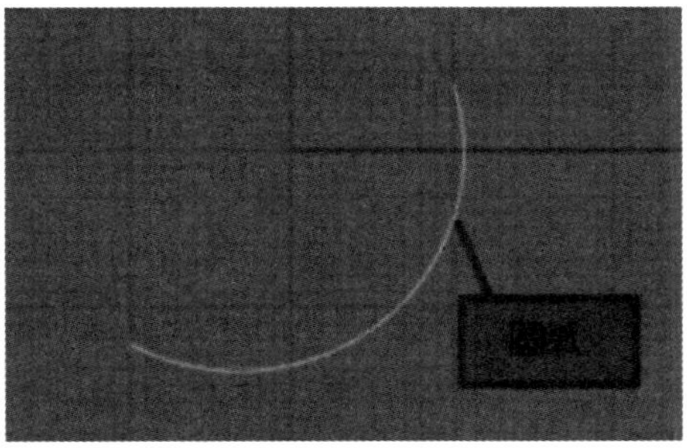

图4－61 使用Arc指令绘制的圆弧

步骤：指定圆弧的中心点→指定圆弧的第一个端点，这个端点也是圆弧的起点→指定圆弧的终点，或输入圆弧的角度。

调用Arc后系统提示：

圆弧中心点(可塑形的(D) 起点(S) 正切(T) 延伸(X))：

选项:

(1)可塑形的:建立一条逼近圆弧的 NURBS 曲线。下一级选项有阶数、点数。

①阶数:设定曲线或曲面的阶数。建立阶数较高的曲线时,控制点的数目必需比阶数大 1 或以上,得到的曲线的阶数才会是所设定的阶数。

②点数:设定控制点的数目。

(2)延伸:以指定圆弧终点的方式将曲线以圆弧延伸。如图 4-62 所示。

步骤:选取要延伸的曲线端点→指定圆弧的终点。

延伸的下一级选项为中心点:以指定圆弧中心点与终点的方式将曲线以圆弧延伸。如图 4-63 所示。

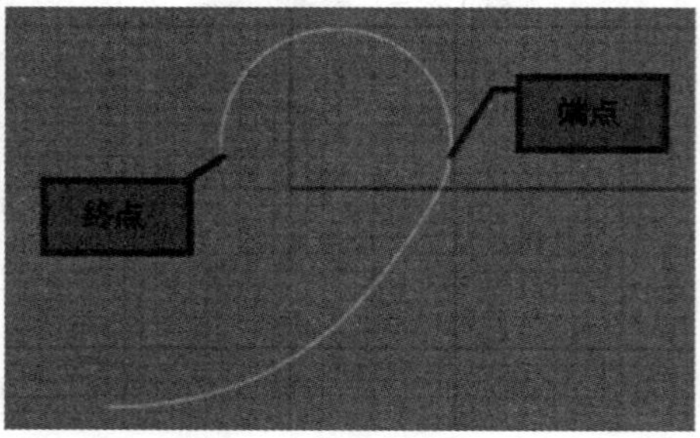

图 4-62 以指定圆弧终点的方式将曲线以圆弧延伸

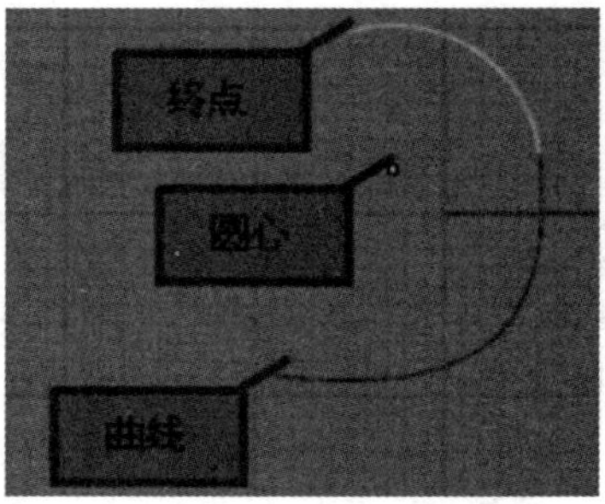

图 4-63 指定圆弧中心点与终点的方式将曲线以圆弧延伸

步骤:指定圆弧的中心点→指定圆弧的终点。

附注:延伸出来的圆弧不会与原来的曲线组合。Extend 指令可以单一步骤画出与原来的曲线组合的延伸圆弧。延伸圆弧的中心点会被限制在与曲线端点垂直的平面上。打开正交或按住 Shift 键时,延伸圆弧的终点会被限制在几个方向上。

(3)起点:从圆弧的起点开始画圆弧。如图 4-64 所示。

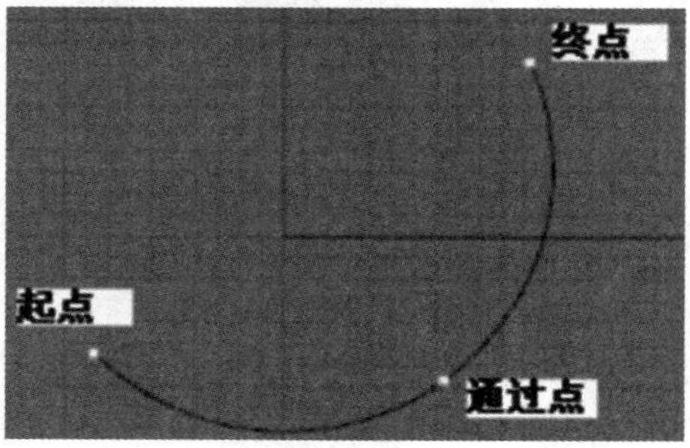

图 4-64 从圆弧的起点开始画圆弧

步骤:指定圆弧的起点→指定圆弧的终点→指定圆弧的通过点。

起点的下一级选项有方向、通过点、中心点。

①方向:设定圆弧起点的正切方向。如图 4-65 所示。

步骤:指定起点→指定正切方向→指定终点。

②通过点:指定圆弧的通过点。如图 4-66 所示。

步骤:指定起点→指定一点→指定终点。

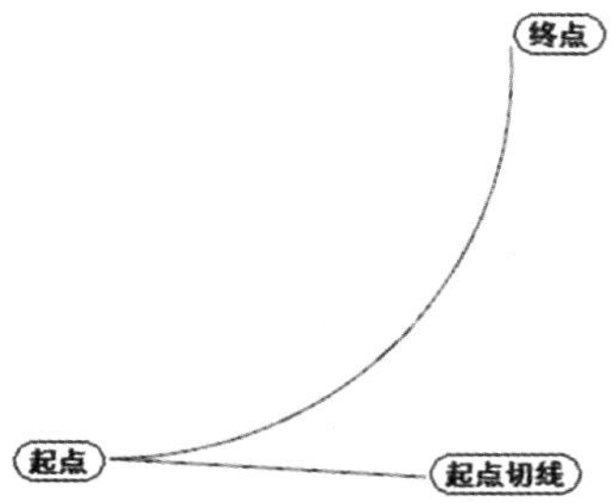

图 4－65　设定圆弧起点的正切方向

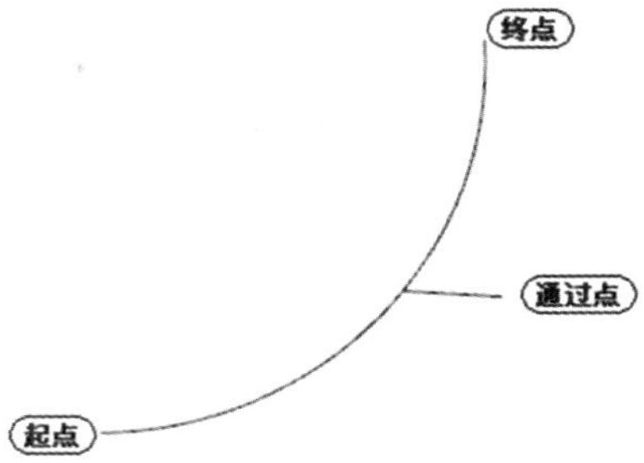

图 4－66　指定圆弧的通过点

③中心点:指定圆弧的中心点。如图 4－67 所示。

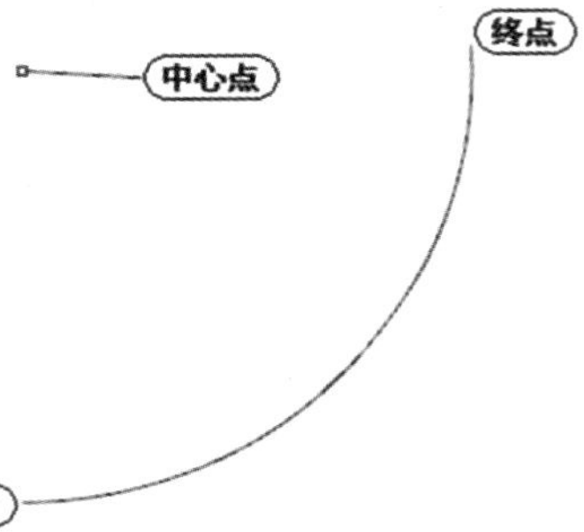

图 4－67　指定中心点、起点、终点绘制圆弧

步骤:指定中心点。

(4)正切:画出一个与两条曲线正切的圆弧并设定圆弧的半径。如图 4－68 所示。

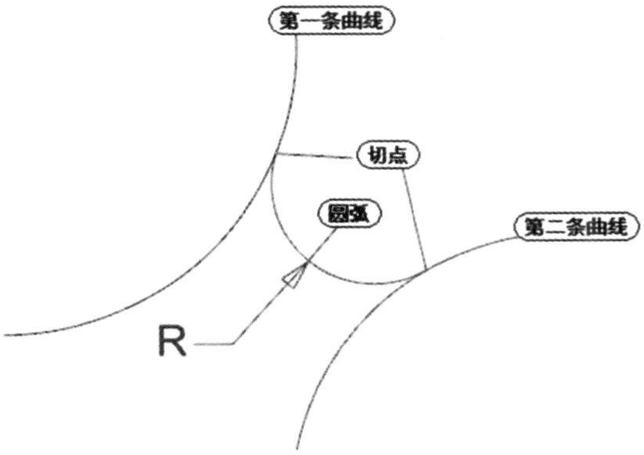

图 4－68　与两条曲线正切的圆弧并设定圆弧的半径

步骤:选取一条正切曲线→选取另一条正切曲线,或输入半径,限制圆弧的半径。如果第二条正切曲线上有某一个点可以与设定半径的圆弧正切,正切线标记可以锁定该点。选取第三条正切曲线,或按 Enter 画出一个圆→移动鼠标选择要建立圆弧的位置,按鼠标左键完成。

4.8 椭圆绘制

绘制椭圆的工具列和图标名称如图 4－69、图 4－70 所示。

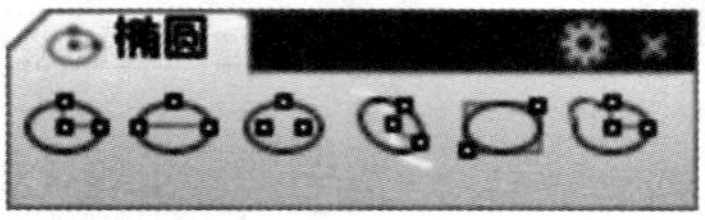

图 4－69 椭圆绘制工具列各图标

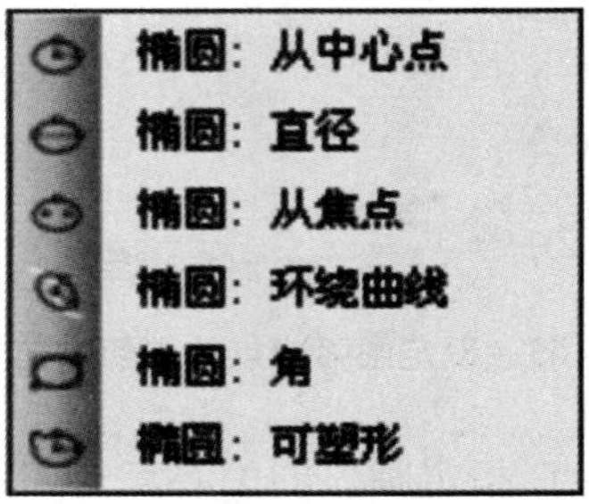

图 4－70 椭圆绘制工具列图标名称

图标为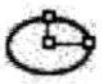，指令为 Ellipse。找到这个指令的所有方式：

- 工具列：绘制曲线/椭圆/主要 2。
- 功能表：曲线→椭圆→从中心点/直径/从焦点。

Ellipse 指令：建立一条封闭的椭圆形曲线。如图 4－71 所示。

步骤：指定中心点→指定第一轴的终点→指定第二轴的终点。

选项：

（1）预设值：以中心点、第一轴及第二轴画一个椭圆。如图 4－72 所示。

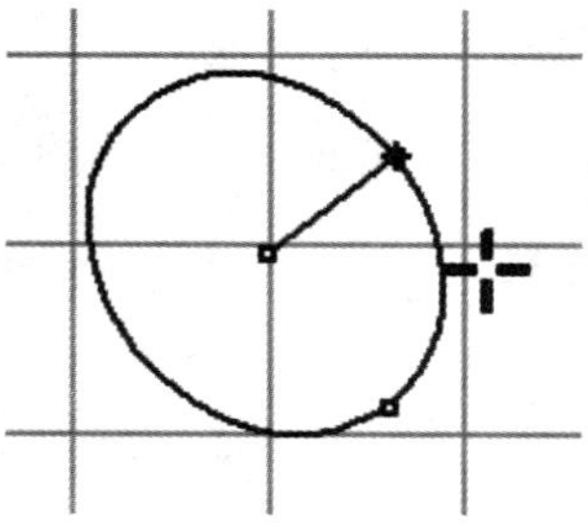

图 4－71 椭圆形曲线

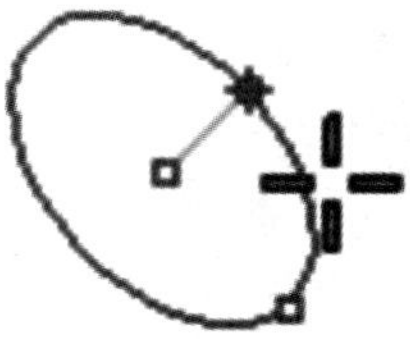

图 4－72 以中心点、第一轴及第二轴画一个椭圆

步骤：指定中心点→指定第一轴的终点→指定第二轴的终点。

（2）可塑形的：以指定的阶数与控制点数建立形状近似的 NURBS 曲线。如图 4－73 所示。

（3）垂直：以中心点及两个轴画出一个与工作平面垂直的椭圆。如图 4－74 所示。

步骤：指定中心点→指定第一轴的终点→指定第二轴的终点。

（4）角：以一个矩形的对角画出椭圆。如图 4－75 所示。

步骤：指定矩形的一个角→指定矩形的对角。

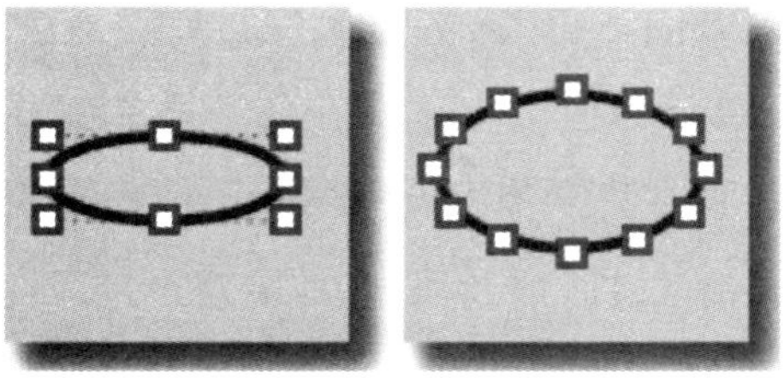

图 4－73　不可塑形的 2 阶椭圆形(左)与可塑形的 3 阶椭圆形(右)

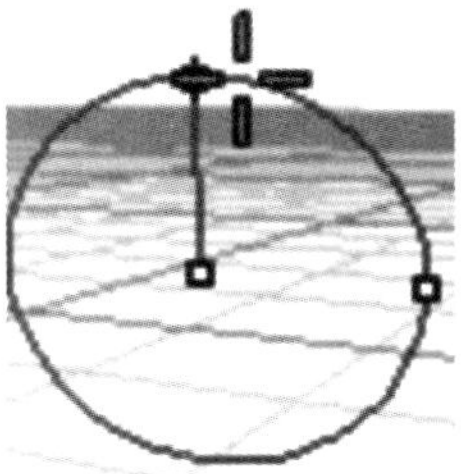

图 4－74　与工作平面垂直的椭圆

(5)直径:以轴线的端点画出椭圆。如图 4－76 所示。

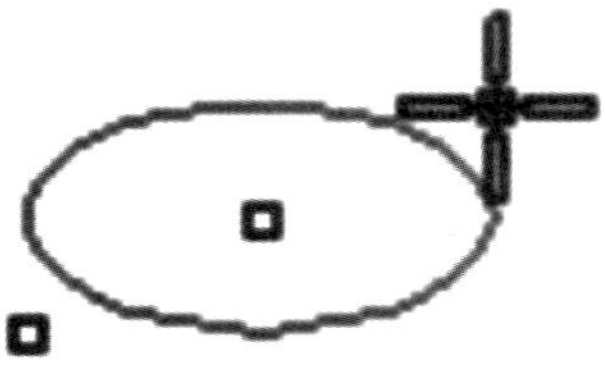

图 4－75　以一个矩形的对角画出椭圆

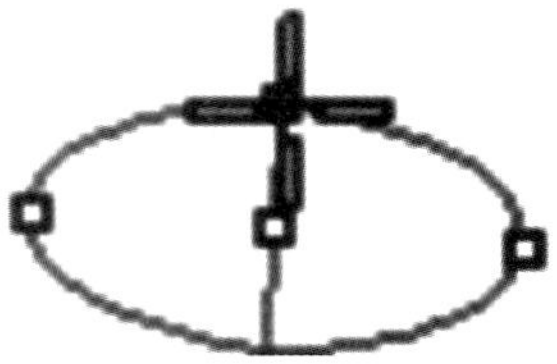

图 4－76　以轴线的端点画出椭圆

步骤:指定第一轴的终点→指定第一轴的另一终点→指定第二轴的终点。
(6)从焦点:以椭圆的两个焦点及通过点画出椭圆。如图 4－77 所示。
步骤:指定第一个焦点→指定第二个焦点→指定椭圆的通过点。
选项为标示焦点:在焦点的位置放置点物件。如图 4－78 所示。
(7)环绕曲线:画出一个环绕曲线的椭圆。如图 4－79 所示。

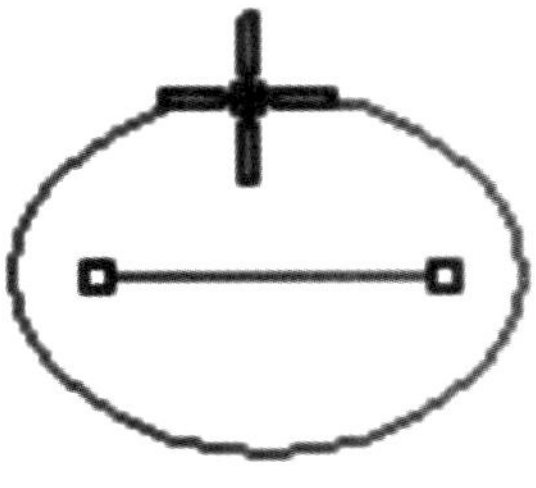

图 4－77　以椭圆的两个焦点及通过点画出椭圆

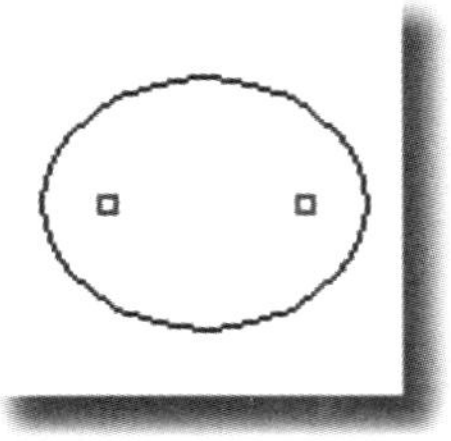

图 4－78　在焦点的位置放置点物件

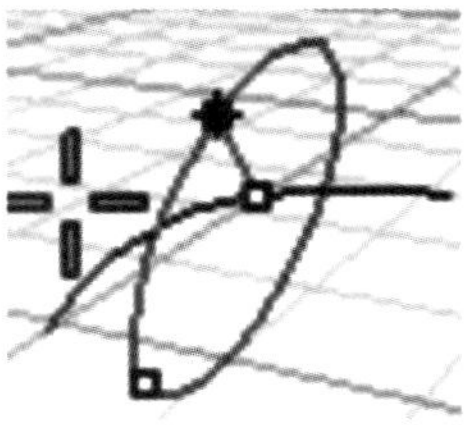

图 4－79　环绕曲线的椭圆

步骤:在曲线上指定中心点→指定第一轴的终点→指定第二轴的终点。

4.9 文　　字

图标为 T ,指令为 TextObject。找到这个指令的所有方式:

- 工具列:主要 1。
- 功能表:实体→文字。

TextObject 指令:以 TrueType 字型建立文字曲线、曲面或多重曲面。

输入指令后弹出如图 4-80 所示对话框。

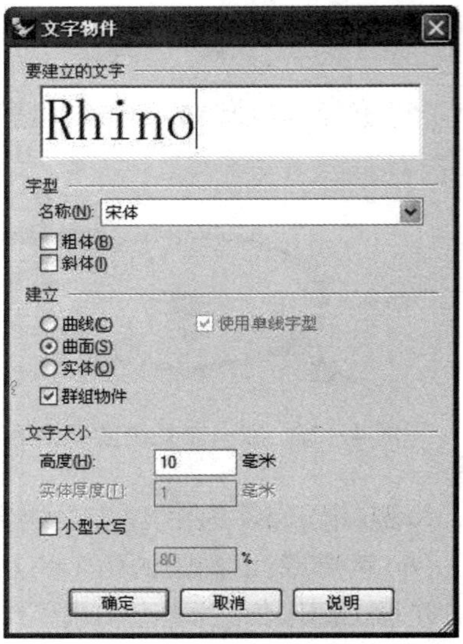

图 4-80　文字物件对话框

步骤:设定选项→指定一点。

文字物件选项:

(1)要建立的文字:输入文字,在编辑栏位中按鼠标右键可以剪切、复制、粘贴文字。

(2)字型:选取要使用的字型。名称:字型名称。粗体:设定字型为粗体。斜体:设定字型为斜体。

(3)建立:设定建立的物件类型。

①曲线:以文字的外框线建立曲线,如图 4-81 所示。

②使用单线字型如图 4-82 所示,建立的文字曲线为开放曲线,可作为文字雕刻机的路径。

③曲面:以文字的外框线建立曲面,如图 4-83 所示。

④实体:建立实体文字,如图 4-84 所示。

图 4-81　以外框线建立曲线

图 4-82　使用单线字型

图 4-83　以外框线建立曲面

图 4-84　建立实体文字

⑤群组物件:群组建立的物件。

(4)文字大小:设定文字的高度与厚度。

①高度__ <单位>:设定文字的高度(模型单位,工作平面 y 轴方向)。

②实体厚度__ <单位>:设定实体文字的厚度(工作平面 z 轴方向)。

③小型大写:以小型大写的方式显示英文小写字母。

4.10 尺寸标注

尺寸标注工具列和尺寸标注图标名称如图 4-85、图 4-86 所示。

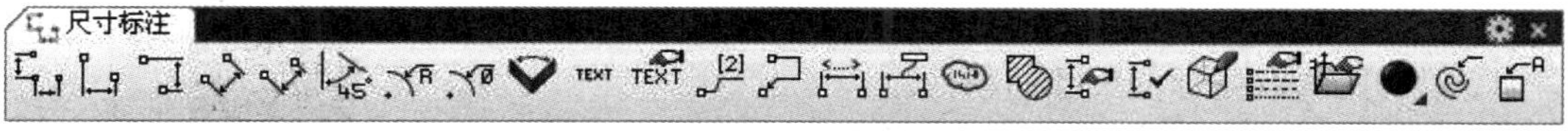

图 4-85 尺寸标注工具列各图标

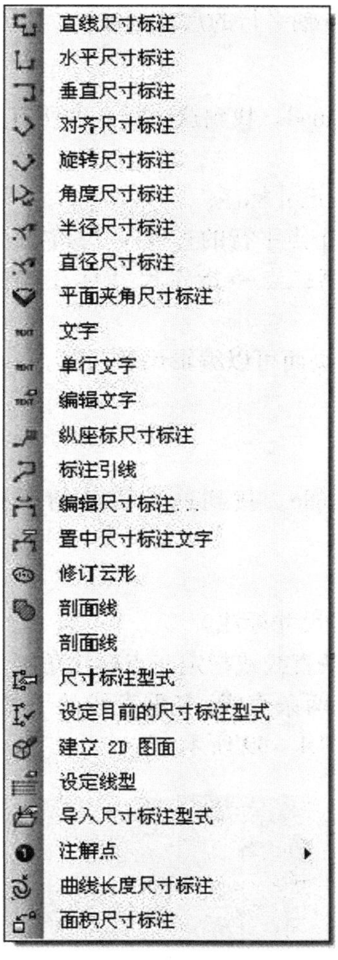

图 4-86 尺寸标注工具列图标名称

1. 直线尺寸标注

图标为,指令为 Dim。找到这个指令的所有方式:

- 工具列:尺寸标注/标准/出图。
- 功能表:尺寸标注→直线尺寸标注。

Dim 指令:建立水平或垂直的直线尺寸标注。如图 4-87 所示。

步骤:指定第一点→指定第二点→指定尺寸标注线的位置。

附注:尺寸标注总是与目前的工作平面平行。物件属性→尺寸标注页面可以编辑尺寸标注。

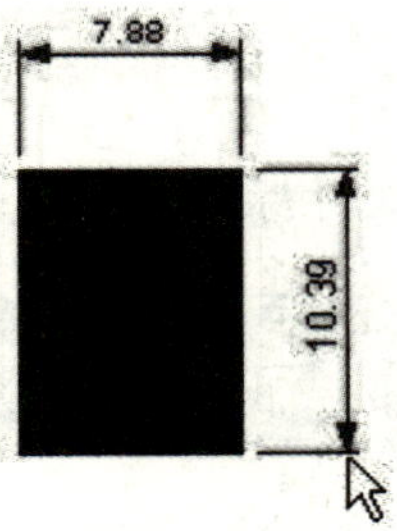

图 4-87 水平或垂直的直线尺寸标注

指令行选项:

(1)型式:输入尺寸标注型式名称。

(2)物件:选取要标注尺寸的物件。

(3)连续标注:连续建立直线尺寸标注。

(4)复原:复原上一个动作。

(5)垂直:建立与工作平面 y 轴平行的尺寸标注。

(6)水平:建立与工作平面 x 轴平行的尺寸标注。

2. 对齐尺寸标注

图标为,指令为 DimAligned。找到这个指令的所有方式:

- 工具列:尺寸标注/出图。
- 功能表:尺寸标注→对齐尺寸标注。

DimAligned 指令:建立与两个点平行的直线尺寸标注。如图 4-88 所示。

步骤:指定第一点→指定第二点→指定尺寸标注线的位置。

附注:物件属性→尺寸标注页面可以编辑尺寸标注。

选项:与直线尺寸标注相同。

图 4-88 与两个点平行的直线尺寸标注

3. 角度尺寸标注

图标为,指令为 DimAngle。找到这个指令的所有方式:

- 工具列:尺寸标注/出图。
- 功能表:尺寸标注→角度尺寸标注。

DimAngle 指令:从圆弧、两条直线或指定三点标注角度。

步骤:选取一个圆弧或选取两条直线、多重直线的子线段、平面或多重曲面上直的边缘→指定尺寸标注的位置。如图 4-89 所示。。

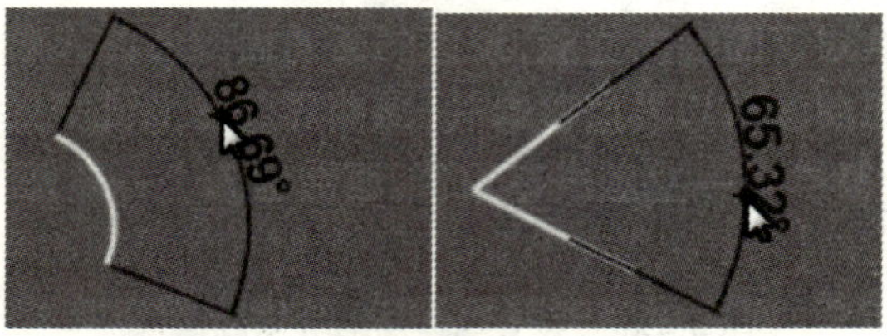

图 4-89 选取一个圆弧或选取两条直线的尺寸标注

选项：

(1)型式：输入尺寸标注型式名称。

(2)三点：指定三个点建立角度尺寸标注。如图 4－90 所示。

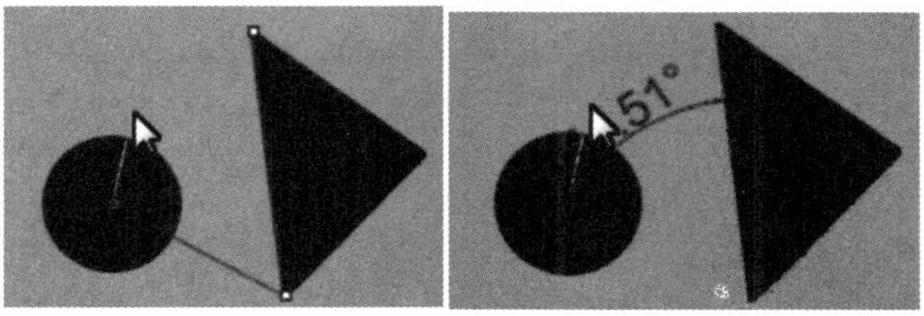

图 4－90　指定三个点建立角度尺寸标注

4. 半径尺寸标注

图标为，指令为 DimRadius。找到这个指令的所有方式：

- 工具列：尺寸标注/出图。
- 功能表：尺寸标注→半径尺寸标注。

DimRadius 指令：标注圆或圆弧的半径。

附注：尺寸标注总是与目前的工作平面平行。如图 4－91 所示。

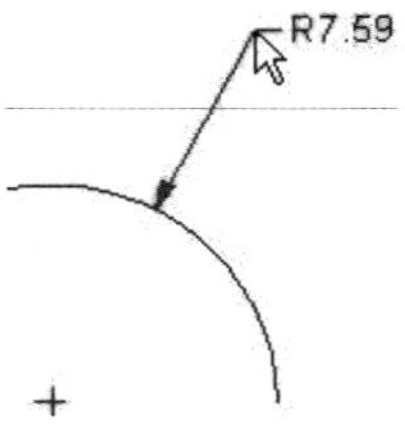

图 4－91　尺寸标注总是与目前的工作平面平行

步骤：选取一条曲线→指定尺寸标注的位置。

附注：物件属性→尺寸标注页面可以编辑尺寸标注。

选项：

(1)型式：输入尺寸标注型式名称。

(2)曲线上的点：指定尺寸标注箭头的起点。

5. 剖面线

图标为，指令为 Hatch。找到这个指令的所有方式：

- 工具列：尺寸标注/出图。
- 功能表：尺寸标注→剖面图。

Hatch 指令：以直线组成的图案填满曲线边界内的区域。如图 4－92 所示。

步骤：选取封闭的平面曲线→选取剖面线图案，设定缩放比例及旋转角度。

指令行选项为边界：点选一个封闭边界的内部以剖面线图案填满。如图 4－93 所示。

结合区域为是和否。是：选取数个区域建立一个剖面线。否：每个区域分别建立剖面线。如图 4－94、图 4－95 所示。

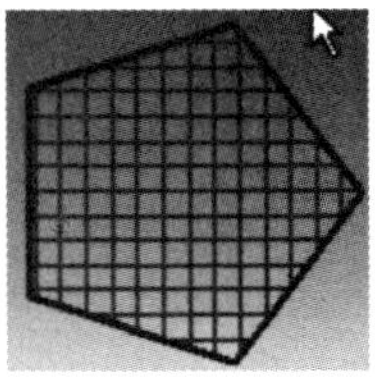

图 4－92　以直线组成的图案填满曲线边界内的区域

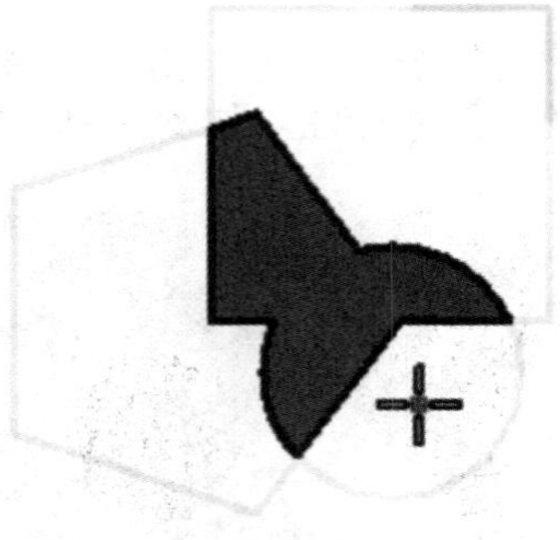

图 4-93 封闭边界的内部以剖面线图案填满

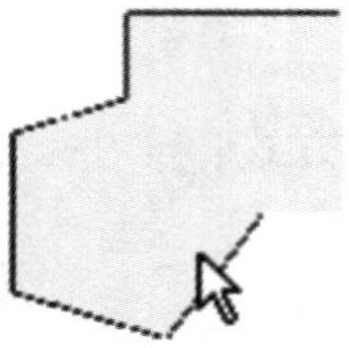

图 4-94 选取数个区域建立一个剖面线

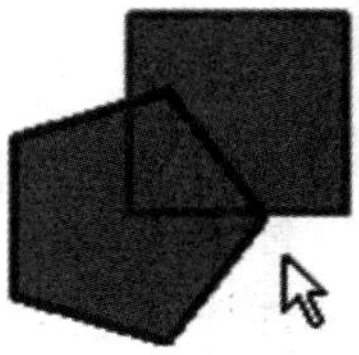

图 4-95 每个区域分别建立剖面线

附注:输入的曲线可以是在模型空间或图纸配置工作视窗,在图纸配置工作视窗可以选取子视图里的曲线建立剖面线。打开剖面线的控制点可以编辑边界的形状。

剖面线选项:图案、预览、图案旋转角度、图案缩放比例、设定基准点。

- 储存基准点:将设定的基准点作为以后使用这个剖面线图案的基准点。
- 边界:可以重新选取边界。

附注:

(1)如果所有的曲线都位于同一个平面,剖面线会建立在该平面上。如果曲线不是平面的,剖面线会建立在工作平面上。

(2)剖面线图案:剖面线图案会储存在模型文件里,也可以储存在模板文件里,或从 AutoCAD 的.pat 文件载入。剖面线属性对话框可以变更剖面线图案、旋转角度与缩放比。Purge 指令可以清除文件中未使用剖面线图案。

(3)使用其他 Rhino 文件的剖面线图案定义:导入含有剖面线图案定义的模型(这个模型可以是空的)。在模板文件里定义剖面线图案。复制其他文件中的剖面线,在目前的文件里粘贴。在文件属性→剖面线页面按导入按钮,从 Rhino 的.3dm 文件或.pat 文件载入剖面线图案。

剖面线对话框如图 4-96 所示,可以设定选取的剖面线的物件属性。

(1)图案旋转角度:设定剖面线图案的旋转角度。

(2)图案缩放比例:设定剖面线图案的缩放比例。

(3)设定基准点:设定剖面线图案的原点。

(4)图案:显示剖面线定义的名称。

(5)预览:显示剖面线图案。

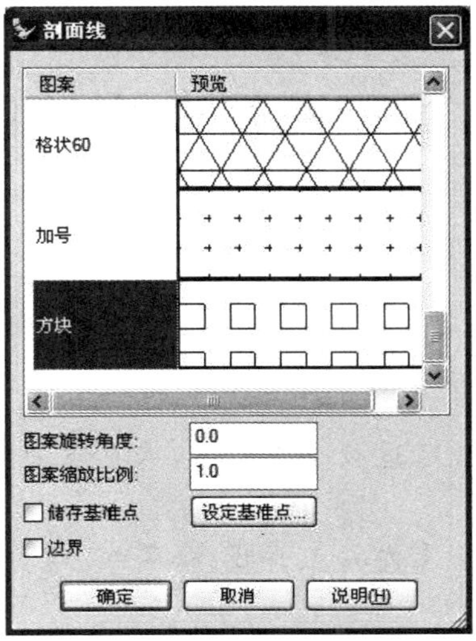

图 4－96　剖面线对话框

思考与练习题

1. 说明犀牛软件中的基本对象点、线、面、网格的含义。

2. 简述单点、多点、抽离点、最接近点绘制的方法步骤。

3. 说明直线、多重直线、逼近数个点绘直线、通过数个点绘多重直线的方法步骤。

4. 简述矩形、多边形圆、圆弧、椭圆绘制的方法步骤。

5. 说明文字、直线尺寸、对齐尺寸、角度尺寸、半径尺寸标注,剖面线绘制的方法步骤。

6. 运用直线、多重直线、线段、逼近数个点绘直线、通过数个点绘多重直线的命令绘制图 4－16 至图 4－27、图 4－28 至图 4－32 所示的图形,尺寸自定。

7. 运用矩形、多边形、圆、圆弧、椭圆绘制的命令绘制图 4－38 至图 4－41、图 4－45、图 4－46、图 4－50 至图 4－57、图 4－61 至图 4－68、图 4－71 至图 4－79 所示的图形,尺寸自定。

8. 运用文字、直线尺寸、对齐尺寸、角度尺寸、半径尺寸标注,剖面线绘制的命令绘制图 4－81 至图 4－84、图 4－87 至图 4－91、图 4－92 至图 4－95 所示的图形,尺寸自定。

第 5 章　曲线曲面的创建

学习目标

【知识目标】

1. 理解和掌握控制点曲线、通过数个点曲线、内插点曲线等曲线绘制指令功能、操作方法。

2. 理解和掌握控制杆、曲面上内插点曲线、弹簧线、螺旋线、均分曲线指令功能、操作方法。

3. 理解和掌握指定三个或四个角、从网状交织的曲线、放样建立曲面指令功能、操作方法。

4. 理解和掌握以多条曲线建立曲面、嵌面、单轨扫掠建立曲面指令功能、操作方法。

【能力目标】

1. 掌握控制点曲线、通过数个点曲线、内插点曲线等曲线绘制指令的操作。
2. 掌握控制杆、曲面上内插点曲线、弹簧线、螺旋线、均分曲线指令的操作。
3. 掌握指定三个或四个角、从网状交织的曲线、放样建立曲面指令的操作。
4. 掌握以多条曲线建立曲面、嵌面、单轨扫掠建立曲面指令的操作。

5.1　曲线绘制

曲线绘制工具列和图标名称如图 5－1、图 5－2 所示。

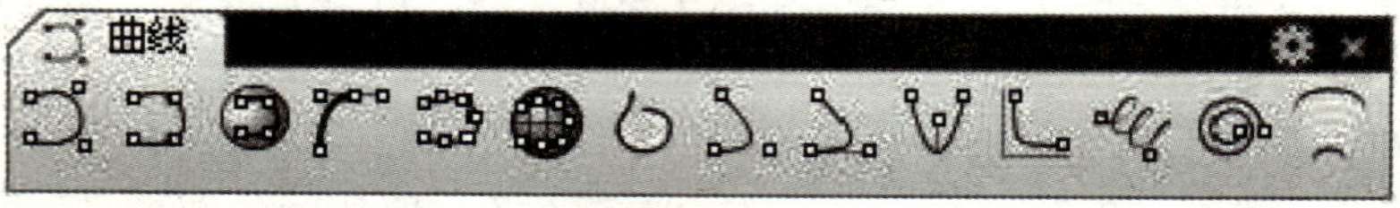

图 5－1　曲线绘制工具列各图标

1. 控制点曲线

图标为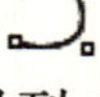，指令为 Curve。找到这个指令的所有方式：

- 工具列：绘制曲线/曲线/主要 2。
- 功能表：曲线→自由造型→控制点。

Curve 指令：以放置控制点的方式建立曲线。如图 5－3 所示。

步骤：指定曲线的起点→指定下几个点→按 Enter 完成曲线。

附注：以 Curve 指令建立曲线时，只要放置的控制点数目小于或等于设定的曲线阶数，建立的曲线的阶数为 <控制点数> －1。

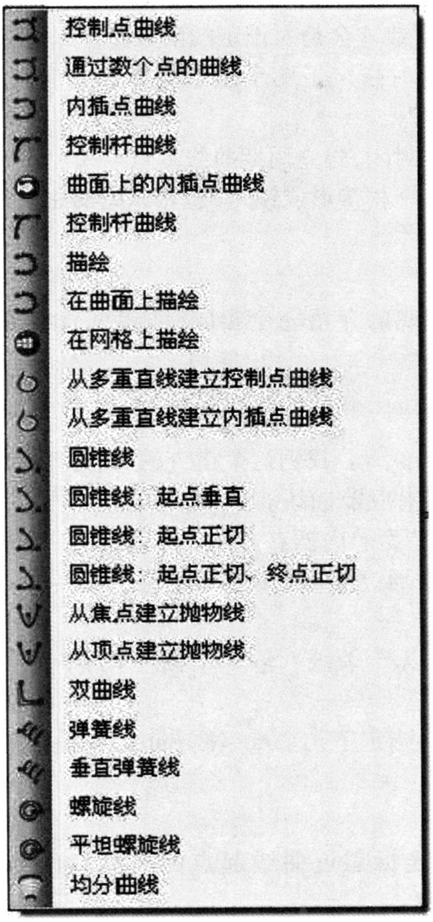

图 5-2 曲线绘制工具列图标名称

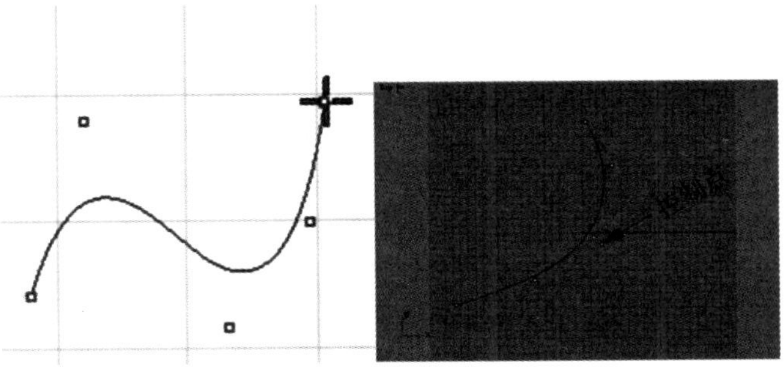

图 5-3 通过控制点的方式建立的曲线

选项：

(1) 自动封闭：当鼠标光标靠近曲线起点时自动封闭曲线。

步骤：建立曲线时移动鼠标光标至曲线的起点附近，按鼠标左键，曲线会自动封闭。按住 Alt 键可以暂时停用自动封闭功能。

(2)阶数:设定曲线或曲面的阶数。建立阶数较高的曲线时,控制点的数目必需比阶数大 1 或以上,得到的曲线的阶数才会是所设定的阶数。

(3)持续封闭:建立曲线时指定了两个点以后曲线会自动封闭,可以继续指定更多的点,曲线会持续维持封闭状态。

(4)封闭:使曲线平滑地封闭,建立周期曲线。

(5)尖锐封闭:使曲线头尾相接形成锐角,建立非周期曲线。

(6)复原:复原上一个动作。

2. 通过数个点曲线

与通过数个点绘多重直线的介绍完全相同,请参见直线绘制中的通过数个点绘多重直线。

3. 内插点曲线

图标为,指令为 InterpCrv。找到这个指令的所有方式:

- 工具列:3D 量测/绘制曲线/曲线。
- 功能表:曲线→自由造型→内插点。

InterpCrv 指令:画出一条通过指定点的曲线。如图 5-4 所示。

附注:许多 CAD 程序以样条线(Spline)称呼内插点曲线。

步骤:指定曲线的起点→指定下几个点→按 Enter 完成曲线。

图 5-4 通过指定点的曲线

选项:

(1)自动封闭:当鼠标光标靠近曲线起点时自动封闭曲线。

步骤:建立曲线时移动鼠标光标至曲线的起点附近,按鼠标左键,曲线会自动封闭。按住 Alt 键可以暂时停用自动封闭功能。

(2)阶数:设定曲线或曲面的阶数。建立阶数较高的曲线时,控制点的数目必需比阶数大 1 或以上,得到的曲线的阶数才会是所设定的阶数。

(3)节点:决定内插点曲线如何参数化,当内插点曲线的每一个指定点的间距都相同时,三种参数化建立的曲线完全一样。在建立内插点曲线时,指定的点会转换为曲线节点的参数值,参数化决定节点之间的参数间距。节点选项下一级有一致、弦长、弦长平方根选项。

①一致:节点的参数间距都是 1,节点的参数间距并不是节点之间的实际距离,当节点之间的实际距离大约相同时,可以使用一致的参数化。除了将曲线重建以外,只有一致的参数化可以分别建立数条参数化相同的曲线。不论如何移动控制点改变曲线的形状,参数化一致的曲线的每一个控制点对曲线的形状都有相同的控制力,曲面也有相同的情形。

②弦长:以内插点之间的距离作为节点的参数间距,当曲线插入点的距离差异非常大时,以弦长参数化建立的曲线会比一致的参数化好。

③弦长平方根:以内插点之间的距离的平方根作为节点的参数间距。

(4)持续封闭:建立曲线时指定了两个点以后曲线会自动封闭,可以继续指定更多的点，曲线会持续维持封闭状态。

(5)起点正切：画出一条起点与其他曲线或指定的方向正切的曲线。如图 5－5 所示。

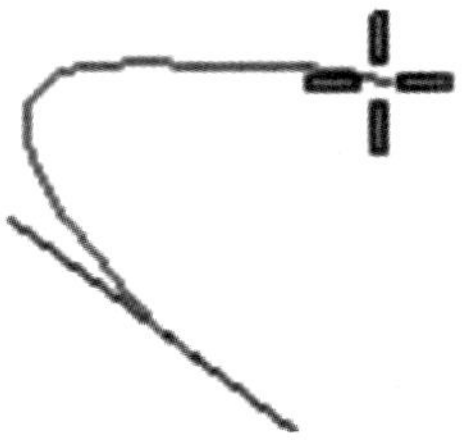

图 5－5　一条起点与其他曲线正切的曲线

(6)终点正切：画出一条终点与其他曲线或指定的方向正切的曲线。

(7)封闭：使曲线平滑地封闭，建立周期曲线。

(8)尖锐封闭：使曲线头尾相接形成锐角，建立非周期曲线。

(9)复原：复原上一个动作。

4. 控制杆曲线

图标为，指令为 HandleCurve。找到这个指令的所有方式：

- 工具列：绘制曲线/曲线。
- 功能表：曲线→自由造型→控制杆曲线。

HandleCurve 指令：画出 2D 绘图程序常见的贝兹曲线(控制杆曲线)。如图 5－6 所示。

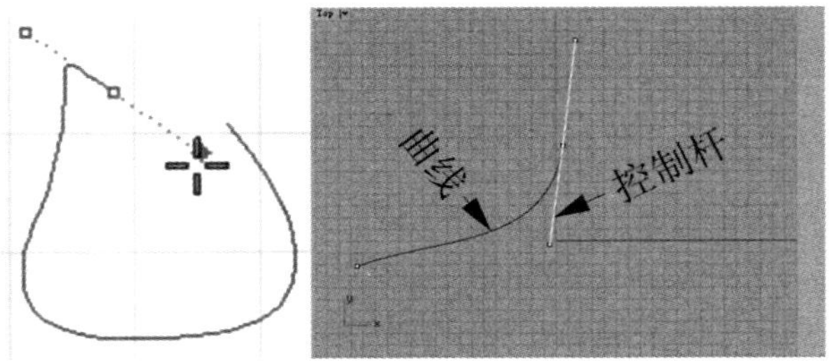

图 5－6　控制杆曲线

步骤：指定曲线的起点→指定控制杆点→重复以上的步骤指定更多的点，按 Enter 结束指令。

选项：

(1)Alt 键：按住 Alt 键建立一个锐角点。

(2)Ctrl 键：按住 Ctrl 键移动最后一个曲线点的位置，放开 Ctrl 键继续放置控制杆点。

(3)自动封闭：当鼠标光标靠近曲线起点时自动封闭曲线。

步骤：建立曲线时移动鼠标光标至曲线的起点附近，按鼠标左键，曲线会自动封闭。按住 Alt 键可以暂时停用自动封闭功能。

(4)封闭：使曲线平滑地封闭，建立周期曲线。

(5)尖锐封闭：使曲线头尾相接形成锐角，建立非周期曲线。

(6)持续封闭：建立曲线时指定了两个点以后曲线会自动封闭，可以继续指定更多的点，曲线会持续维持封闭状态。

(7)复原：复原上一个动作。

5. 曲面上内插点曲线

图标为，指令为 InterpCrvOnSrf。找到这个指令的所有方式：

- 工具列:3D 量测/绘制曲线/曲线。
- 功能表:曲线→自由造型→曲面上内插点。

InterpCrvOnSrf 指令:画出一条通过曲面上指定点的曲线。如图 5 – 7 所示。

步骤:选取一个曲面→指定曲线的起点→指定下几个点,按 Enter。

附注:在曲面上画曲线时无法跨越曲面的边缘或接缝。可配合使用端点、中心点、中点、最近点、节点及交点物件锁点。

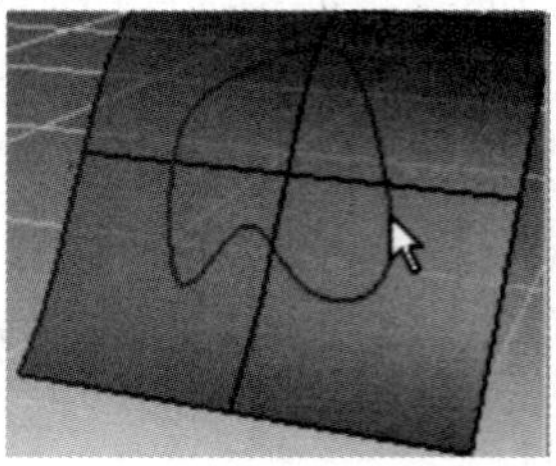

图 5 – 7 通过曲面上指定点的曲线

选项:

(1)自动封闭:当鼠标光标靠近曲线起点时自动封闭曲线。

步骤:建立曲线时移动鼠标光标至曲线的起点附近,按鼠标左键,曲线会自动封闭。按住 Alt 键可以暂时停用自动封闭功能。

(2)封闭:封闭曲线,这个选项只有在指定了三个点以后才会出现。

(3)复原:复原上一个动作。

6. 弹簧线

图标为,指令为 Helix。找到这个指令的所有方式:

- 工具列:曲线/绘制曲线。
- 功能表:曲线→弹簧线。

Helix 指令:建立一条弹簧线。如图 5 – 8 所示。

步骤:指定轴的起点→指定轴的终点→设定半径。

选项:

(1)垂直:画出一条轴线与工作平面垂直的弹簧线。如图 5 – 9 所示。

(2)环绕曲线:画出一条环绕曲线的弹簧线。如图 5 – 10 所示。

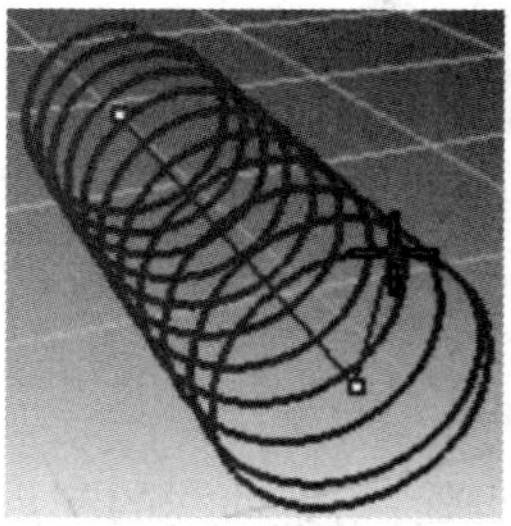

图 5 – 8 弹簧线

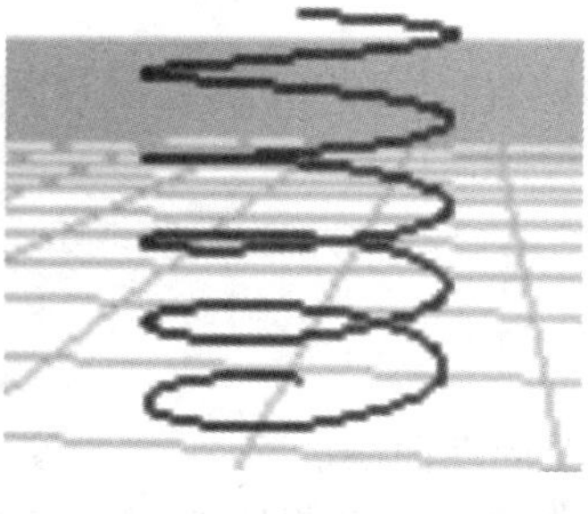

图 5 – 9 与工作平面垂直的弹簧线

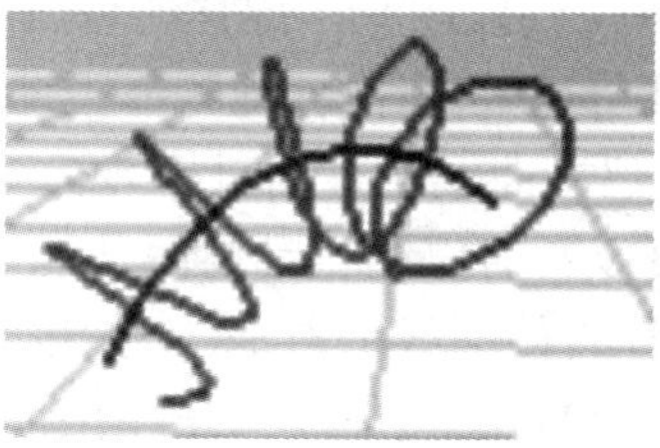

图 5 – 10 环绕曲线的弹簧线

环绕曲线的弹簧线的选项:

①直径/半径:切换使用半径或直径。

②模式:显示目前为主的模式。圈数:以圈数为主,螺距会自动调整。螺距:以螺距为

主,圈数会自动调整。

③圈数:输入圈数,螺距会自动调整,变更设定可以即时预览。

④反向扭转:反转扭转方向为逆时钟方向,变更设定可以即时预览。

7. 螺旋线

图标为,指令为 Spiral。找到这个指令的所有方式:

- 工具列:曲线。
- 功能表:曲线→螺旋线。

Spiral 指令:画出一条螺旋线。如图 5－11 所示。

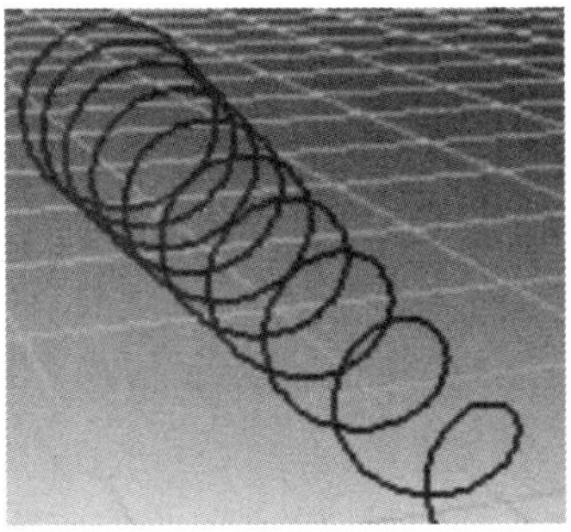

图 5－11　螺旋线

步骤:指定螺旋线轴的起点,螺旋线轴是螺旋线绕着旋转的一条假想的直线→指定螺旋线轴的终点→指定螺旋线的第一个半径与起点→指定螺旋线终点及第二个半径。

选项:

(1)直径/半径:按这个选项可以切换使用半径或直径。

(2)模式:显示目前为主的模式。圈数:以圈数为主,螺距会自动调整。螺距:以螺距为主,圈数会自动调整。

(3)反向扭转:反转扭转方向为逆时钟方向,变更设定可以即时预览。

(4)平坦:画出一条平面的螺旋线。如图 5－12 所示。

图 5－12　平面的螺旋线

(5)垂直:画出一条轴线与工作平面垂直的螺旋线。如图 5－13 所示。

(6)环绕曲线:画出一条环绕另一条曲线的螺旋线。如图 5－14 所示。

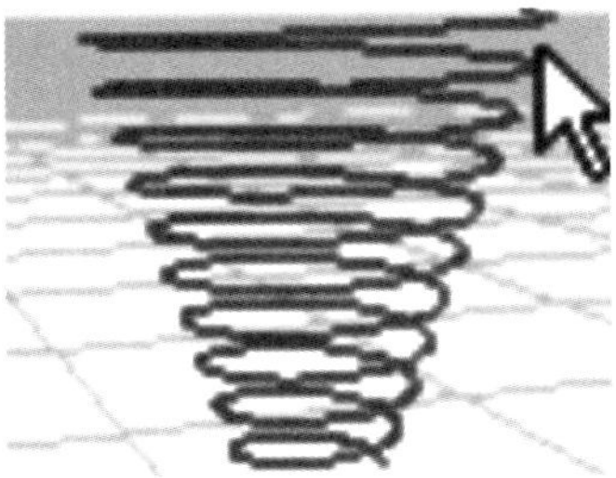

图 5－13　与工作平面垂直的螺旋线

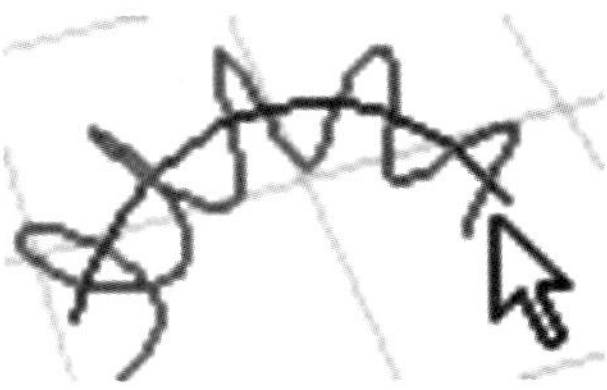

图 5－14　环绕另一条曲线的螺旋线

8. 均分曲线

图标为,指令为 TweenCurves。找到这个指令的所有方式:

- 工具列:曲线工具。
- 功能表:曲线→均分曲线。

TweenCurves 指令:在两条曲线之间以距离等分建立曲线。如图 5－15 所示。

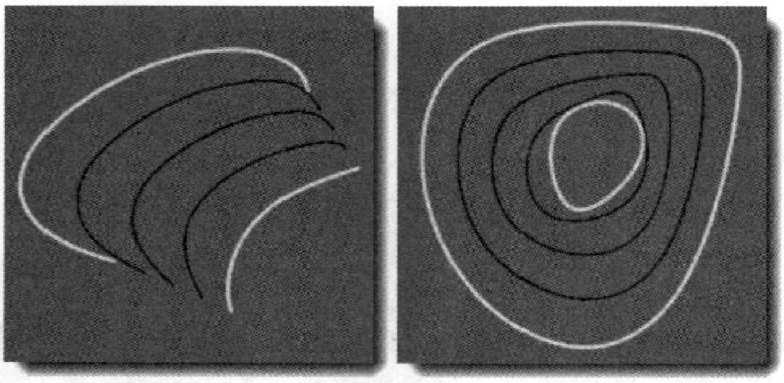

图 5－15　在两条曲线之间以距离等分建立曲线

步骤：选取第一条曲线→选取第二条曲线→必要时可以调整曲线的接缝或方向。

选项：

（1）数目：设定在两条曲线之间建立的曲线的数量。

（2）匹配方式：设定输出的曲线的计算方式。下一级选项有无、重新逼近、取样点。

①无：以两条曲线相对应的控制点之间的距离均分建立中间的曲线。

②重新逼近：重新逼近输出的曲线，类似 FitCrv 指令的效果，建立的曲线会比较复杂。

③取样点：在输入的曲线以设定的数目建立平均分段点，以分段点为参考建立均分曲线。如果只要建立一条均分曲线时，指令会这样做：在两条曲线上建立同样数目的平均分段点，从每组相对的点各取得一个距离中点，均分曲线会通过这一连串的点。取样数是用以取样的点的数量。

5.2　建 立 曲 面

建立曲面和建立曲面工具列图标名称如图 5－16、图 5－17 所示。

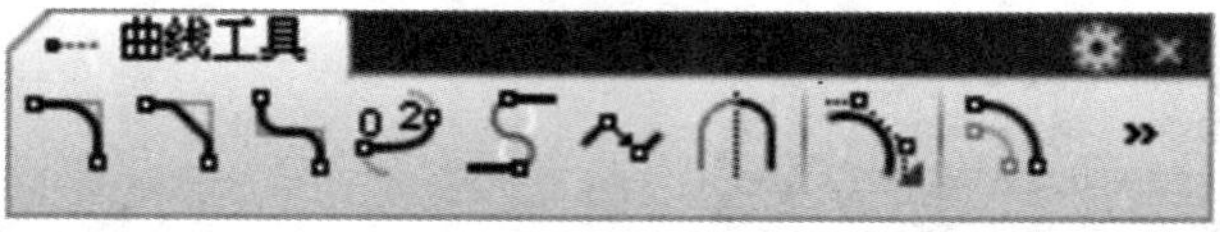

图 5－16　建立曲面工具列各图标

1. 指定曲面的三个或四个角建立曲面

图标为，指令为 SrfPt。找到这个指令的所有方式：

- 工具列：主要 1/建立曲面/曲面边栏。
- 功能表：曲面→角点。

SrfPt 指令：指定曲面的三个或四个角建立曲面。如图 5－18 所示。

步骤：指定第一个角→指定第二个角→指定第三个角→指定第四个角，或按 Enter 建立一个三角形的曲面。

附注：指定点时跨越到其他工作视窗或使用垂直模式可以建立非平面的曲面。

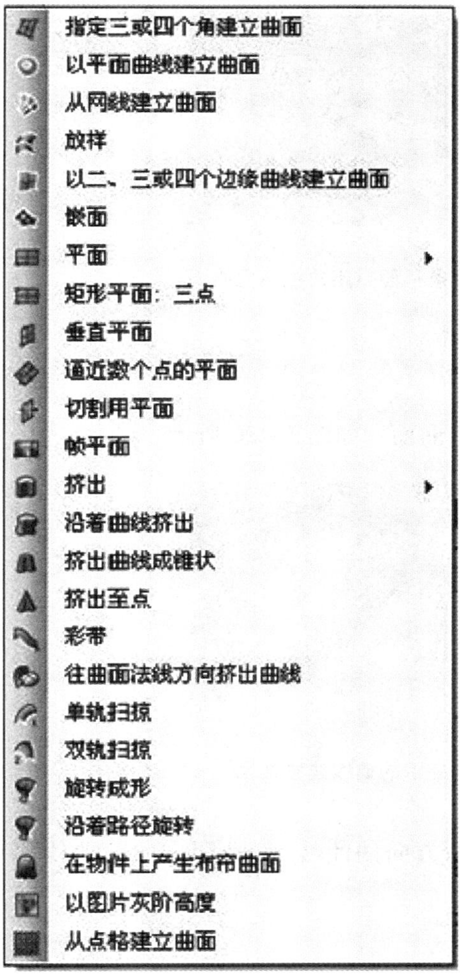

图 5－17　建立曲面工具列图标名称

图 5－18　指定曲面的三个或四个角建立曲面

2. 以一条或数条可以形成封闭的平面区域的曲线为边界建立平面

图标为，指令为 PlanarSrf。找到这个指令的所有方式：

- 工具列：建立曲面/曲面边栏。
- 功能表：曲面→平面曲线。

PlanarSrf 指令：以一条或数条可以形成封闭的平面区域的曲线为边界建立平面。如图 5－19 所示。

步骤：选取封闭的平面曲线。

附注：如果曲线有部分重叠，每条曲线都会建立一个平面。如果一条曲线完全位于另一条曲线内，这个指令会建立一个中间有洞的平面。

3. 从网状交织的曲线建立曲面

图标为，指令为 NetworkSrf。找到这个指令的所有方式：

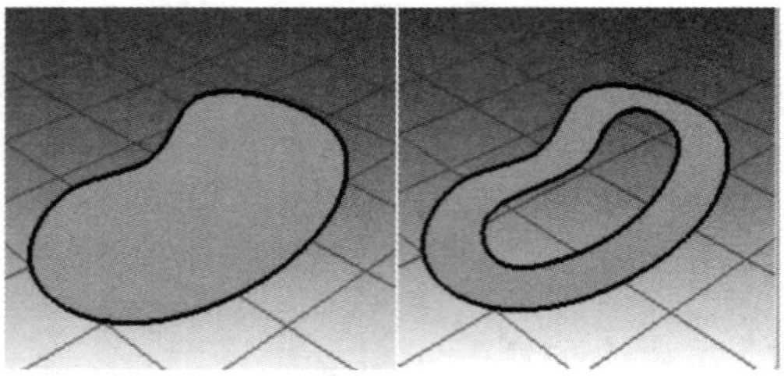

图 5-19 以一条和两条平面封闭曲线建立平面

- 工具列:建立曲面/曲面边栏。
- 功能表:曲面→网线。

NetworkSrf 指令:从网状交织的曲线建立曲面。如图 5-20 所示。

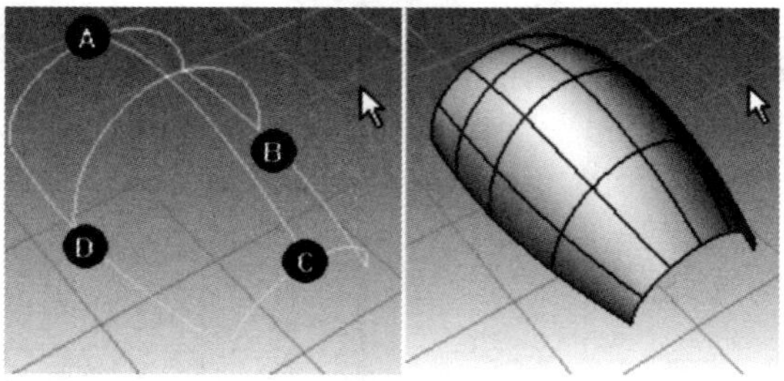

图 5-20 从网状交织的曲线建立曲面

附注:一个方向的曲线必需跨越另一个方向的曲线,而且同方向的曲线不可以相互跨越。

步骤:选取曲线。

指令行选项为不自动排序:关闭自动排序,以需要的顺序选取曲线。

以网线建立曲面选项:

(1)公差:

边缘曲线:设定边缘曲线的公差,建立的曲面的边缘与输入的边缘曲线之间的误差会小于这个设定值。

内部曲线:设定内部曲线的公差,建立的曲面与输入的内部曲线之间的误差会小于这个设定值。输入的边缘曲线与内部曲线的位置差异较大时指令会折中计算建立曲面。

角度:如果输入的边缘曲线是曲面的边缘,而且选择让建立的曲面与相邻的曲面以正切或曲率连续相接时,两个曲面在相接边缘的法线方向的角度误差会小于这个设定值。

预览:勾选后可以自动预览设定变更的结果。

(2)边缘设定:设定建立的曲面边缘如何符合输入的边缘曲线。

松弛:建立的曲面的边缘以较宽松的精确度逼近输入的边缘曲线。

位置/正切/曲率:设定边缘的连续性。

4. 放样曲面

图标为,指令为 Loft。找到这个指令的所有方式:

- 工具列:建立曲面/曲面边栏。
- 功能表:曲面→放样。

Loft 指令:建立一个通过数条断面曲线的放样曲面。

步骤:依序选取曲面要通过的断面曲线。开放的断面曲线需要点选同一侧,封闭的断面曲线可以调整曲线接缝。

调整曲线接缝:选取封闭曲线的接缝标记点,沿着曲线移动接缝。调整每一条封闭曲线的接缝将所有接缝对齐,按 Enter。如图 5－21 所示。

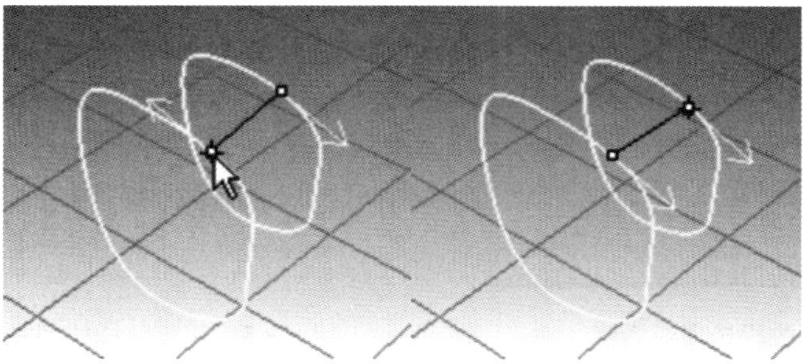

图 5－21　调整每一条封闭曲线的接缝

调整接缝选项有反转、自动、原本的。反转:反转曲线的方向。自动:自动调整曲线接缝的位置及曲线的方向。原本的:以原来的曲线接缝位置及曲线方向运行。

指令行选项:

点:放样的开始与结束断面可以是指定的点。

附注:以点开始或结束放样并非一定要用点物件,但有某个点可以锁定做参考是建议的做法。如图 5－22 所示。

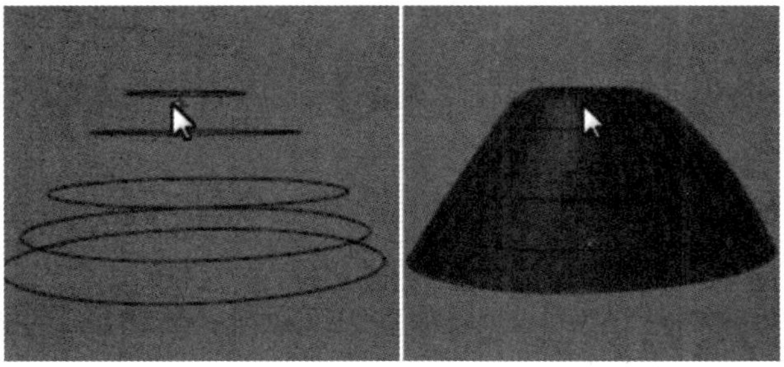

图 5－22　有某个点锁定做参考的放样

步骤:在放样的起点或终点按点选项→指定一点作为起点或终点断面。

放样选项对话框如图 5－23 所示。放样选项:

(1)型式:设定曲面的节点与控制点的结构。

附注:放样时如果有断面的端点相接时,放样的型式可能会被限制为平直区段或可展开的,避免建立自我交集的曲面。如图 5－24 所示。

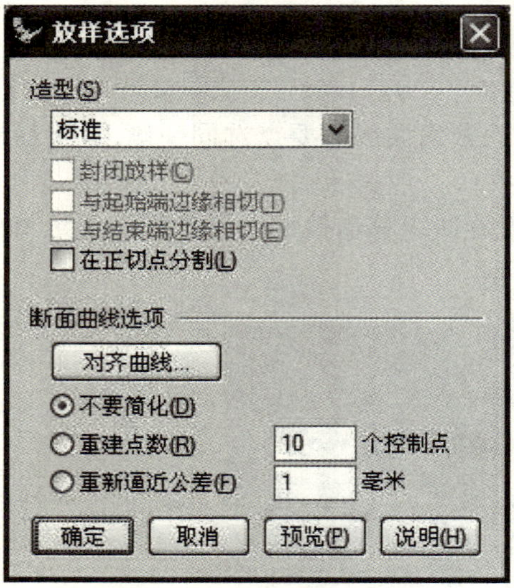

图 5-23　放样选项对话框

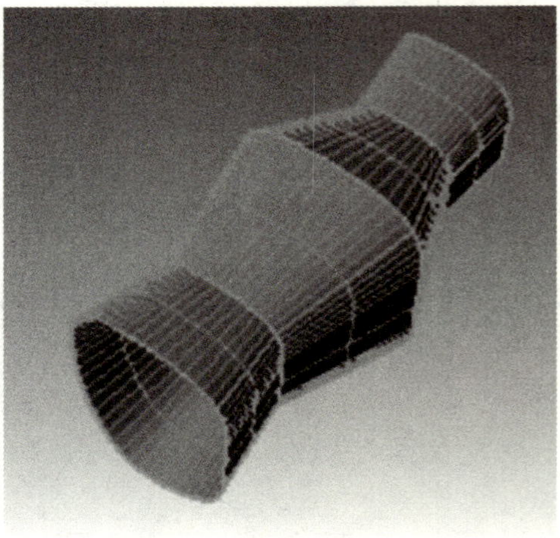

图 5-24　放样的型式被限制为可展开

①可展开的:以每一对断面曲线建立可展开的曲面或多重曲面。可展开的选项适用于建立的放样曲面需要使用 UnrollSrf 指令展开(平面化)的情形,这样的放样曲面展开时不会有延展的问题。并不是所有的曲线都可以建立这样的放样曲面,有可能无法建立曲面或只建立部分的曲面。两条不平行的直线是无法展开的。

②松弛:放样曲面的控制点会放在断面曲线的控制点上,这个选项可以建立比较平滑、容易编辑的曲面,但该曲面不会通过所有断面曲线。

③标准:断面曲线之间的曲面以均量延展,当需要建立的曲面是比较平缓或断面曲线之间距离比较大时可以使用这个选项。

④平直区段:放样曲面在断面曲线之间是平直的曲面。

⑤紧绷:放样曲面更紧绷地通过断面曲线,适用于建立转角处的曲面。

⑥一致:使用一致的参数间距。

(2)封闭放样:建立封闭的曲面,曲面在通过最后一条断面曲线后会再回到第一条断面曲线,这个选项必须要有三条或以上的断面曲线才可以使用。

(3)与起始端边缘正切:如果第一条断面曲线是曲面的边缘,放样曲面可以与该边缘所属的曲面形成正切,这个选项必须要有三条或以上的断面曲线才可以使用。

(4)与结束端边缘正切:如果最后一条断面曲线是曲面的边缘,放样曲面可以与该边缘所属的曲面形成正切,这个选项必须要有三条或以上的断面曲线才可以使用。

(5)分割正切点:输入的曲线为多重曲线时,设定是否在线段与线段正切的顶点将建立的曲面分割成为多重曲面。如图 5-25 所示。

附注:当 UseExtrusions 指令设为“挤出物件”时这个选项没有作用。

断面曲线选项:

对齐曲线:当放样曲面发生扭转时,点选断面曲线的端点处可以反转曲线的对齐方向。分以下几种情况。不重建断面曲线,如图 5-26 所示。放样前先以设定的控制点数重建断面曲线,如图 5-27 所示。以设定的公差重新逼近断面曲线,如图 5-28 所示。

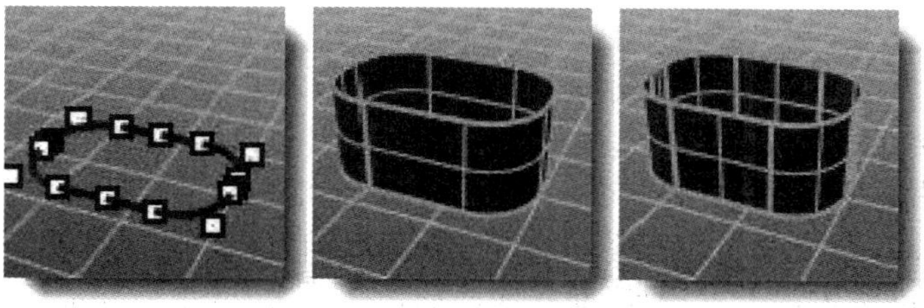

图 5-25　原多重曲线(左)、分割正切点 = 否(中)、分割正切点 = 是(右)

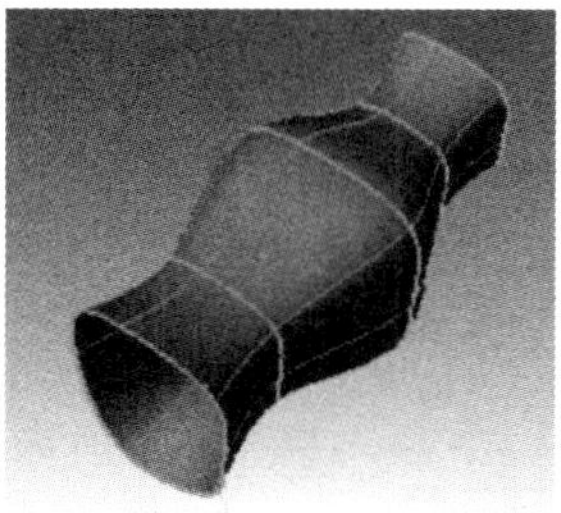

图 5-26　不重建

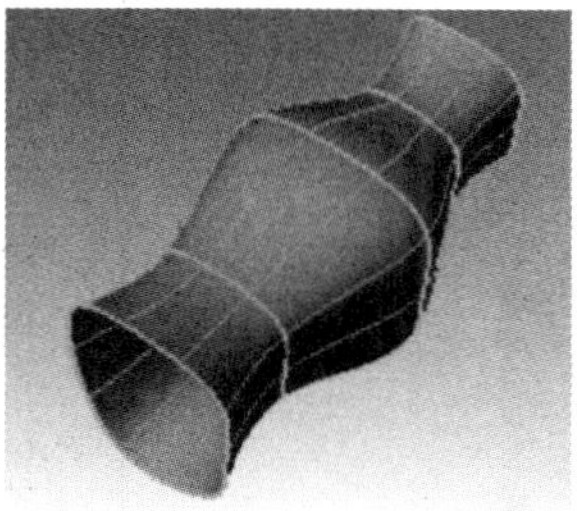

图 5-27　重建点数

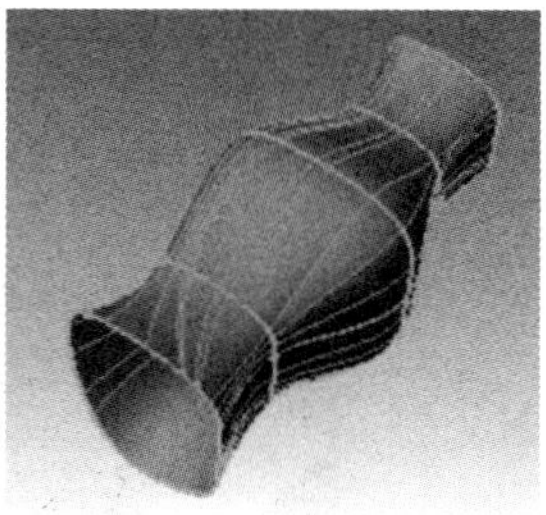

图 5-28　重新逼近公差

预览:在工作视窗里预览结果,设定变更后要按预览工作视窗里的物件才会更新。

5. 以两条、三条或四条曲线建立曲面

图标为 ,指令为 EdgeSrf。找到这个指令的所有方式:

- 工具列:曲面边栏/建立曲面。
- 功能表:曲面→边缘曲线。

EdgeSrf 指令:以两条、三条或四条曲线建立曲面。如图 5-29 所示。

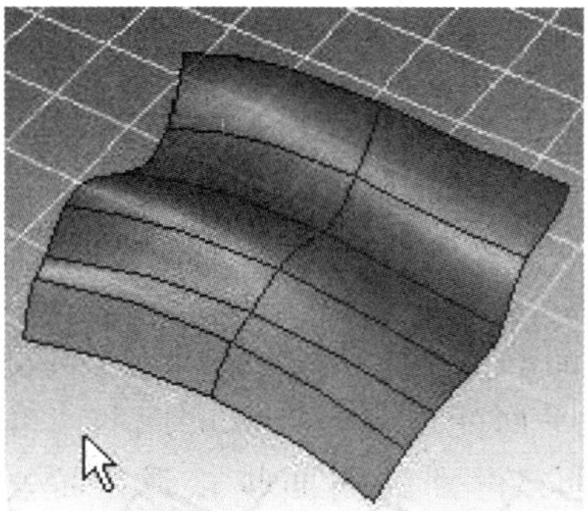

图 5-29　以四条曲线建立曲面

步骤:选取曲线,按 Enter。

附注:可以使用曲面的边缘为建立新曲面的曲线。从封闭的平面曲线建立曲面,请使用 PlanarSrf 指令。

6. 嵌面

图标为,指令为 Patch。找到这个指令的所有方式:

- 工具列:建立曲面/曲面边栏。
- 功能表:曲面→嵌面。

Patch 指令:建立逼近曲线、网格、点物件或点云的曲面。如图 5 - 30 所示。

步骤:选取曲面要逼近的点物件、曲线或曲面边缘,弹出选项对话框,如图 5 - 31 所示。

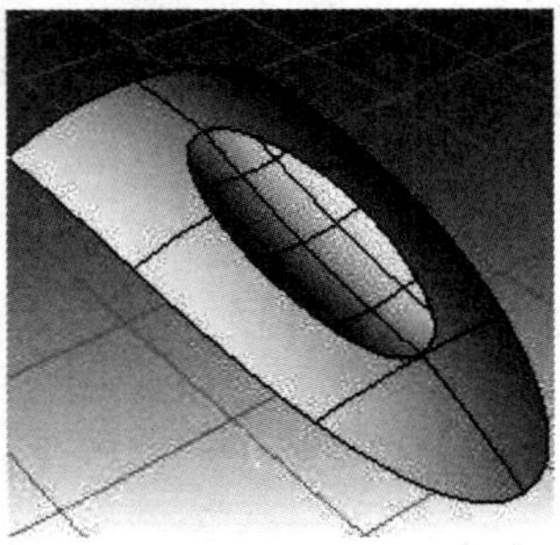

图 5 - 30 建立逼近曲线、网格、点物件或点云的曲面

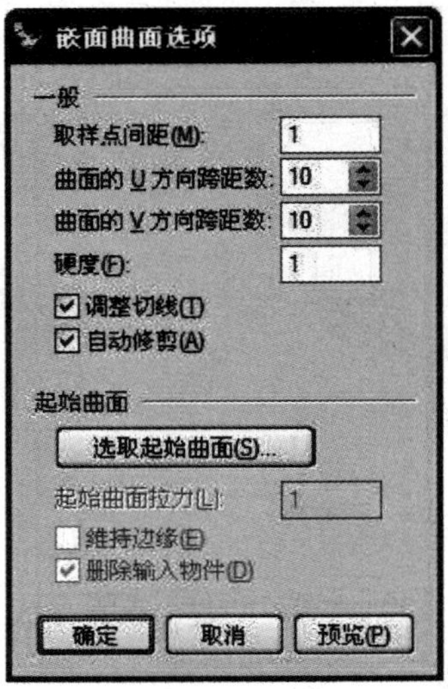

图 5 - 31 嵌面曲面选项对话框

嵌面曲面选项:

(1)取样点间距:放置于输入曲线上间距很小的取样点,最少数量为一条曲线放置 8 个取样点。

(2)曲面的 U 方向跨距数:设定曲面 U 方向的跨距数。当起始曲面为 UV 都是一阶的平面时,指令也会使用这个设定。

(3)曲面的 V 方向跨距数:设定曲面 V 方向的跨距数。当起始曲面为 UV 都是一阶的平面时,指令也会使用这个设定。

(4)硬度:Rhino 在建立嵌面的第一个阶段会找出与选取的点与曲线上的取样点最符合的平面(PlaneThroughPt),再将平面变形逼近选取的点与取样点。硬度设定平面的变形程度,设定数值越大曲面"越硬",得到的曲面越接近平面。可以使用非常小或非常大(>1 000)的数值测试这个设定,并预览结果。

- 调整切线:如果输入的曲线为曲面的边缘,建立的曲面可以与周围的曲面正切。
- 自动修剪:试着找到封闭的边界曲线,并修剪边界以外的曲面。

(5)选取起始曲面:选取一个起始曲面,可以事先建立一个与需要建立的曲面形状类似的曲面做为起始曲面。

(6)起始曲面拉力:与硬度设定类似,但是作用于起始曲面,设定值越大,起始曲面的抗拒力越大,得到的曲面形状越接近起始曲面。如图 5 - 32 所示。

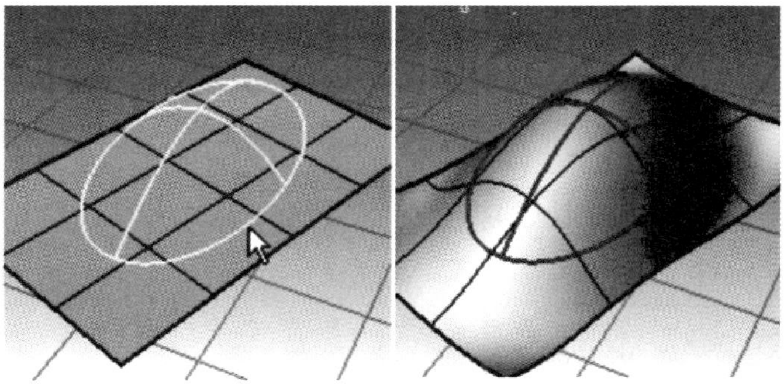

图5－32　起始曲面的抗拒力越大得到的曲面形状越接近起始曲面

- 维持边缘：固定起始曲面的边缘，这个选项适用于以现有的曲面逼近选取的点或曲线，但不会移动起始曲面的边缘。
- 删除输入物件：在新的曲面建立以后删除起始曲面。

(7)预览：在工作视窗里预览结果，设定变更后要按预览工作视窗里的物件才会更新。

附注：如果这个指令无法产生适当的结果，请改用 Sweep2 指令试试看。当选取的曲线形成一个封闭的边界时曲面才可以被自动修剪，依序选取曲线，以确保目前选取的曲线与已选取的曲线相接。以额外的曲线影响曲面的形状(例如：在曲面中有内凹或凸出)时，这些额外的曲线并不需要相接在一起。以这个指令建立的曲面可能无法精确地通过所有的输入曲线。

7. 单轨扫掠

图标为，指令为 Sweep1。找到这个指令的所有方式：

- 工具列：建立曲面/曲面边栏。
- 功能表：曲面→单轨扫掠。

Sweep1 指令：沿着一条路径扫掠通过数条定义曲面形状的断面曲线建立曲面。如图5－33 所示。

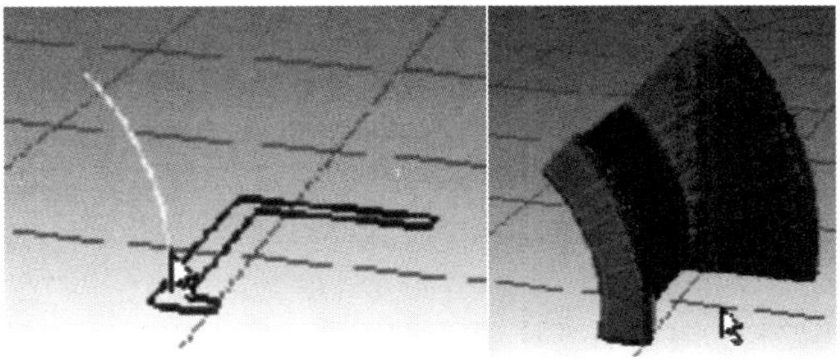

图5－33　单轨扫掠实例

步骤：选取一条路径曲线→依照曲面通过的顺序选取数条断面曲线。

附注：开放的曲线需要点选同一侧，封闭的曲线可以调整曲线接缝。

调整曲线接缝：选取封闭曲线的接缝标记点，沿着曲线移动接缝。调整每一条封闭曲线的接缝将所有接缝对齐,按 Enter。

调整接缝选项有反转、自动、原本的。反转:反转曲线的方向。自动:自动调整曲线接缝的位置及曲线的方向。原本的:以原来的曲线接缝位置及曲线方向运行。弹出单轨扫掠选项对话框如图 5-34 所示。路径和截面曲线(三角形)如图 5-35 所示。

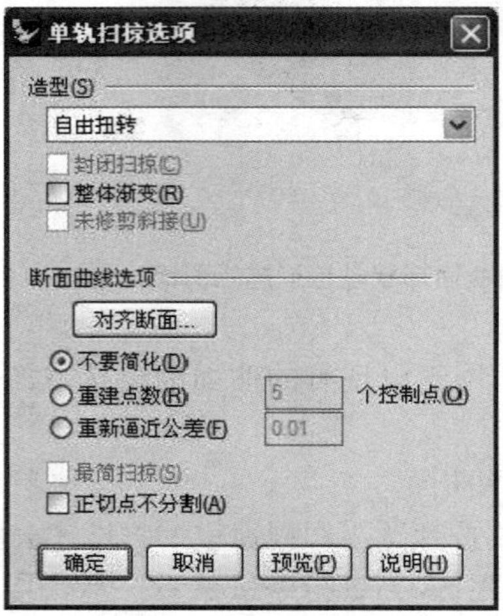

图 5-34　单轨扫掠选项对话框

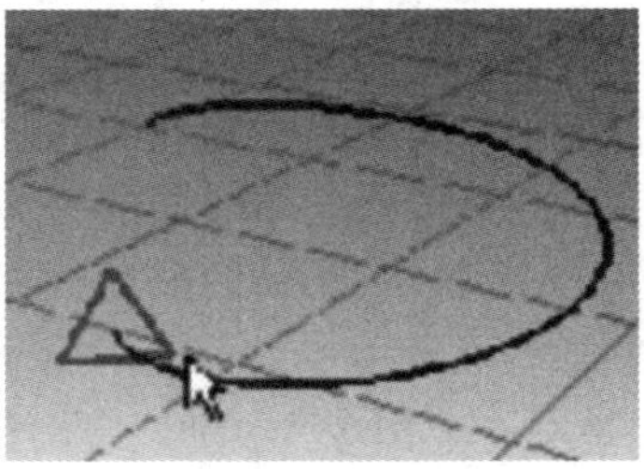

图 5-35　路径和截面曲线(三角形)

(1)造型

①自由扭转:扫掠建立的曲面会随着路径曲线扭转,如图 5-36 所示。走向 Top:断面曲线在扫掠时与 Top 视图工作平面的角度维持不变,如图 5-37 所示。走向 Right:断面曲线在扫掠时与 Right 视图工作平面的角度维持不变。走向 Front:断面曲线在扫掠时与 Front 视图工作平面的角度维持不变。

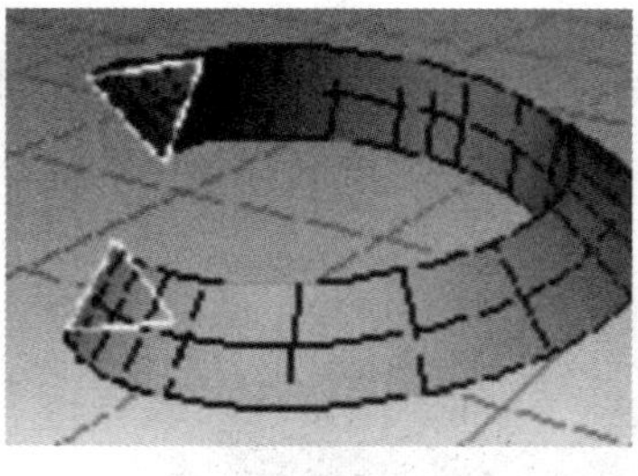

图 5-36　扫掠曲面会随路径曲线扭转

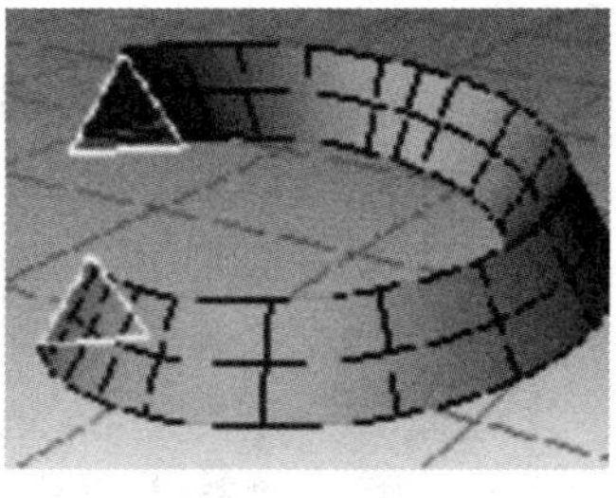

图 5-37　扫掠时角度维持不变

②封闭扫掠:当路径为封闭曲线时,曲面扫掠过最后一条断面曲线后会再回到第一条断面曲线,至少需要选取两条断面曲线才能使用这个选项。

③整体渐变:曲面断面的形状以线性渐变的方式从起点的断面曲线扫掠至终点的端面曲线。未使用这个选项时,曲面的断面形状在起点与终点附近的形状变化较小,在路径中段的变化较大。打开整体渐变扫掠生成的曲面如图 5-38 所示。

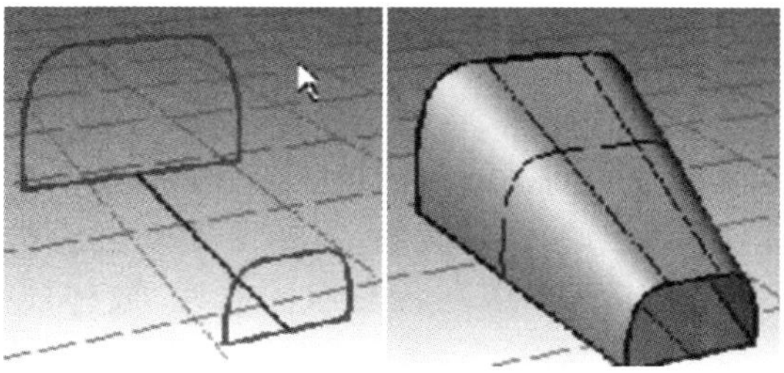

图5-38 打开整体渐变扫掠生成的曲面

(2)断面曲线选项

①对齐断面:路径曲线为曲面边缘时,断面曲线扫掠时相对于曲面的角度维持不变。如果断面曲线与边缘路径的曲面正切,建立的扫掠曲面也会与该曲面正切。可以打开和关闭,如图5-39、图5-40所示。

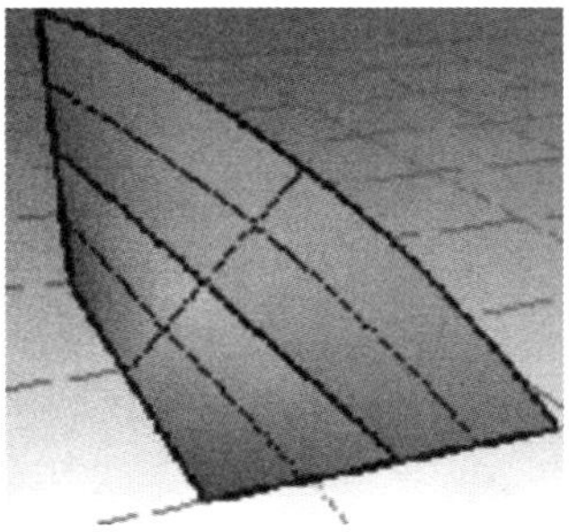

图5-39 打开对齐曲面

图5-40 关闭对齐曲面

②不要简化:建立曲面之前不对断面曲线做简化。

③重建点数:建立曲面之前以设定的控制点数重建所有的断面曲线。如果断面曲线是有理(Rational)曲线,重建后会成为非有理(Non-Rational)曲线,使连续性选项可以使用。

④重新逼近公差:建立曲面之前以设定的公差重新逼近所有的断面曲线。如果断面曲线是有理(Rational)曲线,重建后会成为非有理(Non-Rational)曲线,使连续性选项可以使用。

⑤最简扫掠:当所有的断面曲线都放在路径曲线的编辑点上时可以使用这个选项建立结构最简单的曲面,曲面在路径方向的结构会与路径曲线完全一致。

⑥正切点不分割:将路径曲线重新逼近,类似FitCrv指令的功能。

(3)预览

在工作视窗里预览结果,设定变更后要按预览工作视窗里的物件才会更新。

附注:每条断面曲线的结构都相同才可以建立品质良好的扫掠曲面,使用重新逼近公差选项时,所有的断面曲线会以三阶曲线重新逼近。未使用重新逼近公差选项时,所有断面曲线的阶数与节点会一致化,但形状并不会改变。可以使用重新逼近公差设定断面曲线重新逼近的公差,但逼近路径曲线是由文件属性→单位→绝对公差控制。以封闭的路径曲线建立封闭的扫掠曲面时,选取的第一条断面曲线同时也是最后一条断面曲线。

思考与练习题

1. 简述控制点曲线、通过数个点曲线、内插点曲线等曲线绘制指令功能、操作方法。

2. 说明控制杆、曲面上内插点曲线、弹簧线、螺旋线、均分曲线指令功能、操作方法。

3. 简要说明指定三个或四个角、从网状交织的曲线、放样建立曲面指令功能、操作方法。

4. 简述以多条曲线建立曲面、嵌面、单轨扫掠建立曲面指令功能、操作方法。

5. 运用控制点曲线、通过数个点曲线、内插点曲线等曲线绘制指令绘制图 5－3 至图 5－7 所示的曲线，尺寸自定。

6. 运用控制杆、曲面上内插点曲线、弹簧线、螺旋线、均分曲线指令绘制图 5－8 至图 5－10、图 5－11 至图 5－14、图 5－15 所示的曲线，尺寸自定。

7. 运用指定三个或四个角、从网状交织的曲线、放样建立曲面指令创建图 5－18、图 5－22 、图 5－24 所示的曲面，尺寸自定。

8. 运用以多条曲线建立曲面、嵌面、单轨扫掠建立曲面指令创建图 5－29、图 5－30、图 5－33、图 5－35、图 5－38、图 5－39、图 5－40 所示的曲面，尺寸自定。

第 6 章　变动与编辑

学习目标

【知识目标】

1. 理解和掌握移动、不等量编辑、复制、旋转、镜像、阵列、延伸等变动命令的功能和使用方法。

2. 理解和掌握修剪、取消修剪、移除边缘等命令的功能和使用方法。

3. 理解和掌握打开控制点、关闭控制点、显示编辑点、插入控制点、插入节点等命令的功能和使用方法。

4. 理解和掌握曲线圆角、曲线斜角、连接曲线等曲线编辑命令的功能和使用方法。

5. 理解和掌握延伸曲面、曲面圆角、曲面斜角、混接曲面、偏移曲面、合并曲面等曲面编辑命令的功能和使用方法。

【能力目标】

1. 掌握移动、不等量编辑、复制、旋转、镜像、阵列、延伸等变动命令的使用。

2. 掌握修剪、取消修剪、移除边缘等命令的使用。

3. 掌握打开控制点、关闭控制点、显示编辑点、插入控制点、插入节点等命令的使用。

4. 掌握曲线圆角、曲线斜角、连接曲线等曲线编辑命令的使用。

5. 掌握延伸曲面、曲面圆角、曲面斜角、混接曲面、偏移曲面、合并曲面等命令的使用。

6.1　变　　动

变动工具列和图标名称如图 6－1、图 6－2 所示。

图 6－1　变动工具列各图标

1. 移动

图标为  ,指令为 Move。找到这个指令的所有方式:

- 工具列:折叠网格/绘制曲线/抽离网格/主要 2/移动/实体边栏/曲面边栏/变动。
- 功能表:变动→移动。

Move 指令:将物件从一个位置移动至另一个位置。

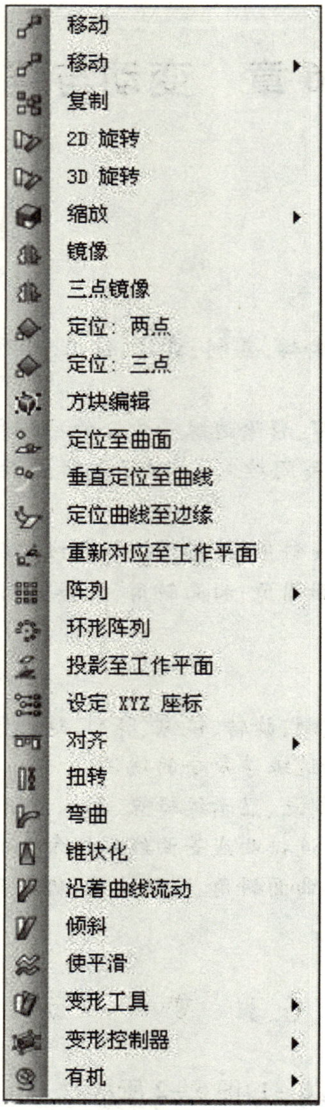

图 6-2 变动工具列图标名称

步骤:选取物件→指定移动的起点→指定移动的终点。

选项有垂直。垂直:往目前工作平面垂直的方向移动物件。

微调物件的位置方法:

(1)按住 Alt 键,再按键盘上的四个方向键可以将物件沿着世界 x 轴或 y 轴的方向移动。

(2)按住 Alt 键,再按 Page Up/Page Dn 键可以将物件沿着世界 z 轴移动。

附注:可以在选项→建模辅助→推移设定页面设定仅推移键、Ctrl + 推移键及 Shift + 推移键的移动距离。

2. 不等量编辑

指令为 SoftEditCrv。找到这个指令的所有方式:

- 工具列：移动/变动。
- 功能表：曲线→曲线编辑工具→不等量编辑。

SoftEditCrv 指令：可以在基准点周围的设定距离范围内平滑地改变曲线的形状。如图 6－3 所示。

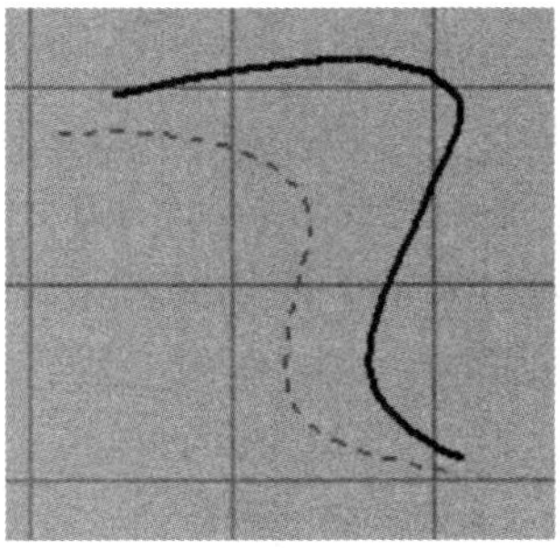

图 6－3　在基准点周围平滑地改变曲线形状

曲线最靠近指定点的编辑点为移动的基准点，曲线距离基准点越远的部分移动的力道越弱。可以使用这个指令微调控制点很多的曲线。这个指令可以不等量移动许多控制点，使曲线在编辑后仍然可以保持平滑度，适用于控制点非常密集而难以编辑的曲线，调整衰减距离可以决定曲线局部编辑的范围。

步骤：选取一条曲线→在曲线上指定一点→指定移动的终点→按 Enter 结束指令。

附注：指定的点会跳到最接近的编辑点。该编辑点是曲线或曲面移动的起点。

选项：

（1）距离显示：这个距离是模型单位，从被移动的编辑点（基准点）算起，沿着曲线计算长度，不是直线距离，移动的力道从基准点往两侧递减。输入一个数值或直接在曲线上指定距离。如图 6－4 所示。

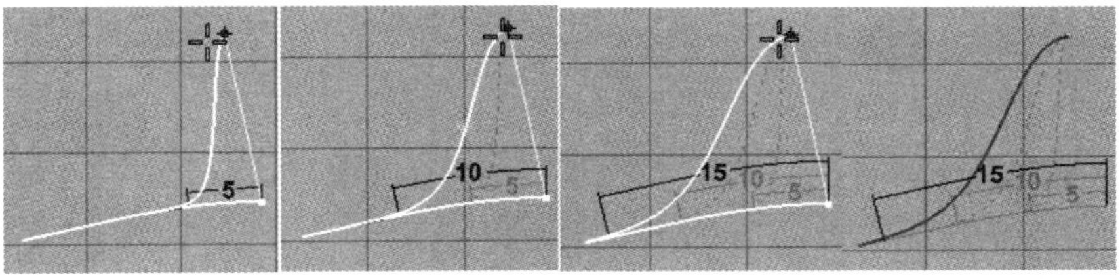

图 6－4　设定距离范围内平滑地改变曲线的形状

复制＝是/否：设定指令是否复制物件，当“复制＝是”时鼠标光标会有一个符号＋。

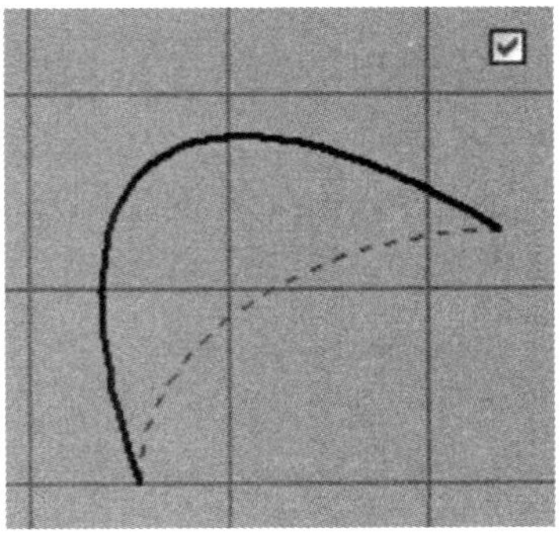

图 6－5　固定曲线两个端点改变曲线形状

（2）固定端点：固定曲线的两个端点。如图 6－5 所示。否：如果距离设定超出曲线的一个或两个端点的距离时，曲线的端点会被移动。是：如果距离设定超出曲线的一个或两个端点的距离时，曲线的端点不会被移动。除了曲线的两个端点以外，曲线的所有控制点都会依据衰减距离的设定移动，所以曲线在两个端点处的形状可能会有过大的变化。

3. 复制

图标为，指令为 Copy。找到这个指令的所有方式：

- 工具列：变动/主要 1。
- 功能表：变动→复制。

Copy 指令:复制选取的物件。如图 6－6 所示。

步骤:选取物件→指定物件复制的起点→指定物件复制的终点→按 Enter 结束指令。

附注:如果选取的物件是群组内的物件，复制得到的新物件不属于原来的群组,而是属于另一个新的群组。

选项:

(1)垂直:往目前工作平面垂直的方向复制物件。

(2)原地复制:在与选取的物件同样的位置复制物件。

(3)从上一个点:是,否。是:以上一次复制的终点为下一次复制起点,如图 6－7 所示。否:永远以第一次复制的起点为起点。

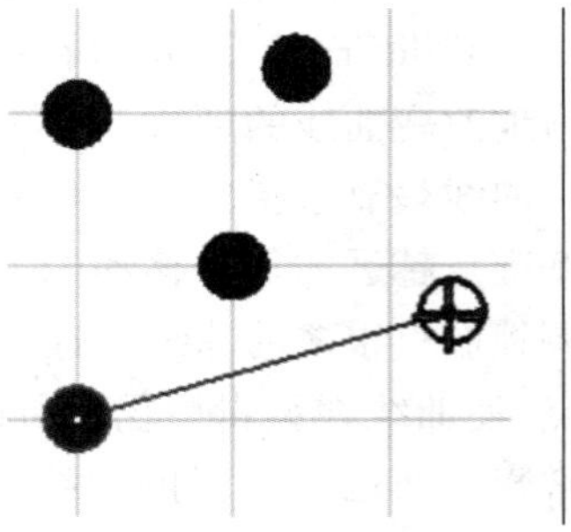

图 6－6 复制选取的物件

(4)使用上一个距离:是,否。是:以上一次复制的距离为下一次复制的距离,如图 6－8 所示。否:下一次复制使用不同的距离。

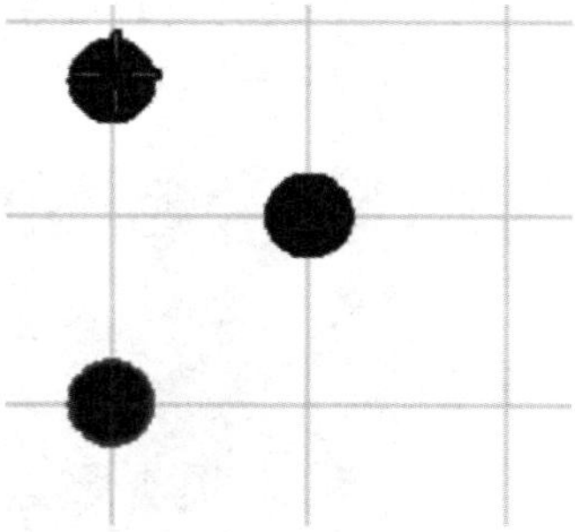

图 6－7 以上一次复制的终点为下一次复制起点

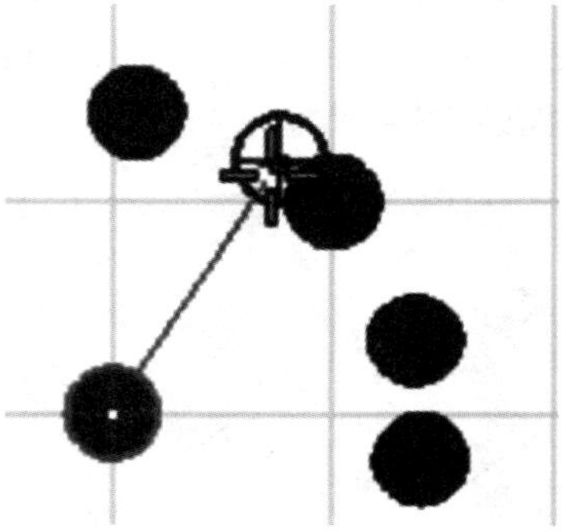

图 6－8 以上一次复制的距离为下一次复制的距离

(5)使用上一个方向:是,否。是:以上一次复制的方向为下一次复制的方向,如图 6－9 所示。否:下一次复制使用不同的方向。

快捷方式:以 Alt 键复制选取物件。按住鼠标左键拖曳物件。敲击 Alt 建立副本。指定复本的放置点。

4. 旋转

图标为,指令为 Rotate。找到这个指令的所有方式:

- 工具列:主要 2/变动。
- 功能表:变动→旋转。

Rotate 指令:将物件绕着与工作平面垂直的中心轴旋转。如图 6－10 所示。

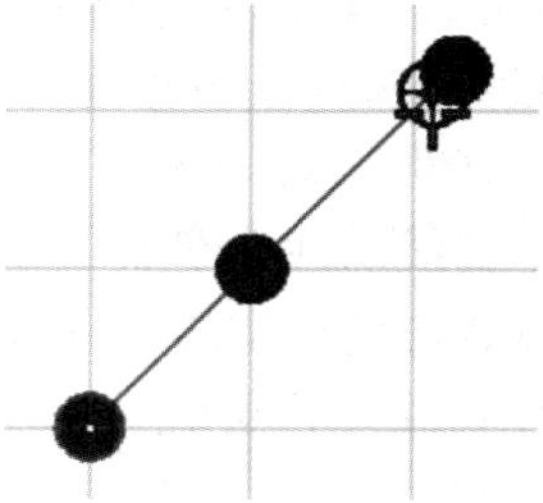

图 6－9 以上一次复制的方向为下一次复制的方向

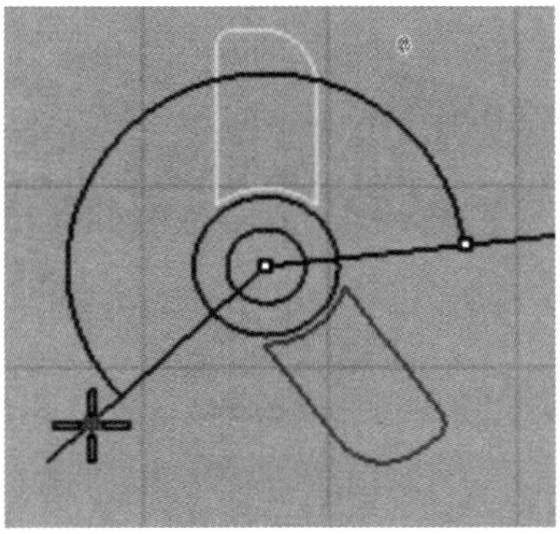

图 6－10　将物件绕着与工作平面垂直的中心轴旋转

步骤:选取物件→指定旋转中心点→输入角度,或指定两个参考点。

选项:

复制＝是/否:设定指令是否复制物件,当“复制＝是”时鼠标光标会有一个符号＋。

5. 三轴缩放

图标为,指令为 Scale。找到这个指令的所有方式:

- 工具列:主要 1/缩放/变动。
- 功能表:变动→缩放→三轴缩放。

Scale 指令:在工作平面的 x,y,z 三个轴向上以同比例缩放选取的物件。如图 6－11 所示。

步骤:选取物件→指定缩放原点→输入缩放比,或指定两个参考点。

缩放未知大小的物件为指定的大小:指定缩放的基准点及第一参考点,设定物件缩放的第一个参考距离。输入新距离设定第二参考点。

附注:以拖曳鼠标光标动态缩放设定的缩放比会成为下一次执行 Scale 指令的预设缩放比。

选项:复制＝是/否,设定指令是否复制物件。

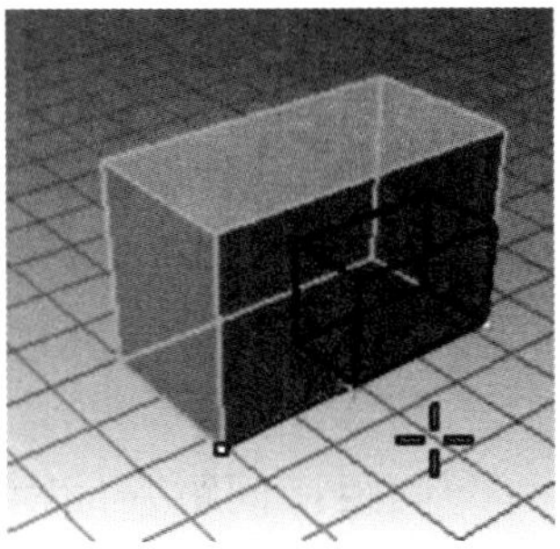

图 6－11　三个轴上以同比例缩放选取的物件

6. 镜像

图标为,指令为 Mirror。找到这个指令的所有方式:

- 工具列:变动。
- 功能表:变动→镜像。

Mirror 指令:以镜像复制物件。

步骤:选取物件→指定镜像平面的起点→指定镜像平面的终点。当移动鼠标光标时,可以预览物件镜像后的位置。以指定的两个点设定与工作平面垂直的镜像平面。

附注:如果要将原来的曲面与镜像后的曲面组合,可以使用物件锁点精确地设定镜像平面。

指令行选项：

(1)三点：指定三个点定义镜像平面。如图 6－12 所示。

(2)x 轴：自动将物件镜像至工作平面 x 轴的另一侧。

(3)y 轴：自动将物件镜像至工作平面 y 轴的另一侧。

7. 阵列

图标为▦，指令为 Array。找到这个指令的所有方式：

- 工具列：阵列/主要 1/变动。
- 功能表：变动→阵列→矩形。

Array 指令：将物件的副本以列、栏、层(x,y,z)的方式排列。如图 6－13 所示。

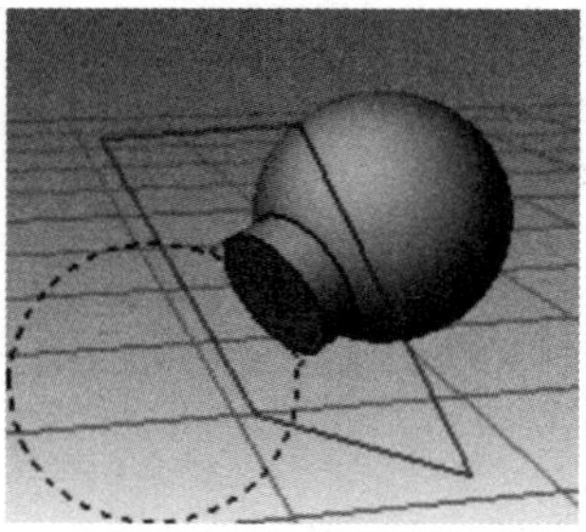

图 6－12 指定三个点定义镜像平面

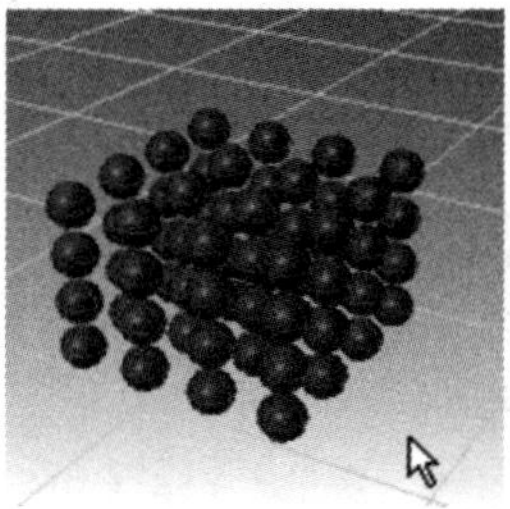

图 6－13 将物件的副本以列、栏、层方式排列

步骤：选取物件，阵列的方向是使用中工作视窗工作平面的 x,y,z 轴的方向→输入 x 方向的复本数，按 Enter→输入 1 或以上的复本数→输入 y 方向的复本数→输入 z 方向的复本数→指定一个矩形的两个对角定义单位方块的距离(x 与 y 方向的间隔)→指定单位方块的高度，按 Enter 使用宽度间距，或输入 x 间距、y 间距及 z 间距的距离→按 Enter 接受，或变更阵列选项。

选项：

(1)数目：x 数目/y 数目/z 数目，变更物件在 x,y,z 方向的阵列数目。

(2)预览：是，否。是：动态预览设定变更的结果。否：不使用预览。

(3)间距：x 间距/y 间距/z 间距，变更物件在 x,y,z 方向的阵列间距。

8. 延伸

图标为⟜，指令为 Extend。找到这个指令的所有方式：

- 工具列：曲线工具/延伸。
- 功能表：曲线→延伸曲线→延伸曲线/以直线/以圆弧/以圆弧及中心点/以圆弧至指定点/曲面上的曲线。

Extend 指令：延长一条曲线→如图 6－14 所示。

步骤：选取一个边界物件或输入延伸长度，按 Enter 使用动态延伸→点选一条曲线或一个曲面边缘的端点附近。延伸的部分会与原来的曲线组合在一起或属于同一条曲线。可以选取数个边界物件，可以连续延伸一条或数条曲线至不同的边界物件。如图 6－15 所示。

附注：可以使用任何曲线、曲面、实体为延伸的边界。如果要让两条曲线延伸后端点相接，可以使用 Connect 指令。

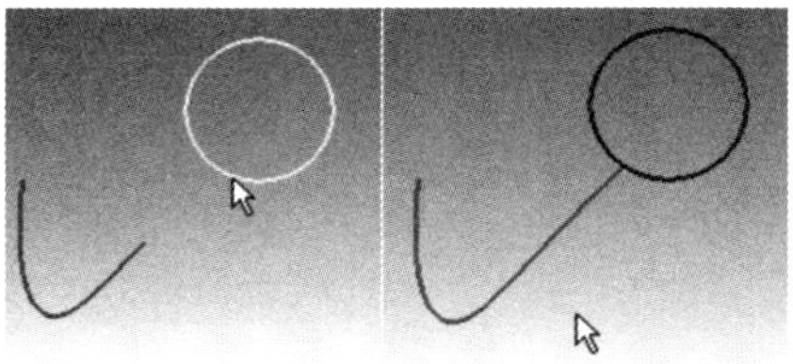

图 6 – 14　延长一条曲线

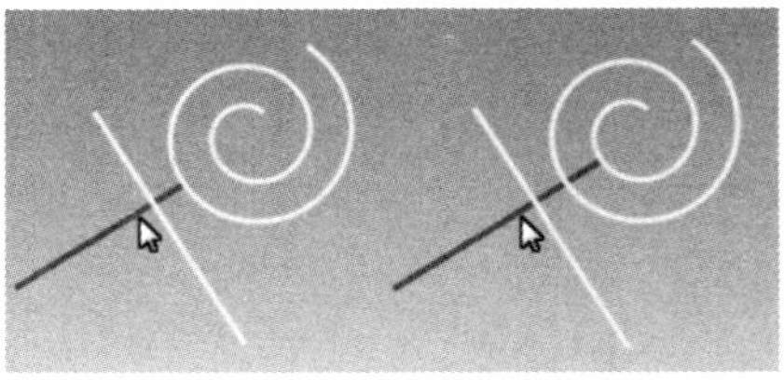

图 6 – 15　连续延伸至不同的边界物件上

选项：

（1）型式：

①原本的：直线、多重直线与末端为直线的多重曲线会以直线延伸。圆弧与末端为圆弧的多重曲线会以同样半径的圆弧延伸。其他类型的曲线会平滑地延伸。

②圆弧：以正切的圆弧延伸原来的曲线。如图 6 – 16 所示。

圆弧选项有中心点和至点。中心点：以指定圆弧中心点与终点的方式将曲线以圆弧延伸。指定圆弧的中心点，指定圆弧的终点。至点：以指定圆弧终点的方式将曲线以圆弧延伸。指定圆弧的终点。

③直线：以正切的直线延伸原来的曲线。如图 6 – 17 所示。

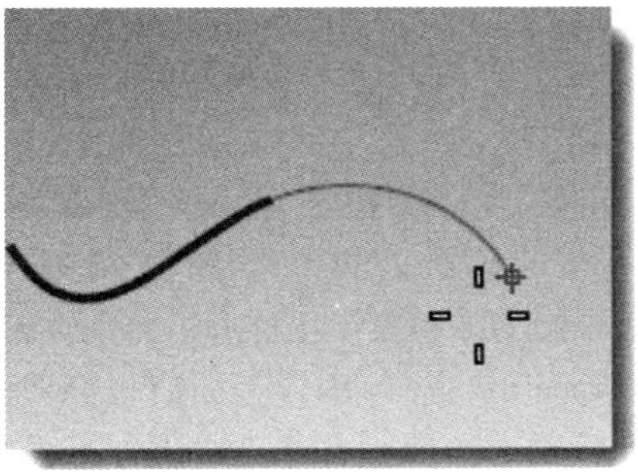

图 6 – 16　以正切的圆弧延伸原来的曲线

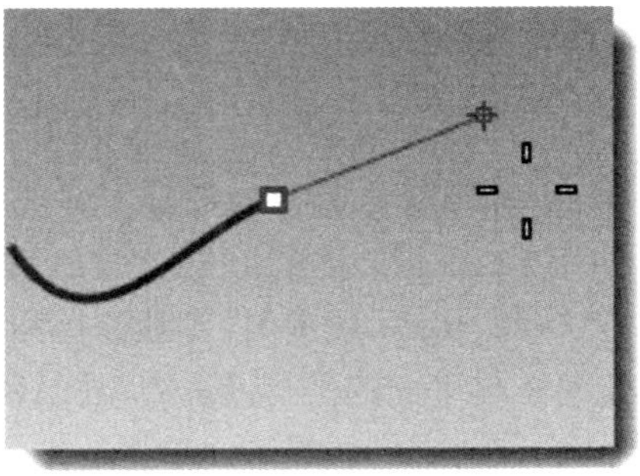

图 6 – 17　以正切的直线延伸原来的曲线

④平滑：以曲率连续延伸原来的曲线。如图 6 – 18 所示。

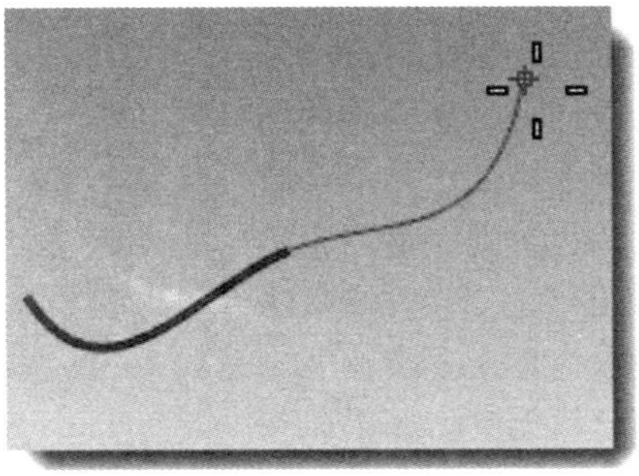

图 6 – 18　以曲率连续延伸原来的曲线

(2)延伸长度:正数值将曲线延长,负数值将曲线缩短。

(3)复原:复原上一个动作。

6.2 修剪、移除

1.修剪

图标为,指令为 Trim。找到这个指令的所有方式:

- 工具列:绘制曲线/几何图形修正/主要 1/实体边栏/曲面边栏。
- 功能表:编辑→修剪。
- 快捷键:Ctrl + T。

Trim 指令:以一个物件修剪另一个物件。如图 6 - 19 所示。

步骤:选取切割用物件→点选另一个物件要被修剪掉的部分。

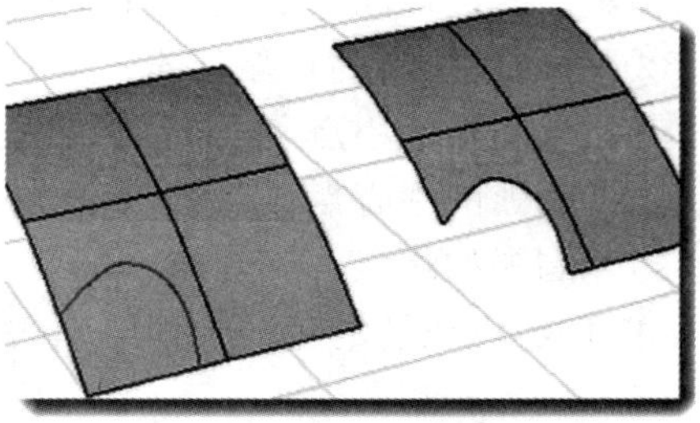

图 6 - 19　修剪实例

选项:

(1)延伸直线:以直线为切割用物件时,将直线无限延伸修剪其他物件。使用这个选项可以不用真的将直线延伸到与要修剪的物件交集。

(2)视角交点:曲线要修剪的物件不必有实际的交集,只要在使用中工作视窗里看起来有视觉上的交集就可以做修剪。这个选项对曲面没有作用。

附注:如果要修剪掉的部分不好选取,可以使用 Split 指令分割物件,再删除不需要的部分。使用 Untrim 指令可以移除曲面的修剪边界。在正对工作平面的平行视图(例如:预设的 Top,Front,Right 视图)以曲线修剪曲面时,曲线会往视图的方向投影至曲面上将曲面修剪。在非正对工作平面的平行或透视视图(例如:预设的 Perspective 视图)中以平面曲线修剪曲面时,曲线会往与它的曲线平面垂直的方向投影到曲面上将曲面修剪。在非正对工作平面的平行或透视视图中以 3D 曲线修剪曲面,曲线会被拉回到曲面上的最近点将曲面修剪。

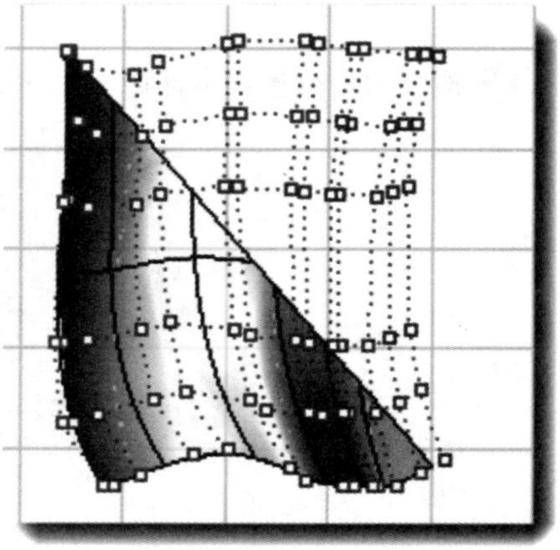

图 6 - 20　曲面控制点的结构完全不受曲面修剪的影响

修剪过的曲面由两个部分组成:定义几何物件形状的原始曲面及定义曲面修剪边界的曲线,曲面被修剪掉的部分可以是修剪边界的内侧(洞)或外侧。修剪边界曲线会埋入到原始曲面上,原始曲面有可能远比修剪边界来得大,因为 Rhino 并不会画出曲面被修剪掉的部分,所以无法看到完整的原始曲面。原始曲面定义几何物件的真实造型,修剪边界曲线只是用来定义曲面的哪一部分应该被视为修剪掉的部分,和曲面的实际形状无关。如果以一条跨越曲面的曲线修剪曲面,然后打开该曲面的控制点,会发现曲面控制点的结构完全不受曲面修剪的影响。如图 6 - 20 所示。

可以使用 Untrim 指令移除曲面上的洞或外侧的修剪边界，使曲面回到原始曲面的状态。如果有一个修剪过的曲面，它的原始曲面远比它大，可以使用 ShrinkTrimmedSrf 指令缩回原始曲面，缩回后的原始曲面会比曲面的修剪边界还大一些。

2. 取消修剪

图标为，指令为 Untrim。找到这个指令的所有方式：

- 工具列：曲面工具/绘制曲线/几何图形修正/主要 1/曲面边栏/实体边栏。
- 功能表：曲面→曲面编辑工具→取消修剪。

Untrim 指令：移除曲面的修剪边界。选取曲面的修剪边缘。

选项：

(1)保留修剪物件有是和否。是：取消修剪时将修剪边缘复制为曲线。如图 6－21 所示。否：取消修剪时不将修剪边缘复制为曲线。如图 6－22 所示。

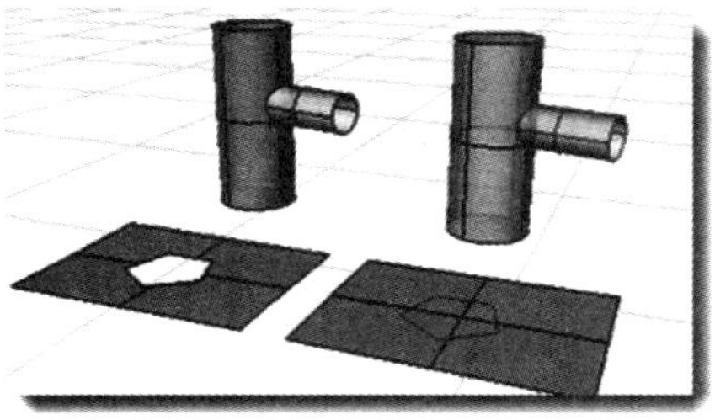

图 6－21　取消修剪时将修剪边缘复制为曲线

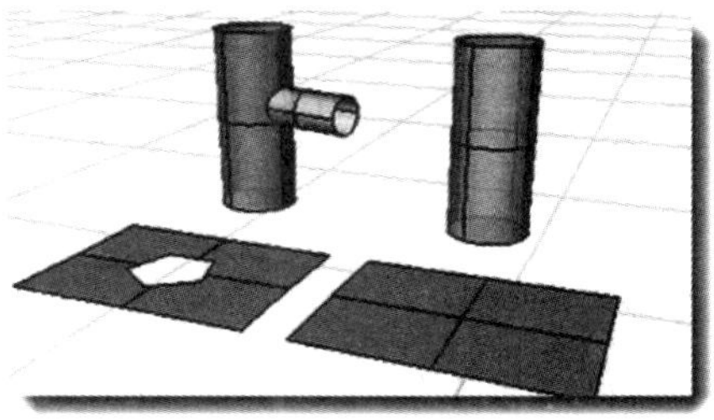

图 6－22　取消修剪时不将修剪边缘复制为曲线

(2)全部：点选曲面边界上的修剪边缘时将整个边界取消修剪，点选曲面上的洞时将所有的洞取消修剪。如图 6－23 所示。

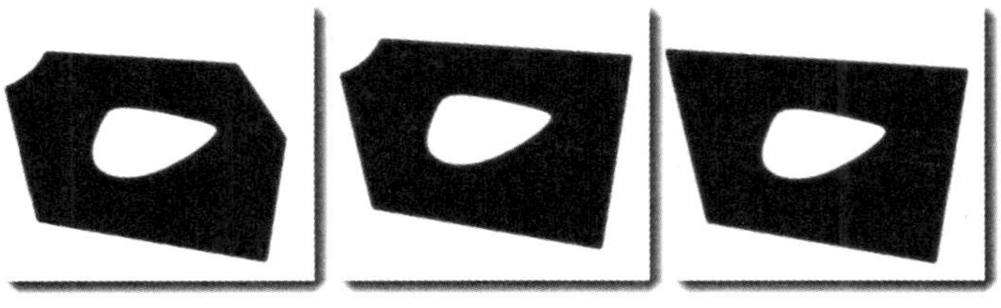

图 6－23　原来的曲面(左)、全部＝否(中)、全部＝是(右)

3. 移除边缘

图标为，指令为 RemoveEdge。找到这个指令的所有方式：

- 工具列：曲面工具。
- 功能表：曲面→边缘工具→移除边缘。

RemoveEdge 指令：以直线、两侧边缘的延伸线或曲线重新修剪选取的修剪边缘。选取要删除的修剪边缘。

选项：

(1)保留修剪物件：将曲面原来的边缘复制为曲线。

(2)模式：以直线取代、延伸两侧边缘和选取曲线三种模式。

①以直线取代:以直线重新修剪选取的修剪边缘,如图 6-24 所示。

②延伸两侧边缘:以两侧边缘的延伸线重新修剪选取的修剪边缘,如图 6-25 所示。

③选取曲线:以曲线重新修剪选取的修剪边缘。

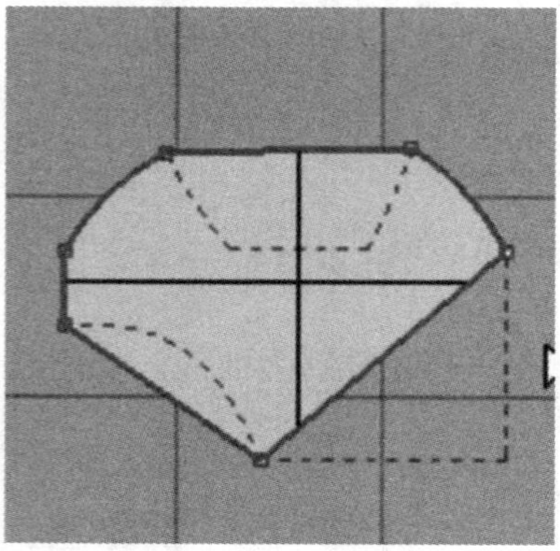

图 6-24 以直线重新修剪选取的修剪边缘

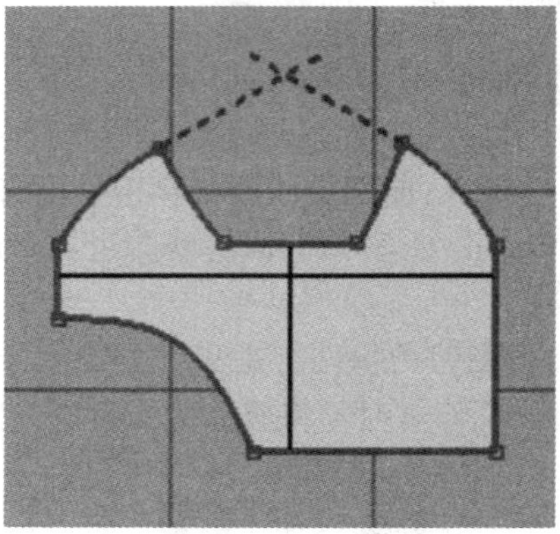

图 6-25 以两侧边缘的延伸线重新修剪选取的修剪边缘

两侧边缘的延伸线的交点必须在原始曲面的范围内才能完成重新修剪。

4. 取消修剪-全部、分离修剪-全部

指令为 UntrimAll。找到这个指令的所有方式:

- 工具列:未在工具列上。
- 功能表:曲面→曲面编辑工具→取消修剪-全部/分离修剪-全部。

UntrimAll 指令:取消修剪所有曲面边界的修剪边缘与内部的洞。被取消修剪所有修剪边缘与内部的洞的曲面,如图 6-26 所示。

图 6-26 被取消修剪所有修剪边缘与内部的洞的曲面

5. 取消修剪-边界、分离修剪-边界

指令为 UntrimBorder。找到这个指令的所有方式:

- 工具列:未在工具列上。
- 功能表:曲面→曲面编辑工具→取消修剪-边界/分离修剪-边界。

UntrimBorder 指令:取消修剪所有边界上的修剪边缘,留下所有内部的洞。如图 6-27 所示。

6. 取消修剪-洞、分离修剪-洞

指令为 UntrimHoles。找到这个指令的所有方式:

- 工具列:未在工具列上。
- 功能表:曲面→曲面编辑工具→取消修剪-洞/分离修剪-洞。

UntrimHoles 指令:取消修剪所有内部的洞,留下所有边界上的修剪边缘。如图 6-28 所示。

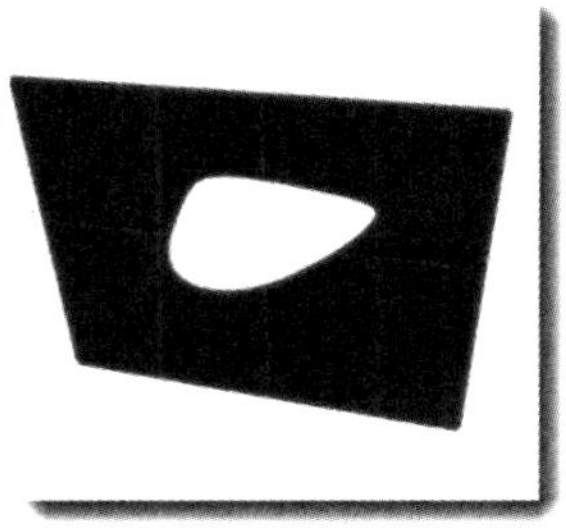

图 6－27 取消所有边界上的修剪、留下所有内部的洞

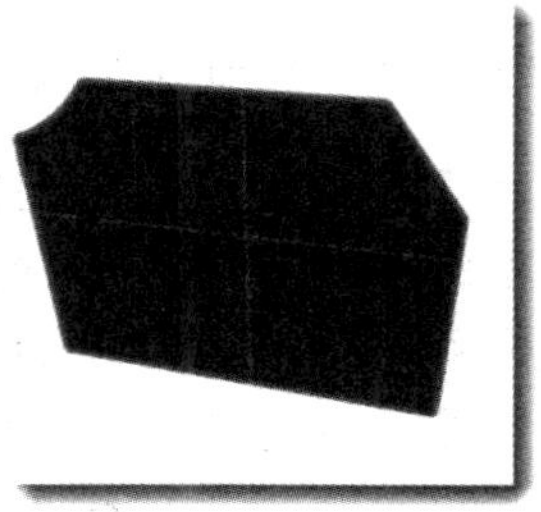

图 6－28 取消修剪所有内部的洞、留下所有边界上的修剪

6.3 点的编辑

点的编辑工具列和各图标名称如图 6－29、图 6－30 所示。

图 6－29 点的编辑工具列各图标

1. 打开控制点

图标为，指令为 PointsOn。找到这个指令的所有方式：

- 工具列：曲线工具/几何图形修正/主要 2/有机/点的编辑/STL 工具/曲面工具。
- 功能表：编辑→控制点→打开控制点。

PointsOn 指令：显示控制点。控制点是 NURBS 基底函数的系数，也叫作控制顶点（Control Vertex, CV）。控制点是物件（曲线、曲面、灯光、剖面线边界、尺寸标注）的“掣点”，无法与它所属的物件分离。曲线的控制点如图 6－31 所示。

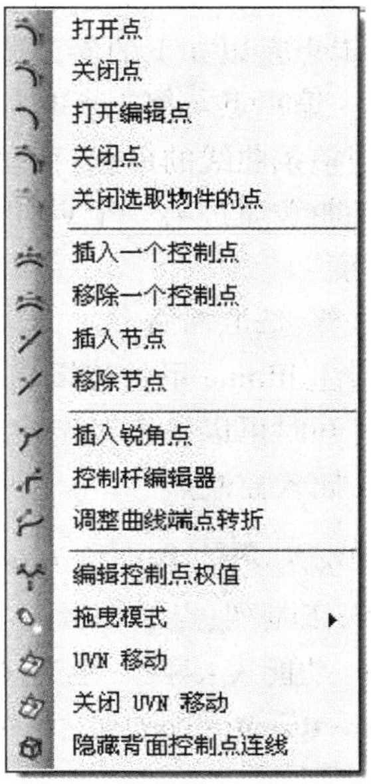

图 6－30 点的编辑工具列图标名称

步骤：选取物件。

附注：由数条曲线平滑组合而成的多重曲线在编辑控制点以后会成为无法炸开的单一曲线，必要时可以使用 Split 指令的点选项配合节点物件锁点将曲线打断为数条曲线。为了避免多重曲面的组合边缘出现裂缝，所以无法打开多重曲面的控制点。需要编辑多重曲面的控制点时，必须先将多重曲面炸开为个别的曲面，或使用 ExtractSrf 指令抽离要编辑的曲面。控制点打开时可以被直接删除，删除控制点会改变曲线或曲面的形状。

2. 关闭控制点

指令为 PointsOff。找到这个指令的所有方式：

- 工具列：曲线工具/几何图形修正/主要 1/主要 2/有机/点的编辑/STL 工具/曲面工具。
- 功能表：编辑→控制点→关闭控制点。

PointsOff 指令：关闭控制点与编辑点的显示。

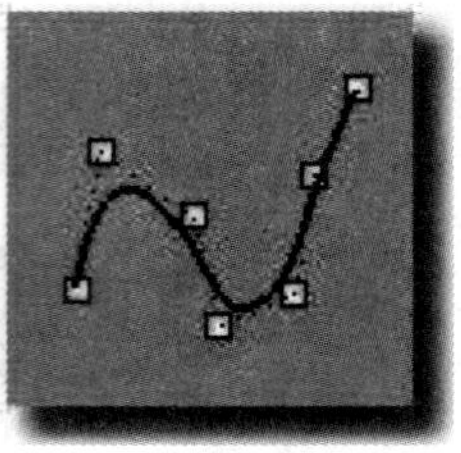

图 6-31 曲线的控制点

指令 PtOffSelected 图标为 。找到这个指令的所有方式：

- 工具列：点的编辑。
- 功能表：未在功能表里。

PtOffSelected 指令：关闭选取的物件的控制点或编辑点。

3. 显示编辑点

图标为 ，指令为 EditPton。找到这个指令的所有方式：

- 工具列：点的编辑/主要 1。
- 功能表：编辑→控制点→显示编辑点。

EditPtOn 指令：显示曲线上由节点平均值计算得到的点。如图 6-32 所示。

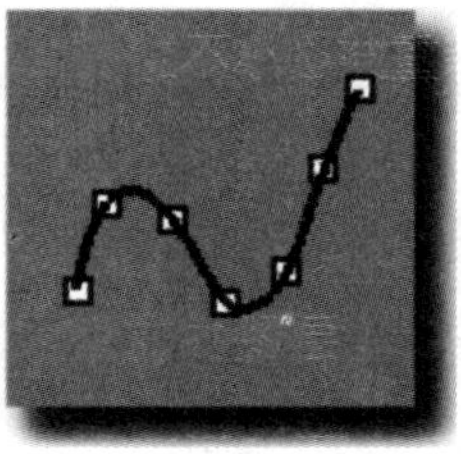

图 6-32 曲线上由节点平均值计算得到的点

例如：一条 3 阶曲线的节点向量为：0，0，0，1，2，3，3，3。编辑点是以如下的参数值分布在曲线上：0，1/3，1，2，8/3，3。编辑点与控制点非常类似，但编辑点是位于曲线上的点，而且移动一个编辑点通常会改变整条曲线的形状，移动控制点只会改变曲线一个范围内的形状。编辑点适用于需要让一条曲线通过某一个点的情形，而编辑控制点可以改变曲线的形状并同时保有曲线的“整平度”。

步骤：选取曲线。

附注：Rhino 里的编辑点是由曲线节点的平均值计算得到的点，编辑点并不是节点。编辑点打开时可以被直接删除，删除编辑点会改变曲线的形状。

4. 插入控制点

图标为 ，指令为 InsertControlPoint。找到这个指令的所有方式：

- 工具列：点的编辑。
- 功能表：编辑→控制点→插入控制点。

InsertControlPoint 指令：在曲线/曲面加入一个/一排控制点。控制点加入前后如图 6-33 所示。

步骤：选取一条曲线或一个曲面→指定要加入一个/一排控制点的位置→按 Enter 结束指令。

附注：以这个指令插入控制点会改变曲线或曲面的形状。以 InsertKnot 指令插入节点增加控制点并不会改变曲线或曲面的形状。

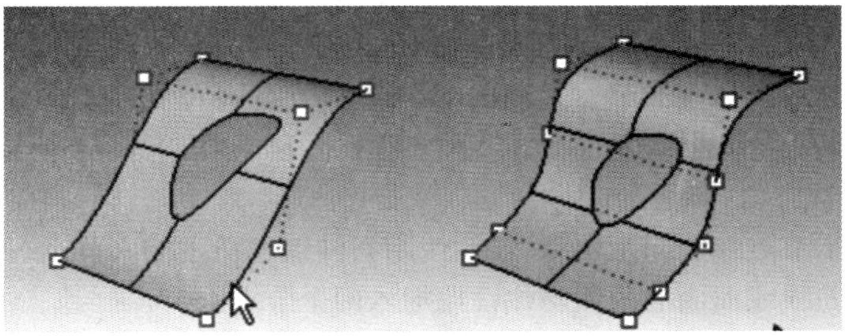

图 6－33　控制点加入前后

选项：

(1)方向：选择 U,V 或两方向。

(2)切换：在 U 与 V 两个方向之间切换。

(3)延伸：以曲面要延伸的边缘的两排控制点间距的一半延伸曲面并加入一排控制点。

(4)中点(Midpoint)：在两排控制点的间距中点加入一排控制点。

5. 移除控制点

图标为 ,指令为 RemoveControlPoint。找到这个指令的所有方式：

- 工具列：点的编辑。
- 功能表：编辑→控制点→移除控制点。

RemoveControlPoint 指令：移除曲线/曲面的一个/一排控制点。控制点被移除前后如图 6－34 所示。

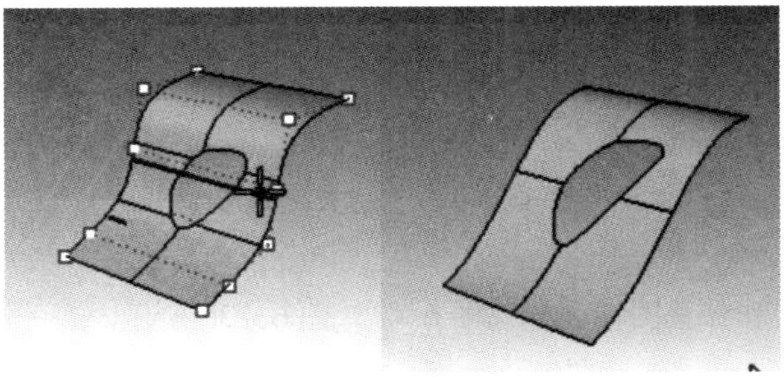

图 6－34　控制点被移除前后

步骤：选取一条曲线或一个曲面→将鼠标标记移动至控制点附近，按一下鼠标左键→按 Enter 结束指令。

附注：移除控制点会改变曲线或曲面的形状。也可以选取一个或一排控制点，再按 Delete 键。

6. 插入节点

图标为 ,指令为 InsertKnot。找到这个指令的所有方式：

- 工具列：点的编辑/有机。
- 功能表：编辑→控制点→插入节点。

InsertKnot 指令：在曲线或曲面上插入节点。

步骤：选取物件→指定要插入节点的位置。

附注：如果曲面有显示结构线，在曲面上插入节点的位置会增加一条结构线。在曲线上插入节点时，状态列会显示鼠标标记位置的参数值，也可以直接输入参数值插入节点。

选项：

(1)自动：在现有的节点与节点之间的参数距离中点插入节点/结构线，避免一至化的参数化结构被破坏。提高曲线或曲面的节点密度及控制点数，但保有节点分布均匀及控制点较好编辑的特性。

(2)中点：显示节点参数间距中点，以便使用物件锁点锁定插入节点。

(3)对称：在曲线或曲面的两侧对称性地加入两个节点。

(4)复原：复原上一个动作。

(5)仅适用曲面：方向，切换。方向：选择 U，V 或两方向。切换：在 U 与 V 两个方向之间切换。

7. 移除节点

图标为，指令为 RemoveKnot。找到这个指令的所有方式：

- 工具列：有机/点的编辑。
- 功能表：编辑→控制点→移除节点。

RemoveKnot 指令：从曲线或曲面上删除节点。

步骤：选取一条曲线或一个曲面→点选要删除的节点，按 Enter 结束指令。

附注：移除节点可用于移除两条曲线的组合点，组合点移除后曲线将无法再炸开成为个别的曲线。

选项：

①方向：选择 U，V 或两方向。

②切换：在 U 与 V 两个方向之间切换。

③复原：复原上一个动作。

6.4 曲线编辑

曲线编辑工具列和部分图标名称如图 6－35、图 6－36 所示。

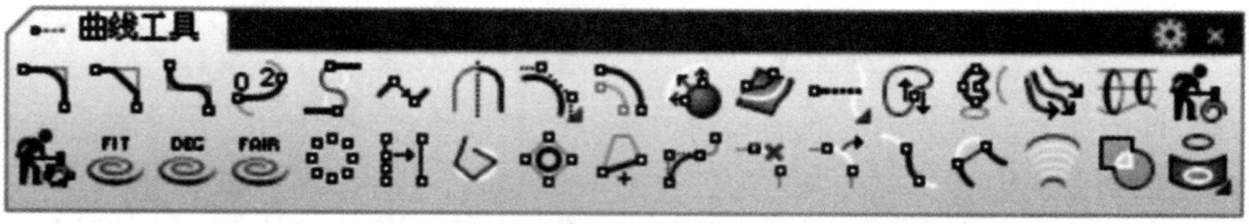

图 6－35　曲线编辑工具列各图标

1. 曲线圆角

图标为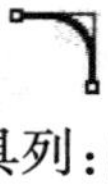，指令为 Fillet。找到这个指令的所有方式：

- 工具列：曲线工具/主要 2。
- 功能表：曲线→曲线圆角。

Fillet 指令：修剪或延伸两条曲线的端点，再以一个正切的圆弧连接两条曲线的端点。曲线圆角前后如图 6－37 所示。

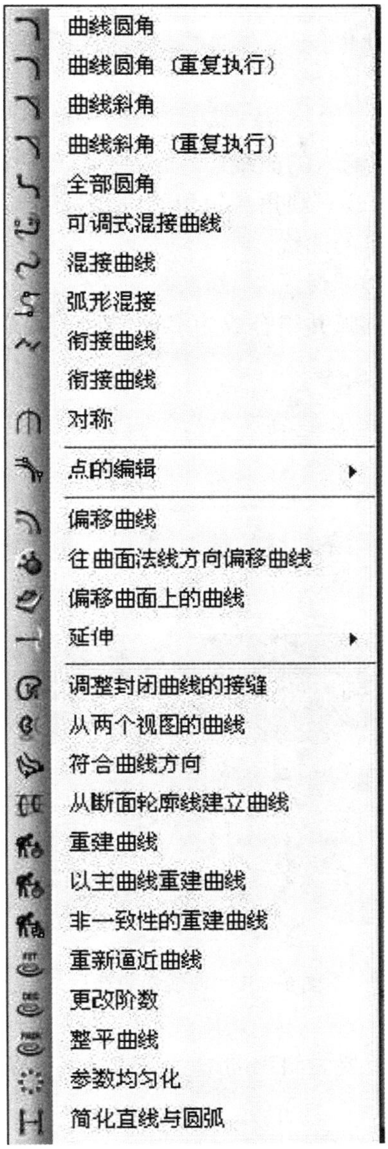

图 6－36　曲线编辑工具列部分图标名称

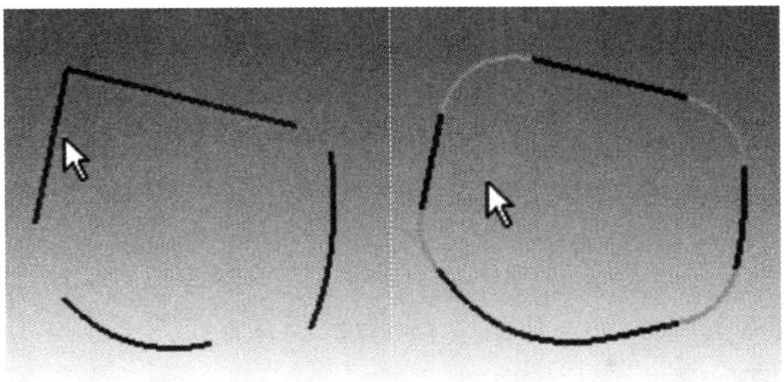

图 6－37　曲线圆角前后

步骤:选取第一条曲线靠近端点处→选取第二条曲线靠近端点处。

选项:

(1)半径:设定圆角半径。

(2)组合:组合得到的曲线。

(3)修剪:以结果曲线修剪输入的曲线。

(4)圆弧延伸方式:当用来建立圆角或斜角的曲线是圆弧,而且无法与圆角或斜角曲线相接时,以直线或圆弧延伸原来的曲线。

①圆弧:以同样的半径延伸圆弧。

②直线:以正切直线延伸圆弧并组合成为多重曲线。

2. 曲线斜角

图标为,指令为 Chamfer。找到这个指令的所有方式:

- 工具列:曲线工具。
- 功能表:曲线→曲线斜角。

Chamfer 指令:修剪或延伸两条曲线的端点,再以一条直线连接两条曲线的端点。曲线斜角前后如图 6 – 38 所示。

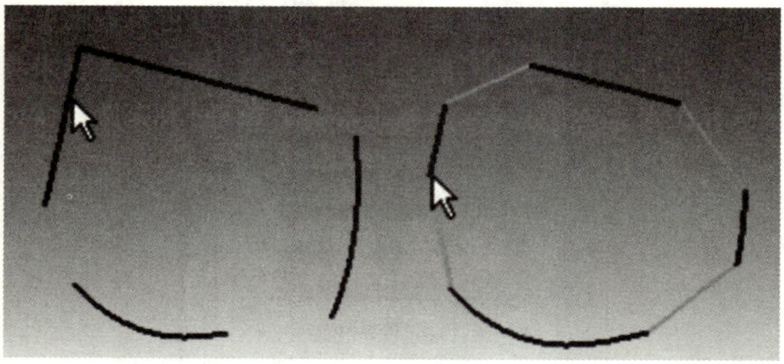

图 6 – 38 曲线斜角前后

步骤:选取第一条曲线靠近要做斜角的端点→选取另一条曲线靠近要做斜角的端点。

选项:

(1)距离显示:两条曲线交点至修剪点的距离。

(2)组合:组合得到的曲线。

(3)修剪:以结果曲线修剪输入的曲线。

(4)圆弧延伸方式:当用来建立圆角或斜角的曲线是圆弧,而且无法与圆角或斜角曲线相接时,以直线或圆弧延伸原来的曲线。

①圆弧:以同样的半径延伸圆弧。

②直线:以正切直线延伸圆弧并组合成为多重曲线。

3. 连接曲线

图标为,指令为 Connect。找到这个指令的所有方式:

- 工具列:延伸。
- 功能表:曲线→连接曲线。

Connect 指令:延伸或修剪两条曲线,使两条曲线的端点相接。

步骤:选取第一条曲线→选取第二条曲线。

选项:

(1)组合:组合得到的曲线。

(2)圆弧延伸方式:圆弧,直线。圆弧:以正切的圆弧延伸输入的曲线。直线:以正切的直线延伸输入的曲线。如图 6-39、图 6-40 所示。

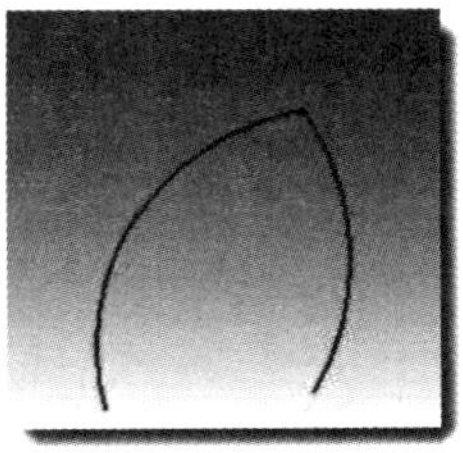

图 6-39 以正切的圆弧延伸输入的曲线

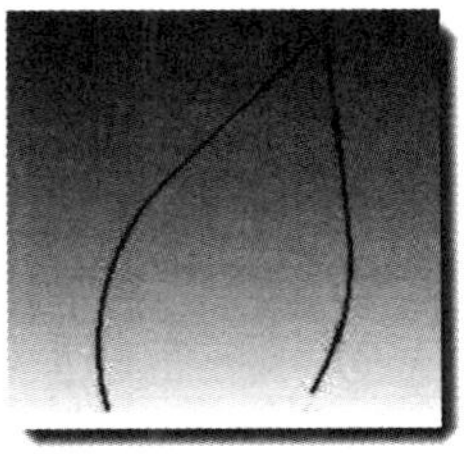

图 6-40 以正切的直线延伸输入的曲线

6.5 曲 面 编 辑

曲面编辑工具列和图标名称如图 6-41、图 6-42 所示。

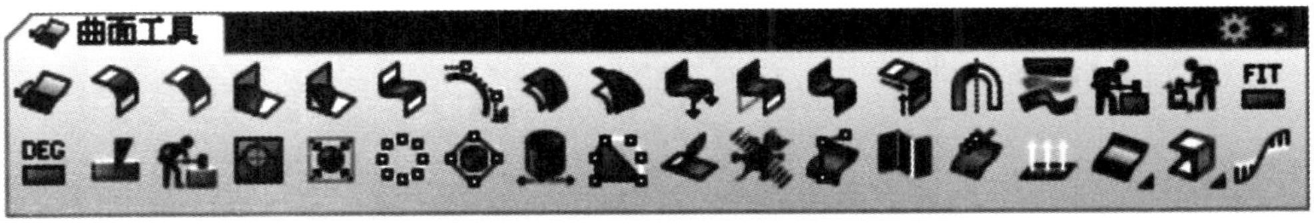

图 6-41 曲面编辑工具列各图标

1. 延伸曲面

图标为,指令为 ExtendSrf。找到这个指令的所有方式:

- 工具列:曲面工具。
- 功能表:曲面→延伸曲面。

ExtendSrf 指令:移动曲面的边缘将曲面延长。

附注:如果曲面是修剪过的,延伸曲面时会暂时显示完整的曲面。如图 6-43 所示。

步骤:选取一个曲面的修剪或未修剪边缘→设定距离。

选项:

型式:有平滑和直线两个下一级选项。平滑:平滑地延伸曲面。直线:以直线型式延伸曲面。

2. 曲面圆角

图标为,指令为 FilletSrf。找到这个指令的所有方式:

- 工具列:曲面工具/主要 2。
- 功能表:曲面→曲面圆角。

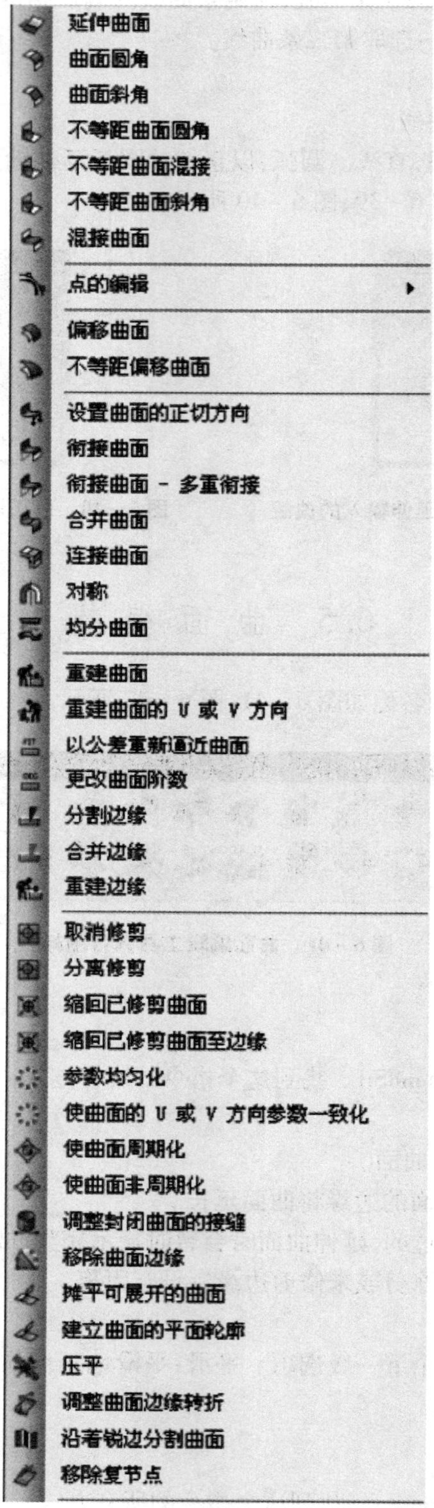

图 6 – 42　曲面编辑工具列部分图标名称

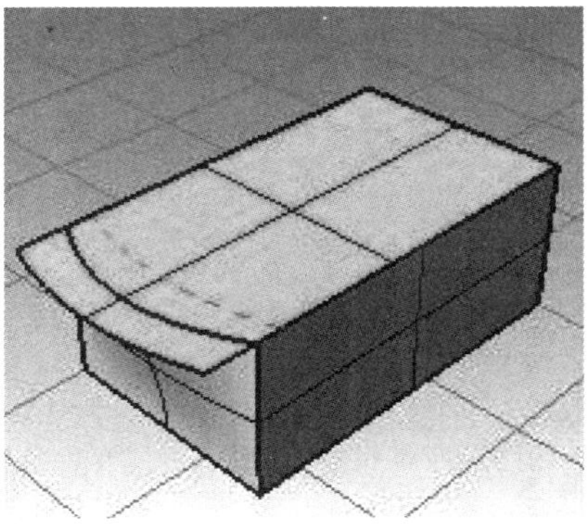

图 6－43　曲面延伸实例

FilletSrf 指令：在两个曲面之间建立半径固定的圆角曲面。如图 6－44 所示。

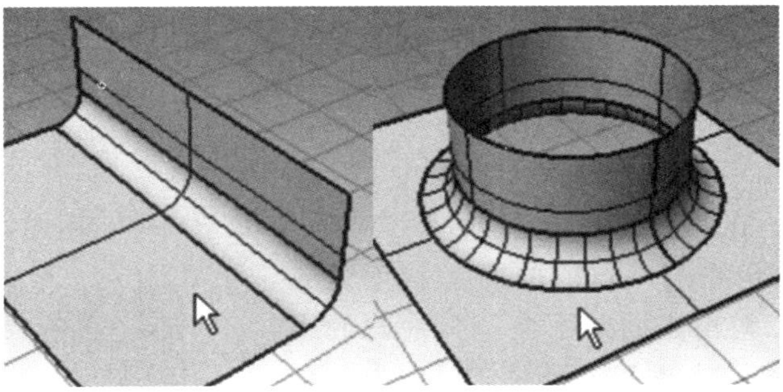

图 6－44　曲面圆角实例

步骤：选取第一个曲面→选取曲面在圆角完成后需要保留的一侧，圆角曲面并不会与其他曲面组合→选取第二个曲面→选取曲面在圆角完成后需要保留的一侧。

注意：曲面圆角就像是以一个指定半径的球体沿着曲面的边缘滚动，如果曲面转角的半径小于这个球体的半径会造成圆角运行失败。

选项：

(1) 半径：设定圆角半径。

(2) 延伸：当输入的两个曲面长度不同时，圆角曲面会延伸及于较长的曲面的整个边缘。如图 6－45 所示。

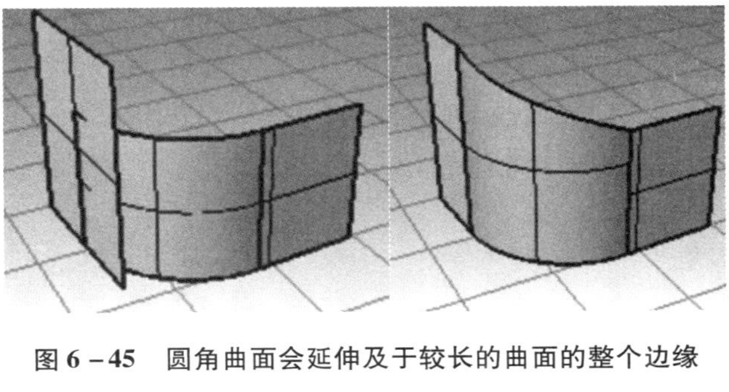

图 6－45　圆角曲面会延伸及于较长的曲面的整个边缘

(3)修剪:是,否,分割。是:以结果曲面修剪原来的曲面。否:不修剪。分割:以结果曲面分割原来的曲面。如图 6 – 46 所示。

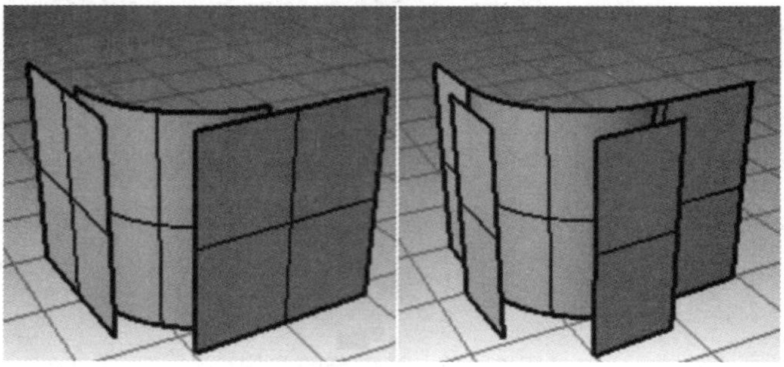

图 6 – 46　以结果曲面分割原来的曲面

3. 曲面斜角

图标为,指令为 ChamferSrf。找到这个指令的所有方式:

- 工具列:曲面。
- 功能表:曲面→曲面斜角。

ChamferSrf 指令:在两个曲面之间建立斜角曲面。如图 6 – 47 所示。

步骤:选取第一个曲面→选取曲面在斜角完成后需要保留的一侧,斜角曲面并不会与其他曲面组合。第一个斜角距离是从两个曲面的交线到第一个曲面的修剪边缘的距离,第二个斜角距离是从两个曲面的交线到第二个曲面的修剪边缘的距离→选取第二个曲面→选取曲面在斜角完成后需要保留的一侧。

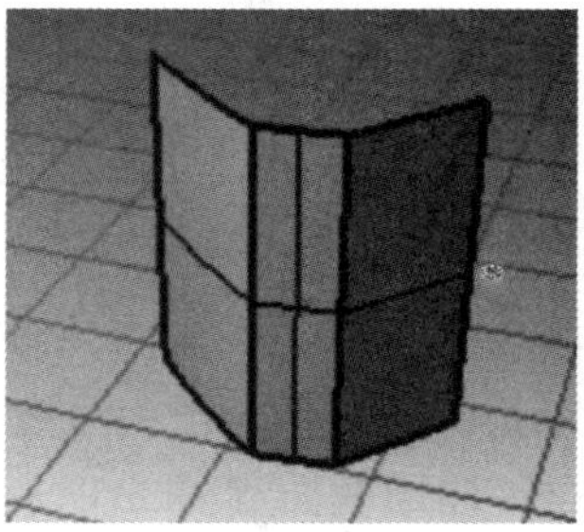

图 6 – 47　在两个曲面之间建立斜角曲面

注意:曲面圆角就像是以一个指定半径的球体沿着曲面的边缘滚动,如果曲面转角的半径小于这个球体的半径会造成圆角运行失败。

选项:

(1)距离显示:两个曲面的交线至斜角曲面边缘的距离。

(2)延伸:两侧曲面长度不一样时延伸斜角曲面。如图 6 – 48 所示。

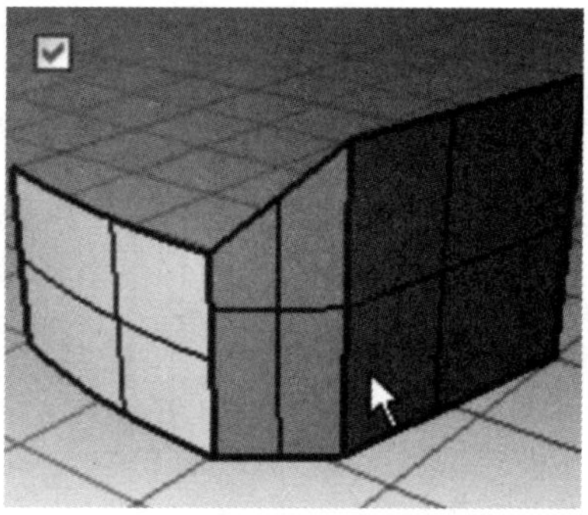

图 6 – 48　两侧曲面长度不一样时延伸斜角曲面

(3)修剪:是,否,分割。是:以结果曲面修剪原来的曲面。否:不修剪。分割:以结果曲面分割原来的曲面。如图 6 – 49 所示。

4. 不等距曲面圆角

图标为,指令为 VariableFilletSrf。找到这个指令的所有方式:

- 工具列:曲面工具。

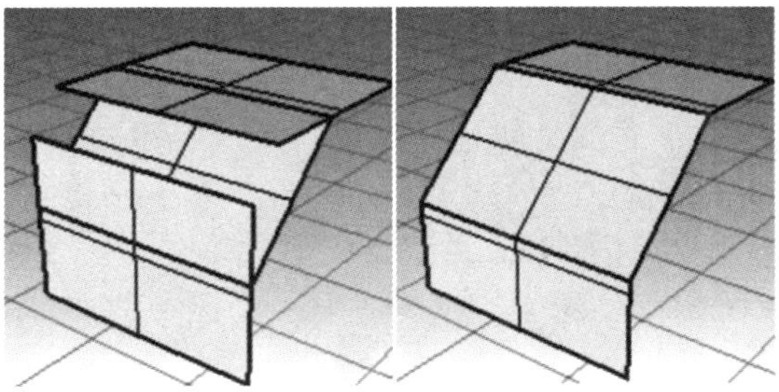

图 6-49　以结果曲面分割原来的曲面

- 功能表：曲面→不等距圆角/混接/斜角→不等距曲面圆角。

VariableFilletSrf 指令：在两个曲面之间建立不等距的圆角曲面。如图 6-50 所示。

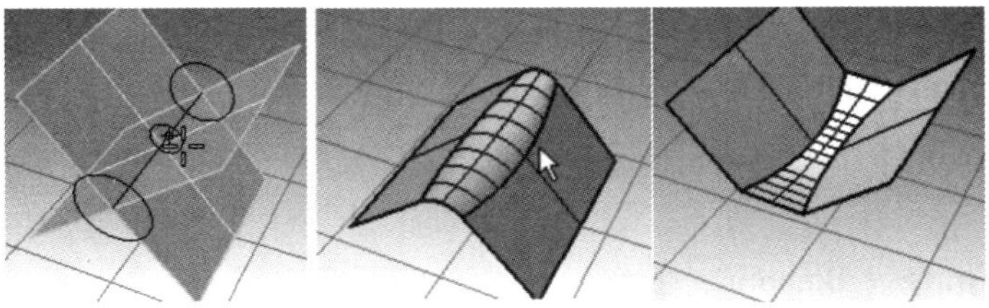

图 6-50　在两个曲面之间建立不等距的圆角曲面

附注：曲面必须有交集。

步骤：点选两个要建立不等距圆角的曲面的边缘附近，曲面的交线上会出现控制杆→按 Enter 使用预设的半径，或指令显示半径选项时输入新的半径→设定指令行选项→选取要编辑的控制杆。

使用控制杆掣点：每个预设的控制杆上通常都只有一个可以调整半径大小的控制杆掣点。自行加入的控制杆会有两个控制杆掣点。边缘上的控制杆掣点可以沿着边缘移动。移动另一个控制杆掣点可以改变半径。

选项：

(1)修剪并组合：以结果曲面修剪原来的曲面并组合在一起。

(2)预览：是，否。是：动态预览设定变更的结果。否：不使用预览。

5. 不等距曲面斜角

图标为 ，指令为 VariableChamferSrf。找到这个指令的所有方式：

- 工具列：曲面工具。
- 功能表：曲面→不等距圆角/混接/斜角→不等距曲面斜角。

VariableChamferSrf 指令：在两个曲面之间建立不等距的斜角曲面，修剪原来的曲面，并将曲面组合在一起。如图 6-51 所示。

附注：曲面必须有交集。

步骤：点选两个要建立不等距斜角的曲面的边缘附近，曲面的交线上会出现控制杆→按 Enter 使用预设的距离，或在指令行显示斜角距离选项时输入新的距离→设定指令行选项，或选取要编辑的控制杆。

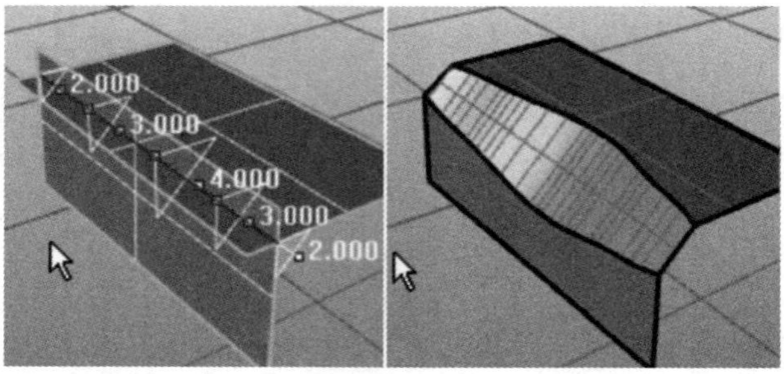

图 6-51　在两个曲面之间建立不等距的斜角曲面并将曲面组合在一起

使用控制杆掣点:每个预设的控制杆上通常都只有一个可以调整半径大小的控制杆掣点。自行加入的控制杆会有两个控制杆掣点。边缘上的控制杆掣点可以沿着边缘移动。移动另一个控制杆掣点可以改变半径。

修剪并组合:以结果曲面修剪原来的曲面并组合在一起。

预览:是,否。是:动态预览设定变更的结果。否:不使用预览。

6. 混接曲面

图标为  ,指令为 BlendSrf。找到这个指令的所有方式:

- 工具列:曲面工具。
- 功能表:曲面→混接曲面。

BlendSrf 指令:在两个曲面之间建立混接曲面。

步骤:选取一个曲面边缘→选取相邻的边缘,或按 Enter→选取与它混接的边缘,按 Enter→选取相邻的边缘,或按 Enter→调整断面控制点,或按 Enter→在两个曲面之间建立混接曲面的过程如图 6-52 所示。

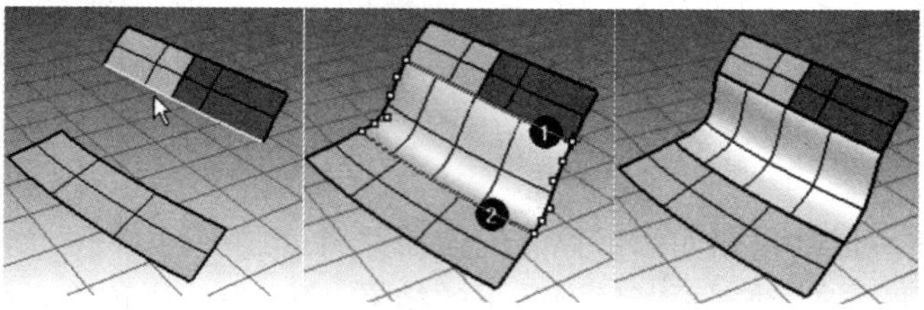

图 6-52　在两个曲面之间建立混接曲面

(1)控制功能键

功能:预设的情形下,混接曲线两端的控制点可以分别调整,按住 Shift 时可以做对称性的调整。如图 6-53 所示。

功能:按住 Alt 拖曳断面控制点可以改变混接曲面的断面与来源曲面边缘之间的角度。混接曲面的结构线预设是与来源曲面的边缘垂直或与来源曲面的结构线平行。来源曲面的边缘是修剪边缘时,混接曲面的结构线会与来源曲面的边缘垂直。来源曲面的边缘是未修剪边缘时,混接曲面的结构线会与来源曲面的结构线平行。

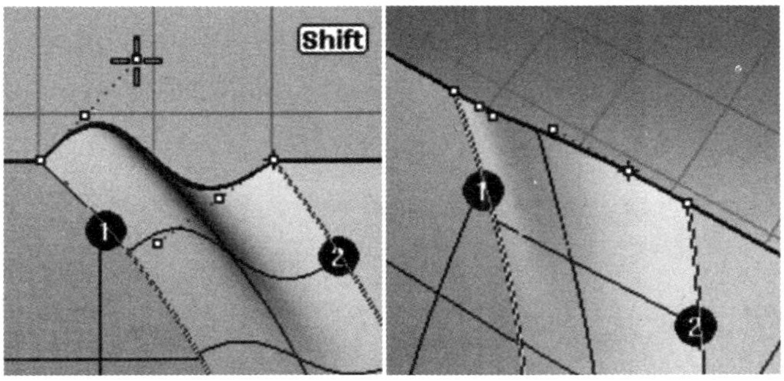

图 6－53　混接曲线两端的控制点调整前后

(2)调整曲线接缝

选取封闭曲线的接缝标记点,沿着曲线移动接缝。调整每一条封闭曲线的接缝将所有接缝对齐,按 Enter。调整曲线接缝实例如图 6－54 所示。

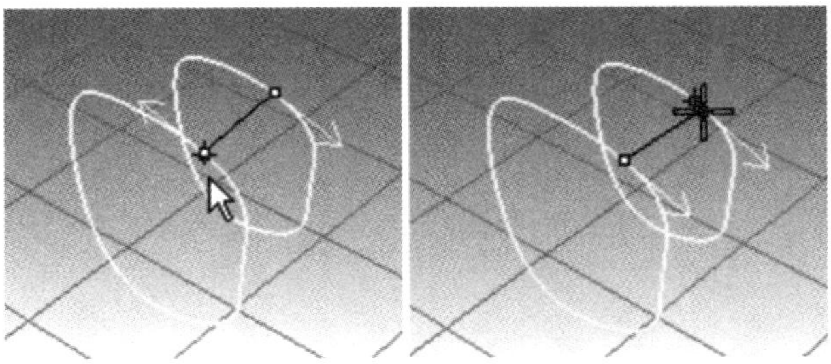

图 6－54　曲线接缝调整前后

调整接缝选项:

①反转:反转曲线的方向。

②自动:自动调整曲线接缝的位置及曲线的方向。

③原本的:以原来的曲线接缝位置及曲线方向运行。

(3)调整曲面混接选项

①锁定:勾选锁定核取方块,混接曲面两侧转折可以做对称性的调整。

②滑杆:可以改变混接曲面转折大小。可分别调整混接曲面两侧转折大小的滑杆。如图 6－55 所示。

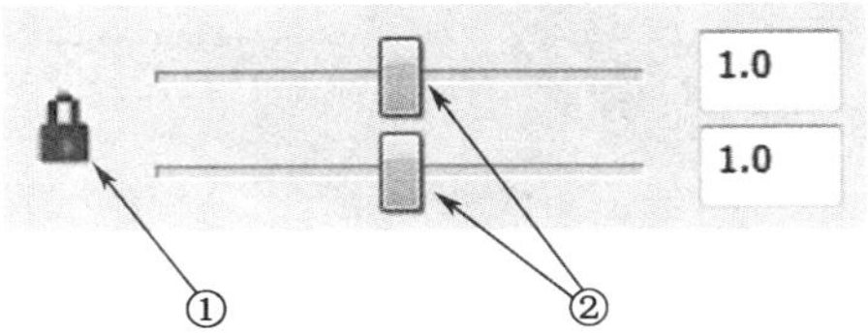

图 6－55　滑杆界面

①—滑杆锁定图示;②—混接转折滑杆

③连续性选项:设定混接曲面边缘的连续性。

④加入断面:加入额外的断面控制混接曲面的形状。当混接曲面过于扭曲时,可以使用这个功能控制混接曲面更多位置的形状。在混接曲面的两侧边缘上各指定一个点加入控制断面,如图 6－56 所示。

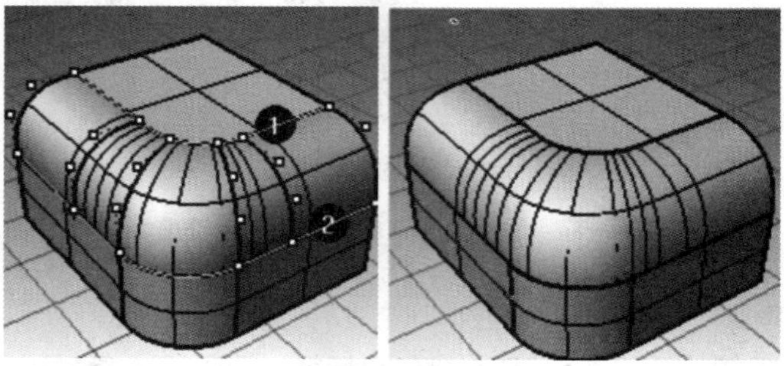

图 6－56　在混接曲面两侧边缘上加入控制断面

⑤平面断面:强迫混接曲面的所有断面为平面,并与指定的方向平行,如图 6－57 所示。

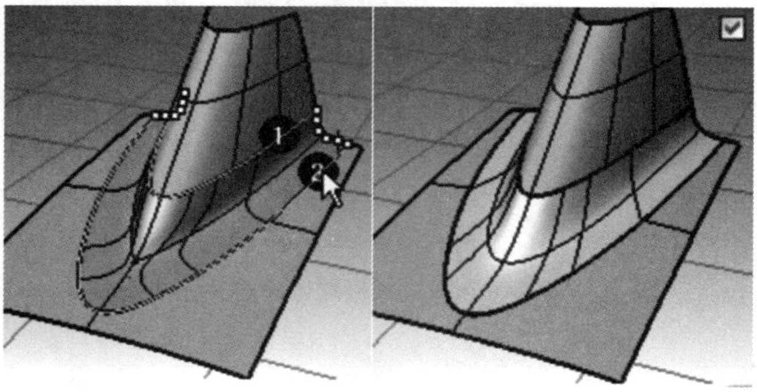

图 6－57　平面断面实例

⑥相同高度:做混接的两个曲面边缘之间的距离有变化时,这个选项可以让混接曲面的高度维持不变,如图 6－58 所示。

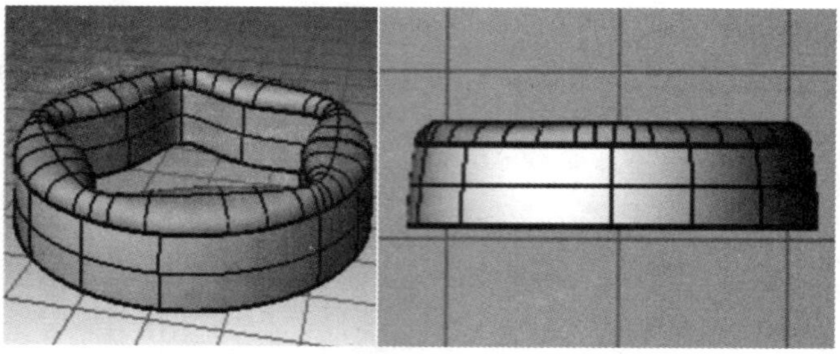

图 6－58　混接曲面的高度维持不变

⑦预览:勾选后可以自动预览设定变更的结果。

附注:用来建立混接曲面的曲面边缘与另一个曲面上的洞大小相当时,混接曲面会向内凹陷,才可以平滑地混接两个曲面边缘,如图 6－59 所示。当要建立混接的两个曲面的边缘相接时，BlendSrf 指令会把两个曲面边缘视为同一侧的边缘，为避免这种情形，可以在选取混接曲面一侧的曲面边缘后按 Enter，再开始选取另一侧的曲面边缘。有些时候，混接曲面与其他曲面之间在渲染时会有缝隙，这是由于渲染网格设定不够精细的关系，渲染网格只是与真正曲面的形状近似，并不完全一样。使用 Join 指令将混接曲面与其他曲面组合成为一个多重曲面，可使不同曲面的渲染网格之间在接缝处的顶点完全对齐，避免出现缝隙。

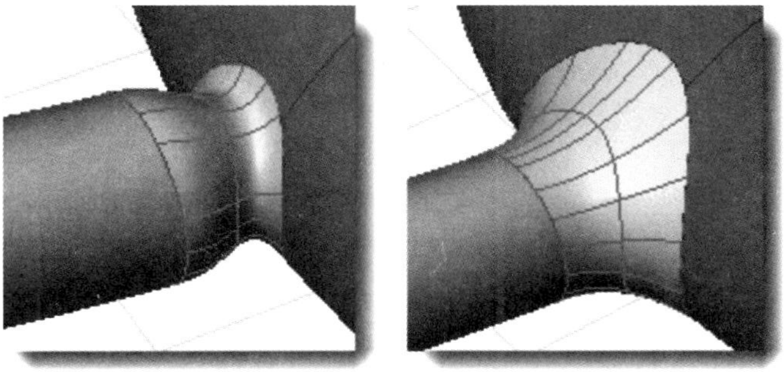

图 6－59　洞的大小与圆管半径相当（左）、洞大于圆管半径（右）

7. 偏移曲面

图标为，指令为 OffsetSrf。找到这个指令的所有方式：

- 工具列：曲面工具。
- 功能表：实体→偏移；曲面→偏移曲面。

OffsetSrf 指令：以等距离偏移复制曲面或多重曲面。如图 6－60 所示。

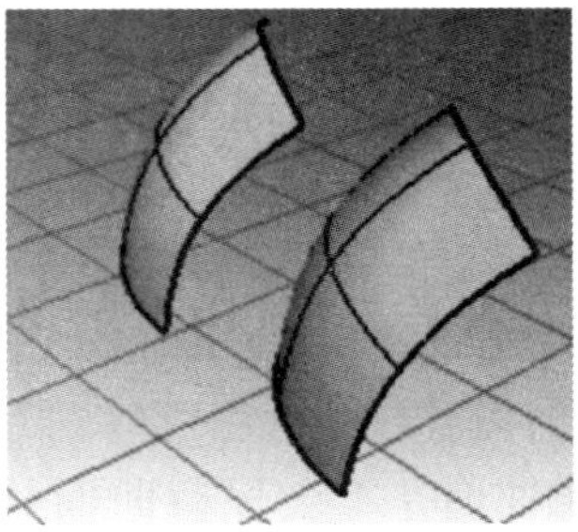

图 6－60　以等距离偏移复制曲面

步骤：选取一个曲面或多重曲面→输入偏移距离，按 Enter。

选项：

（1）距离显示：设定偏移的距离。

（2）角：圆角，锐角。圆角：锐角偏移产生的缝隙以圆角填补。锐角：锐角偏移时曲面延伸相互修剪。

（3）全部反转：反转所有选取的曲面的偏移方向，曲面上箭头的方向为正的偏移方向。如图 6－61 所示。

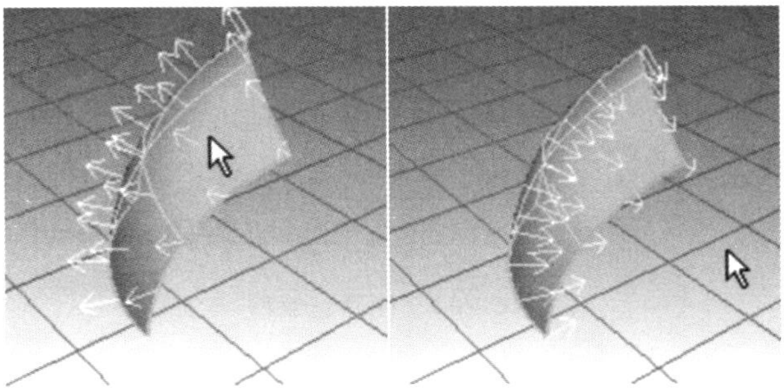

图 6－61　曲面偏移方向反转前后

(4)实体:以原来的曲面与偏移后的曲面边缘放样并组合成封闭的实体。如图 6－62 所示。

图 6－62　先偏移再组合成实体

(5)松弛(仅适用曲面):偏移后的曲面的结构与原来的曲面相同。如图 6－63 所示。

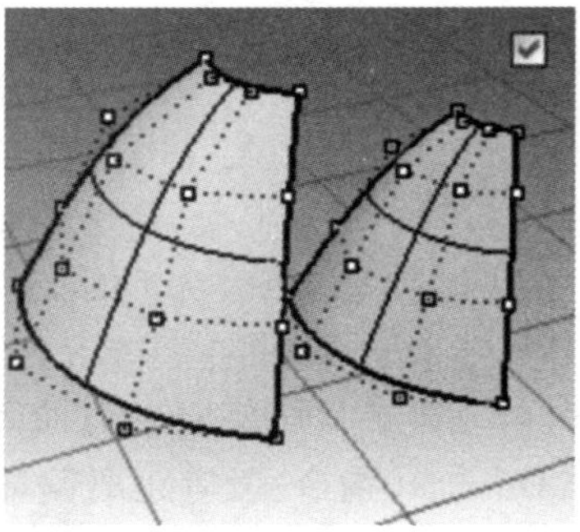

图 6－63　偏移后的曲面的结构与原来的曲面相同

(6)公差:设定偏移曲面的公差,输入 0 为使用预设公差。

(7)两侧:同时往两侧偏移。如图 6－64 所示。

(8)删除输入物件:将原来的物件从文件中删除。

附注:正数的偏移距离是往箭头的方向偏移,负数是往箭头的反方向偏移。平面、环状体、球体、开放的圆柱曲面或开放的圆锥曲面偏移的结果不会有误差,自由造形曲面偏移后的误差会小于公差选项的设定值。当偏移的曲面为多重曲面时,偏移后的曲面会分散开来。例如:偏移一个六个面的立方体,偏移后得到的是六个分散的平面。以 OffsetSrf 指令偏移的多重曲面并不会保留曲面与曲面之间的关系,所以多重曲面偏移后会分散成为数个的曲面。

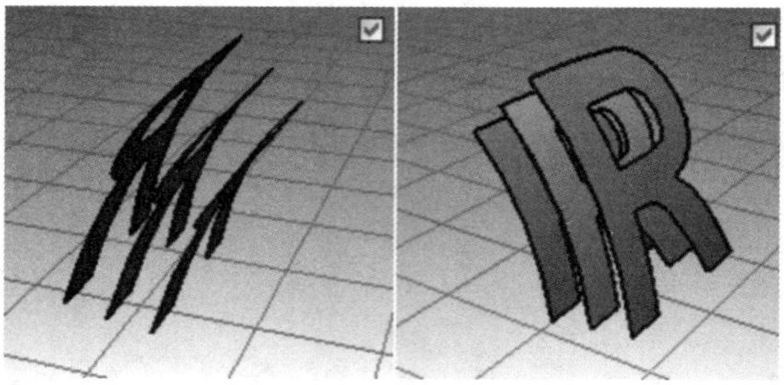

图 6－64　往两侧偏移

8. 衔接曲面

图标为,指令为 MatchSrf。找到这个指令的所有方式:

- 工具列:曲面工具。

● 功能表:曲面→曲面编辑工具→衔接。

MatchSrf 指令:调整曲面的边缘与其他曲面形成位置、正切或曲率连续。如图 6 - 65 所示。

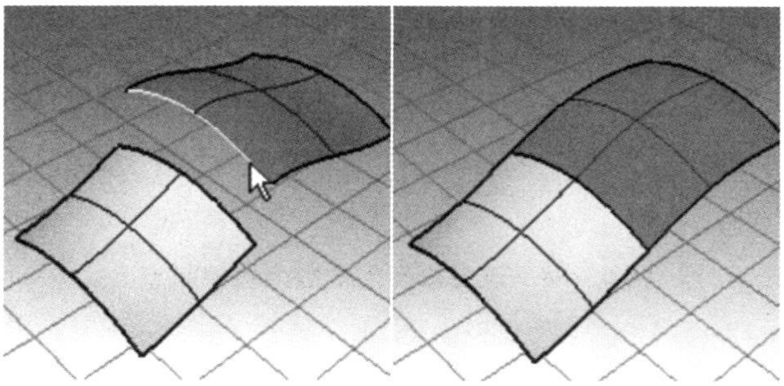

图 6 - 65 曲率连续的曲面

步骤:选取一个未修剪的曲面边缘→选取衔接的目标曲面边缘或曲线,两个曲面边缘必需选取于同一侧,目标曲面的边缘可以是修剪或未修剪的边缘→选择选项。

多重衔接:可以同时衔接一个以上的边缘。如图 6 - 66 所示。

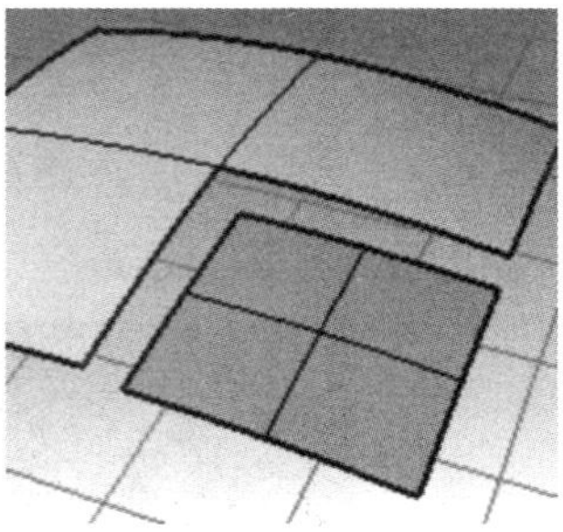

图 6 - 66 衔接一个以上的边缘

曲面衔接选项:

(1)连续性:设定衔接的连续性。如图 6 - 67 所示。

◎位置:仅位置相同。◉正切:位置与方向相同。◎曲率:位置、方向及曲率相同。

(2)维持另一端:改变曲面的阶数增加控制点,避免曲面另一端的边缘的连续性被破坏。如图 6 - 68 所示。

①平均曲面:如果目标曲面的边缘是未修剪的边缘,两个曲面的形状会被平均调整。如图 6 - 69 所示。

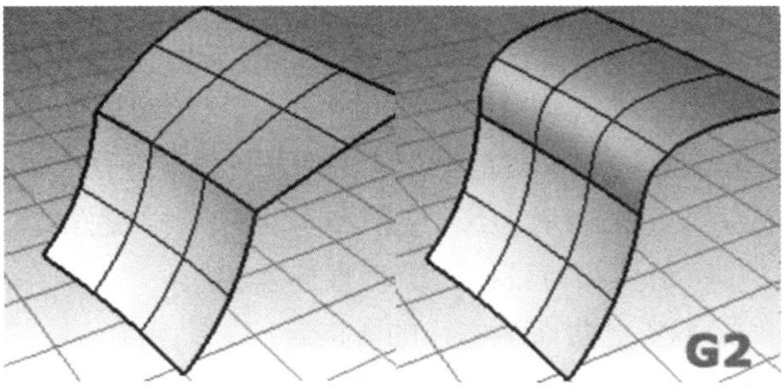

图 6 - 67 设定衔接的连续性

②以最接近点衔接边缘:变更的曲面边缘与目标边缘有两种对齐方式,一是延展或缩短曲面边缘,使两个曲面的边缘在衔接后端点对端点。二是将变更的曲面边缘的每一个控制点拉至目标曲面边缘上的最接近点。如图 6 - 70 所示。

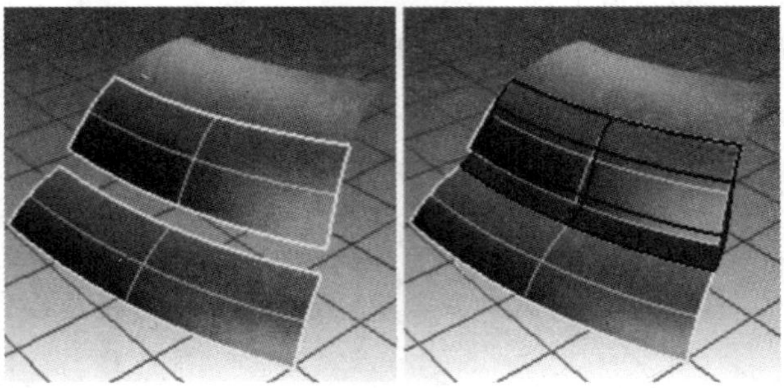

图 6-68 改变曲面的阶数增加控制点

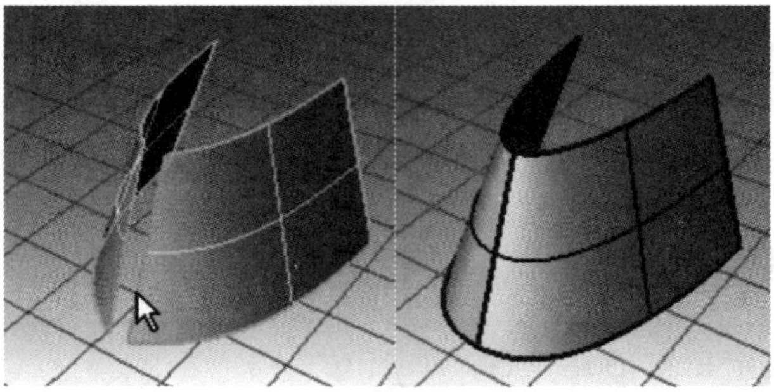

图 6-69 曲面未修剪的边缘被平均调整

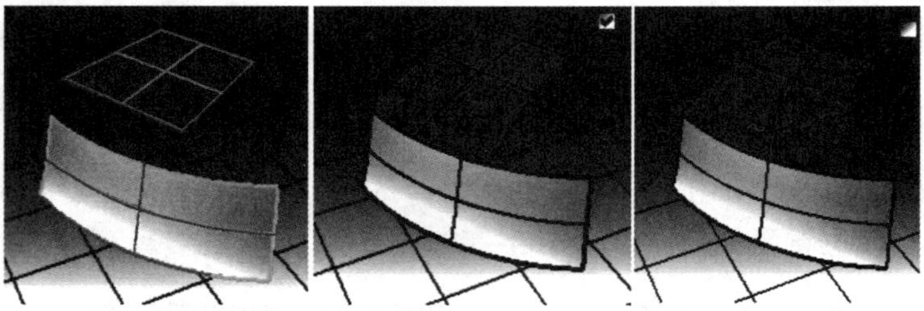

图 6-70 变更曲面边缘控制点至目标曲面边缘上的最接近点

(3)结构线方向调整:设定衔接时曲面结构线的方向如何变化。如图 6-71 所示。

◉自动:如果目标边缘是未修剪边缘,结果和与目标结构线方向一致选项相同。如果目标边缘是修剪过的边缘,结果和与目标边缘垂直选项相同。

◎维持结构线方向:不变更曲面结构线的方向。

◎与目标结构线方向一致:变更的曲面的结构线方向会与目标曲面的结构线平行。

◎与目标边缘垂直:变更的曲面的结构线方向会与目标曲面边缘垂直。

附注:变更的曲面边缘必须是未修剪的边缘。封闭的边缘不能衔接至开放的边缘。如果只要衔接到目的边缘的一部分,需先使用 SplitEdge 指令分割目标边缘。MatchSrf 指令适用于原本已经非常接近的两个曲面边缘,衔接的曲面只需要做小幅度的调整就可以完成精确的衔接。使用 MatchSrf 指令变更的曲面比较像是新建立的曲面,而不是对曲面做微调,

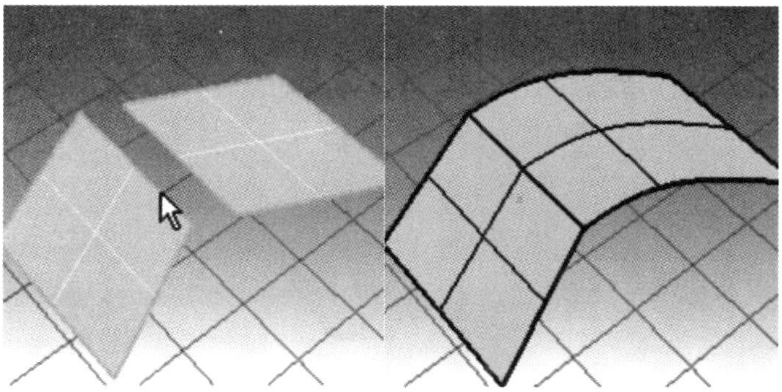

图 6-71 设定衔接时曲面结构线的方向如何变化

可以衔接两个距离很远的曲面边缘，衔接后曲面的形状改变会很大，可能需要试试不同的设定才能得到想要的结果。使用 MatchSrf 指令衔接曲面之前以 InsertKnot 或 RemoveKnot 指令在要变更的曲面加入或移除结构线，可以控制曲面衔接后的变形范围。

9. 合并曲面

图标为，指令为 MergeSrf。找到这个指令的所有方式：

- 工具列：曲面工具。
- 功能表：曲面→曲面编辑工具→合并。

MergeSrf 指令：合并两个曲面的未修剪边缘成为单一曲面。如图 6-72 所示。

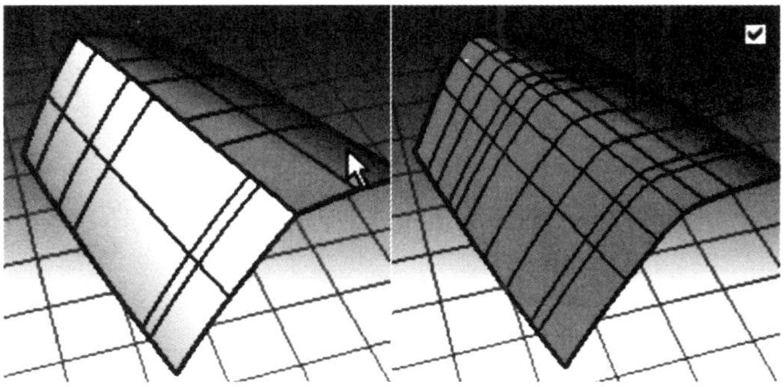

图 6-72 合并两个曲面的未修剪边缘成为单一曲面

步骤：选取两个曲面。两个曲面合并的边缘必须是未修剪的边缘而且共边。

选项：

(1)平滑：平滑地合并两个曲面，合并以后的曲面比较适合以控制点调整，但曲面会有较大的变形。

(2)公差：两个要合并的边缘的距离必需小于这个设定值。这个公差设定以模型的绝对公差为预设值，无法将这个公差设为 0 或任何小于绝对公差的数值。

(3)圆度：定义合并的圆度(平滑度、钝度、不尖锐度)，预设值为 1，设定的数值必需介于 0(尖锐)与 1(平滑)之间。如图 6-73 所示。

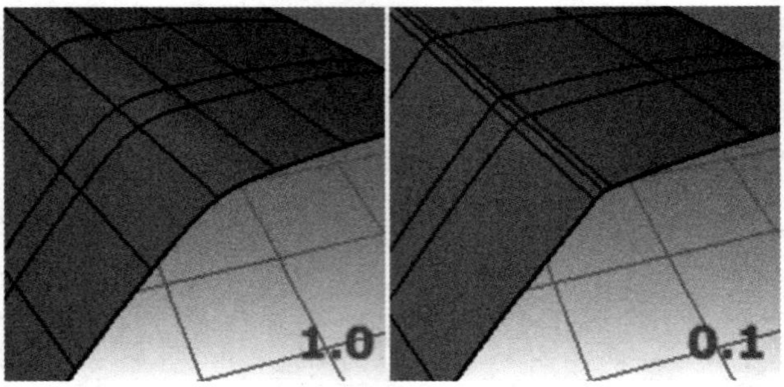

图 6－73　不同圆度的曲面合并

附注：

（1）有未修剪的共用边缘的两个曲面可以合并成为单一曲面，两个曲面的接合处在合并后会变平滑。可以建立物件一侧的曲面，镜像曲面到另一侧，再将两个曲面合并，去除两个曲面之间的锐边，而且合并后的曲面可以使用控制点编辑。

（2）要合并的两个曲面除了必须共边以外，边缘两端的端点也必须相互对齐。

（3）如果合并后的曲面是封闭的，可以使用 MakePeriodic 指令使该曲面周期化，编辑控制点时才不会出现锐边。

（4）如果建立的曲面有未修剪的边缘，而且这个边缘与其他曲面的未修剪边缘重合时，可以使用 MergeSrf 指令将两个曲面合并成单一曲面。如果建立的曲面的边缘是修剪过的边缘，必须使用其他的处理方式。

（5）每一个修剪过的曲面都有一个定义其几何图形的未修剪曲面（原始曲面），而曲面的修剪边缘曲线是用来定义曲面要被修剪掉的部分，MergeSrf 指令可以将数个原始曲面合并成一个较大的单一曲面。

（6）当两个曲面以修剪边缘共边时，打开这两个曲面的控制点，可以发现这两个已修剪曲面的原始曲面边缘的控制点并不在它们的共边上，如图 6－74 所示。

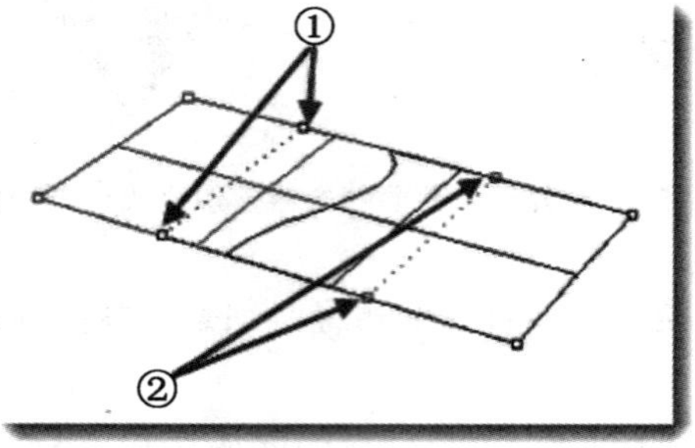

图 6－74　原始曲面边缘的控制点不在它们的共边上

①—左侧曲面的控制点；②—右侧曲面的控制点

（7）控制点不是在共边上的两个曲面（已修剪曲面）无法合并成单一曲面。

（8）如果使用 Untrim 指令取消这两个曲面的修剪状态，可以看到即使两个曲面的修剪边缘完全重合，它们的原始曲面的边缘并没有重合，如图 6－75 所示。

（9）MergeSrf 指令并无法使曲面的内部节点变平滑。

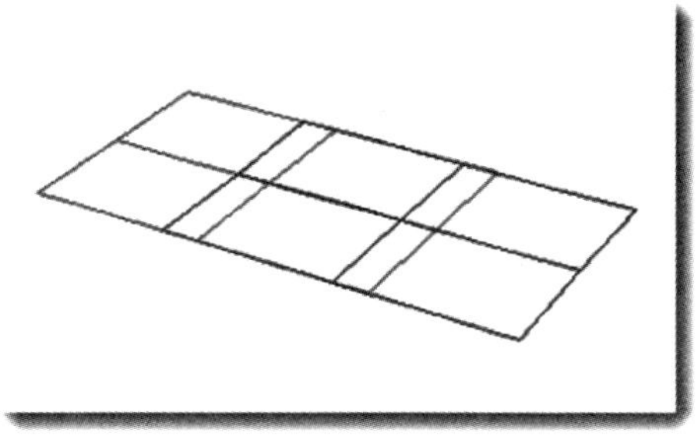

图6－75 原始曲面的边缘没有重合

思考与练习题

1. 简述移动、不等量编辑、复制、旋转、镜像、阵列、延伸等变动命令的功能和使用方法。

2. 说明修剪、取消修剪、移除边缘等命令的功能和使用方法。

3. 简述打开控制点、显示编辑点、插入控制点、插入节点等命令的功能和使用方法。

4. 说明曲线圆角、曲线斜角、连接曲线等曲线编辑命令的功能和使用方法。

5. 简述延伸曲面、曲面圆角、曲面斜角、混接曲面、偏移曲面命令的功能和使用方法。

6. 运用移动、不等量编辑、复制、旋转、镜像、阵列、延伸等变动命令编辑图6－3至图6－18所示对象。

7. 运用修剪、取消修剪、移除边缘等命令编辑图6－19至图6－28所示对象。

8. 运用打开控制点、显示编辑点、插入控制点、插入节点等命令编辑图6－31至图6－34所示对象。

9. 运用曲线圆角、曲线斜角、连接曲线等曲线编辑命令编辑图6－37至图6－40所示对象。

10. 运用延伸曲面、曲面圆角、曲面斜角、混接曲面、偏移曲面命令编辑图6－42至图6－53、图6－55至图6－75所示对象。

第 7 章　实体的建立与编辑

学习目标

【知识目标】

1. 正确理解和掌握单一方向挤出建立实体的方法、步骤。
2. 正确理解和掌握沿着曲线挤出建立实体的方法、步骤。
3. 正确理解和掌握编辑实体的基本方法、建立圆洞的方法、步骤。
4. 理解并掌握用线切割切割实体、将面在实体上移动、将边缘在实体上移动的方法、步骤。

【能力目标】

1. 熟练掌握单一方向挤出建立实体的方法、操作。
2. 熟练掌握沿着曲线挤出建立实体的方法、操作。
3. 掌握编辑实体的基本方法、熟练掌握建立圆洞的操作。
4. 掌握用线切割切割实体、将面在实体上移动、将边缘在实体上移动的操作。

7.1　建立实体

建立实体工具列和建立实体图标名称如图 7－1、图 7－2 所示。

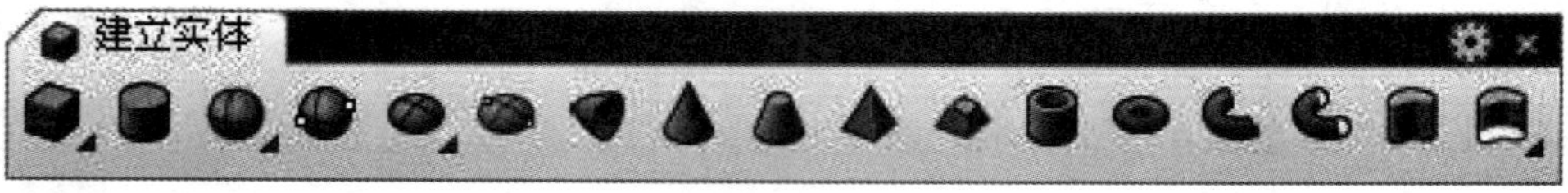

图 7－1　建立实体工具列

上面多种建立实体命令，不一一介绍，只选择挤出建立实体部分命令介绍。挤出建立实体工具列和图标名称如图 7－3、图 7－4 所示。

1. 单一方向挤出建立实体

图标为 ，指令为 ExtrudeSrf。找到这个指令的所有方式：

- 工具列：挤出建立实体/实体边栏/实体/建立实体/编辑实体。
- 功能表：实体→挤出曲面→直线。

ExtrudeSrf 指令：将曲面往单一方向挤出建立实体。如图 7－5 所示。

挤出物件附注：这个指令在条件符合的时候会建立数据量较少的挤出物件，UseExtrusions 指令可以控制预设建立挤出物件或多重曲面，挤出物件可以使用 SelExtrusion 指令选取。

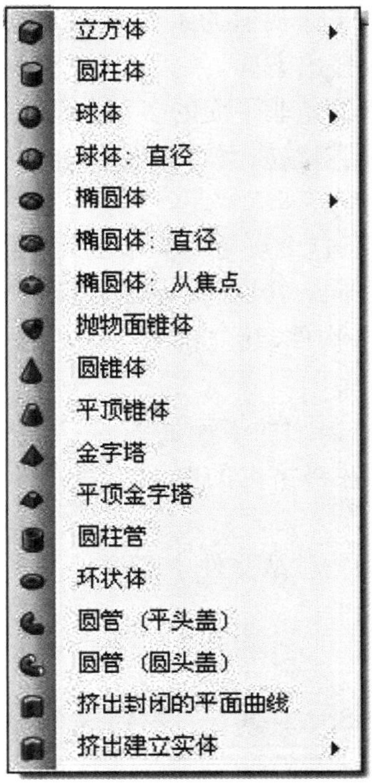

图 7－2　建立实体工具列图标名称

图 7－3　挤出建立实体工具列各图标

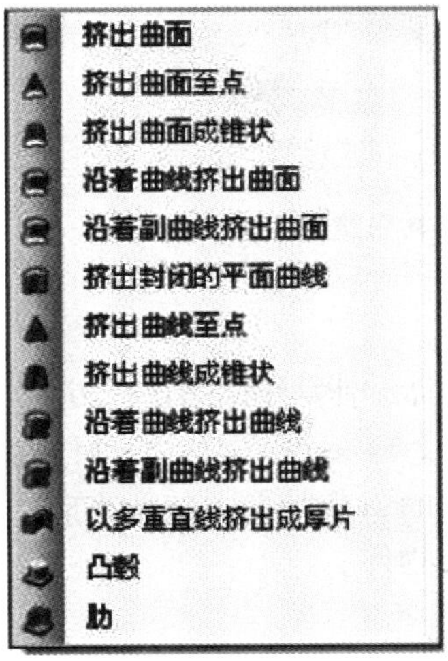

图 7－4　挤出建立实体工具列图标名称

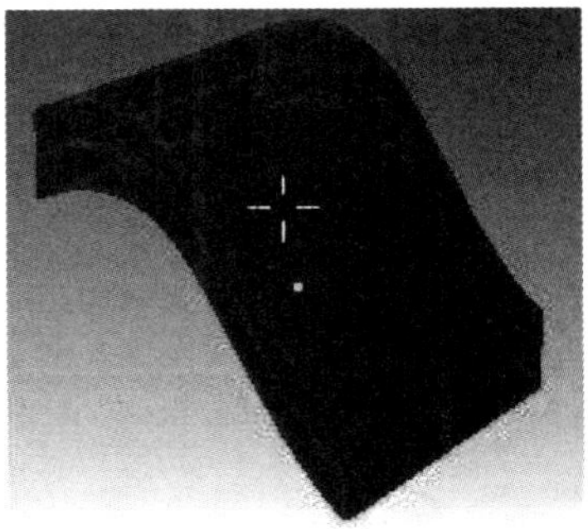

图 7－5　单一方向挤出建立实体

步骤:选取一个曲面→设定距离。

附注:非平面的曲线,使用中工作视窗的工作平面 z 轴为预设的挤出方向。平面曲线,与曲线平面垂直的方向为预设的挤出方向。与 Loft 及 Sweep 指令不同,曲线以这个指令挤出时方向并不会改变。如果输入的是非平面的多重曲线,或是平面的多重曲线但挤出的方向未与曲线平面垂直,建立的会是多重曲面而非挤出物件。

选项:

(1)设定基准点:指定一个点,这个点是以两个点设定挤出距离的第一个点。

(2)方向:指定两个点设定方向。步骤:指定基准点→指定第二点决定方向角度。

(3)两侧:在起点的两侧画出物件,建立的物件长度为指定的长度的两倍。如图 7－6 所示。

(4)实体:如果挤出的曲线是封闭的平面曲线,挤出后的曲面两端会各建立一个平面,并将挤出的曲面与两端的平面组合为封闭的多重曲面。

(5)删除输入物件:将原来的物件从文件中删除。

(6)至边界:挤出至边界曲面。

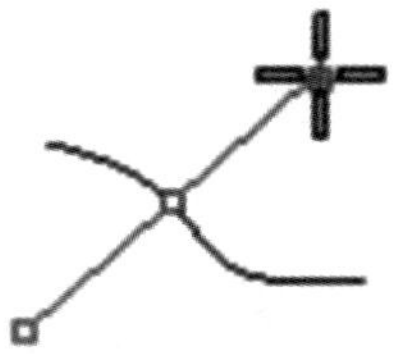

图 7－6　建立的物件长度为指定的长度的两倍

2. 沿着曲线挤出建立实体

图标为,指令为 ExtrudeSrfAlongCrv。找到这个指令的所有方式:

- 工具列:挤出建立实体/编辑实体/实体。
- 功能表:实体→挤出曲面→沿着曲线。

ExtrudeSrfAlongCrv 指令:将曲面沿着一条曲线挤出建立实体。如图 7－7 所示。

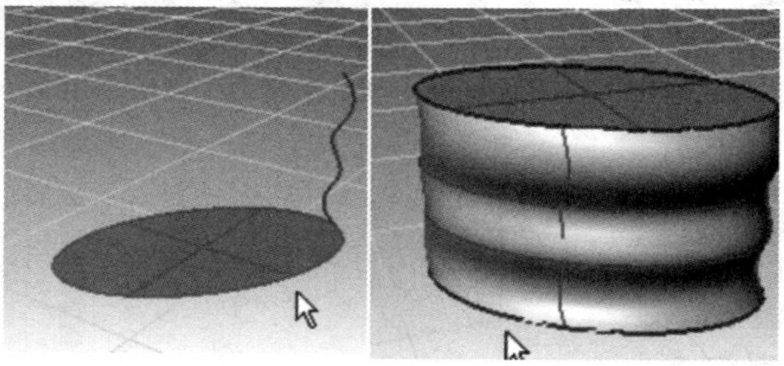

图 7－7　将曲面沿着一条曲线挤出建立实体

步骤:选取一个曲面→选取路径曲线靠近起点处。

附注:非平面的曲线,使用中工作视窗的工作平面 z 轴为预设的挤出方向。平面曲线,与曲线平面垂直的方向为预设的挤出方向。与 Loft 及 Sweep 指令不同,曲线以这个指令挤出时方向并不会改变。如果输入的是非平面的多重曲线,或是平面的多重曲线但挤出的方向未与曲线平面垂直,建立的会是多重曲面而非挤出物件。

选项:

(1)实体:如果挤出的曲线是封闭的平面曲线,挤出后的曲面两端会各建立一个平面,并将挤出的曲面与两端的平面组合为封闭的多重曲面。

(2)删除输入物件:将原来的物件从文件中删除。

(3)副曲线:在路径曲线上指定两个点为曲线挤出的范围。如图 7－8 所示。

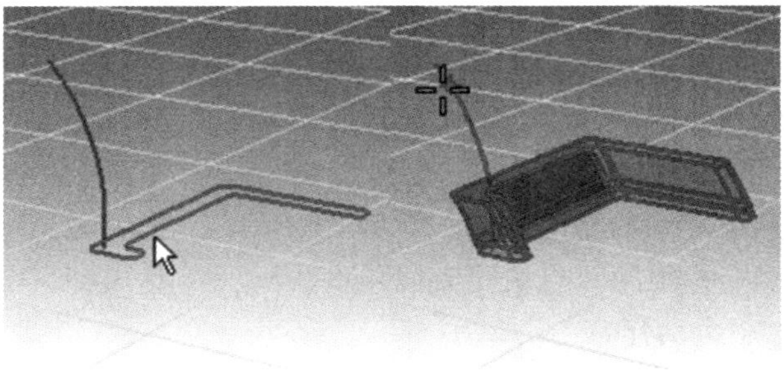

图 7－8　在路径曲线上指定两个点为曲线挤出的范围

附注:曲线是由它所在的位置为挤出的原点,而不是由路径曲线上的起点开始挤出,在路径曲线上指定的两个点只决定沿着路径曲线挤出的距离。

步骤:选取路径曲线→指定沿着路径挤出的起点→指定沿着路径挤出的终点。

(4)至边界:挤出至边界曲面。

7.2　编辑实体

编辑实体工具列和图标名称如图 7－9、图 7－10 所示。

图 7－9　编辑实体工具列各图标

1. 建立圆洞

图标为 ,指令为 RoundHole。找到这个指令的所有方式:

- 工具列:洞/编辑实体/实体。
- 功能表:实体→实体编辑工具→洞→建立圆洞。

RoundHole 指令:在曲面或多重曲面上建立圆洞。如图 7－11 所示。

步骤:选取一个曲面→在曲面上指定洞的中心点,或设定指令行选项。

选项:

(1)深度:洞的深度。

(2)半径/直径:洞的半径或直径。

(3)钻头尖端角度:设定洞底的角度,设定为 180°时洞底为平面。

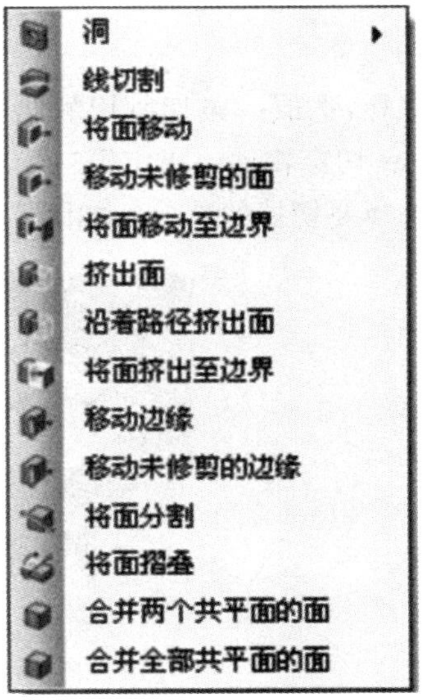

图 7－10　编辑实体工具列图标名称

(4)贯穿:建立完全贯穿物件的洞,忽略深度设定。

(5)方向:设定洞的方向。

①曲面法线:使用曲面的法线方向。

②工作平面法线:使洞的方向与使用中的工作平面垂直。

③指定:以两个点设定洞的挤出方向。

步骤:指定基准点→指定第二点决定方向角度。

(6)复原:复原上一个动作。

图 7－11　多重曲面上建立圆洞

2. 线切割

图标为,指令为 WireCut。找到这个指令的所有方式:

- 工具列:编辑实体/实体工具。
- 功能表:实体→实体编辑工具→线切割。

WireCut 指令:使用开放或封闭的曲线切割多重曲面就像是以高温铁丝切割保丽龙一样。如图 7－12 所示。

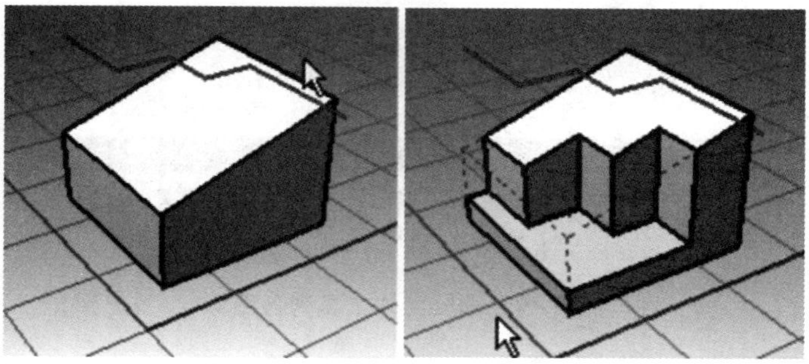

图 7－12　用开放曲线切割多重曲面

步骤:选取一条切割用的曲线→选取一个曲面或多重曲面→指定第一切割深度点,或按 Enter 切穿物件→指定第二切割深度点,或按 Enter 切除物件在切割用曲线一侧的所有部分→选择要切掉的部分。如图 7－13 所示。

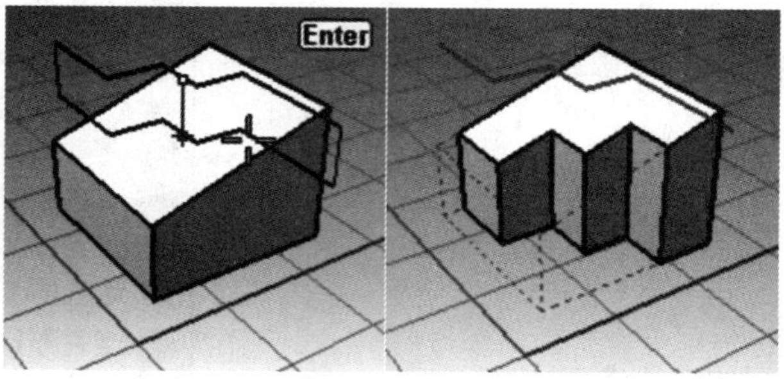

图 7－13　切穿物件

选项：

(1) 直线：指定两点以直线取代现有的曲线。

(2) 方向(第一个切割方向)：

①x/y/z：将切割用的曲线往世界 x，y，z 或 z 轴的方向挤出。如图 7－14 所示。

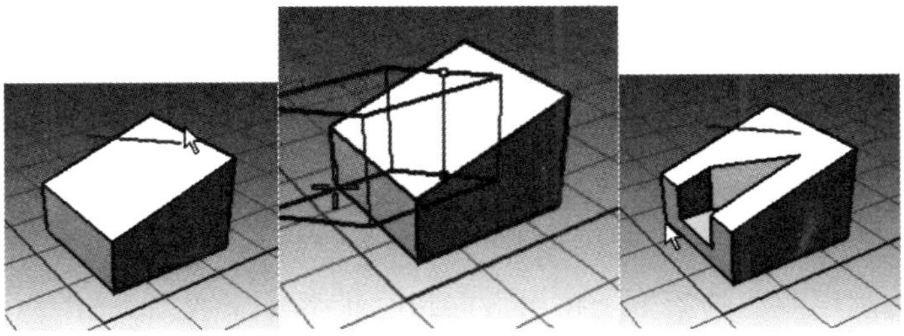

图 7－14　将切割用的曲线往世界 x 轴的方向挤出

②与曲线垂直：将切割用的曲线往与曲线平面垂直的方向挤出。如图 7－15 所示。

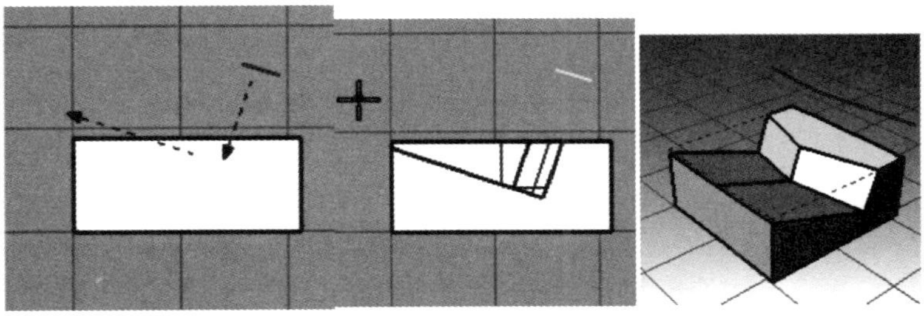

图 7－15　将切割用的曲线往与曲线平面垂直的方向挤出

③工作平面法线：将切割用的曲线往工作平面 z 轴的方向挤出。如图 7－16 所示。

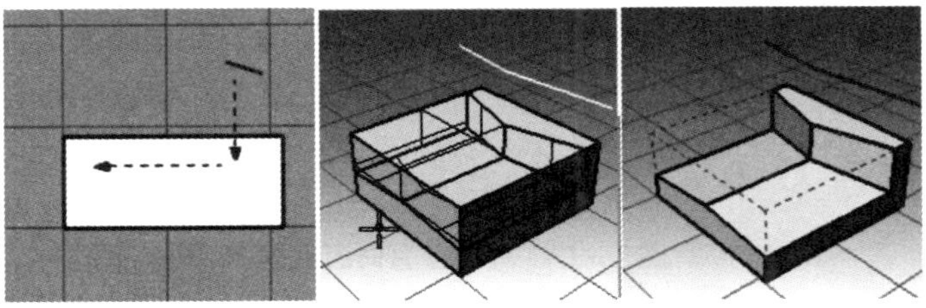

图 7－16　z 轴方向挤出切割

④指定：指定两个点设定方向。

步骤：指定基准点→指定第二点决定方向角度。如图 7－17 所示。

⑤沿着曲线(仅适用封闭的曲线)：沿着曲线挤出切割用的曲线。

(3) 删除输入物件：将原来的物件从文件中删除。

(4) 两侧：在起点的两侧画出物件，建立的物件长度为指定的长度的两倍。如图 7－18 所示。

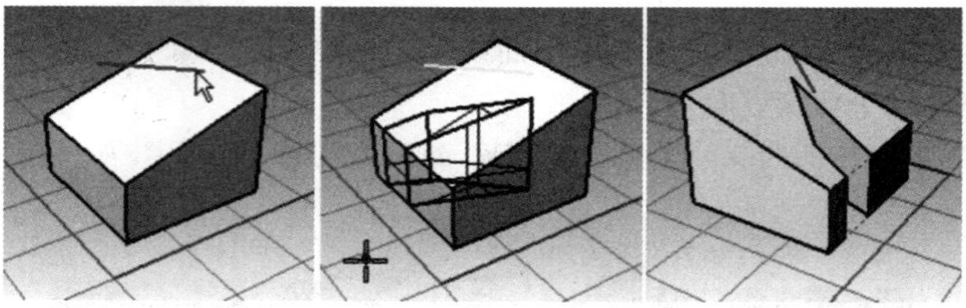

图 7－17 指定方向角度切割

（5）方向（第二个切割方向－仅适用开放的曲线）：

①$x/y/z$：将切割用曲线的第二个挤出方向设为世界 x，y 或 z 轴。

②与第一个挤出方向垂直：使切割用曲线的第二个挤出方向与第一个方向垂直。

③指定：以两点指定切割用曲线的第二个挤出方向。

（6）反转：反转物件要保留与要切除的部分。

（7）全部保留：保留物件的所有部分。

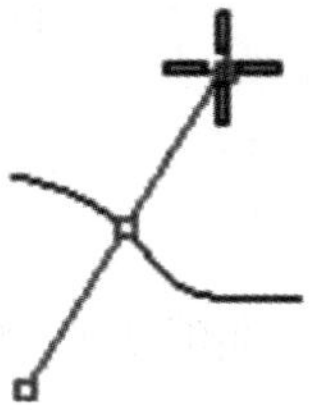

图 7－18 在起点的两侧画出物件

3. 将面移动

图标为，指令为 MoveFace。找到这个指令的所有方式：

- 工具列：编辑实体/实体工具。
- 功能表：实体→实体编辑工具→面→将面移动。

MoveFace 指令：移动多重曲面的面。相邻的曲面会随着做调整。这个指令适用于移动较简单的多重曲面上的面，例如：调整建筑物的墙的厚度。如图 7－19 所示。

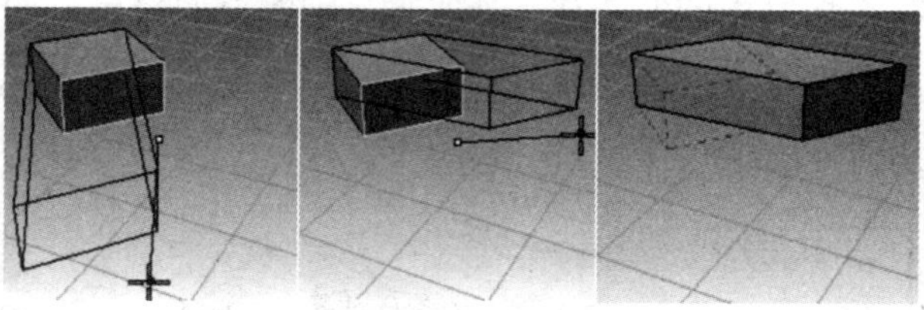

图 7－19 移动多重曲面的面

步骤：选取一个面→指定移动的起点→指定移动的终点。

附注：相邻的曲面会随着做调整。所有被调整的面都必须是平面或是容易延展的面。通常相邻的面上的洞都无法移动或延展。

选项：

（1）方向限制：无，法线。无：面可以往任何方向移动。法线：限制面只能往它的法线的正、负方向移动。

（2）至边界：将选取的面往另一个边界曲面移动，并以边界曲面对移动面的物件做修剪。如图 7－20 所示。删除边界：是/否。

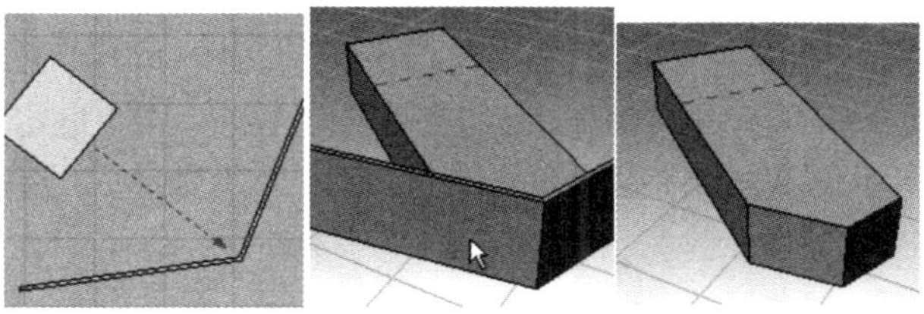

图 7－20　移动至界曲面做修剪

4. 移动边缘

图标为 ，指令为 MoveEdge。找到这个指令的所有方式：

- 工具列：编辑实体/实体工具。
- 功能表：实体→实体编辑工具→边缘→移动边缘。

MoveEdge 指令：移动多重曲面的边缘。如图 7－21 所示。

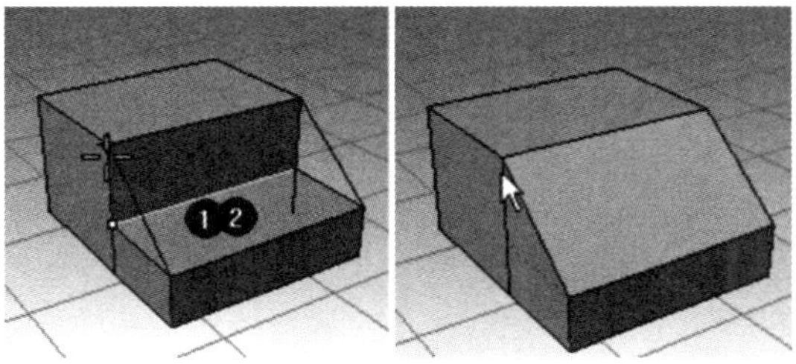

图 7－21　移动多重曲面的边缘

步骤：选取边缘→指定移动的起点→指定移动的终点。

附注：相邻的曲面会随着做调整。所有被调整的面都必须是平面或是容易延展的面。通常相邻的面上的洞都无法移动或延展。

选项：方向限制有无、第一个面的法线、第二个面的法线、两个面的法线平均和垂直。

无：不限制方向。

第一个面的法线：将移动的方向限制在第一个面的法线方向。

第二个面的法线：将移动的方向限制在第二个面的法线方向。

两个面的法线平均：将移动的方向限制在第一个面与第二个面的法线平均方向。

垂直：将移动的方向限制与工作平面垂直。

思考与练习题

1. 说明单一方向挤出建立实体的方法、步骤。
2. 简述沿着曲线挤出建立实体的方法、步骤。
3. 简要说明编辑实体的基本方法、建立圆洞的方法、步骤。
4. 简述用线切割切割实体、将面在实体上移动、将边缘在实体上移动的方法、步骤。
5. 用单一方向挤出建立实体的方法建立图 7－5、图 7－6 所示的实体，尺寸自定。
6. 用沿着曲线挤出建立实体的方法建立图 7－7、图 7－8 所示的实体，尺寸自定。

7. 对图 7 – 11 所示的实体建立圆洞的操作,尺寸自定。
8. 对图 7 – 12 至图 7 – 17 所示的实体用线切割切割实体,尺寸自定。
9. 对图 7 – 19、图 7 – 20 所示的实体,将面在实体上移动,尺寸自定。
10. 对图 7 – 21 所示的实体,将边缘在实体上移动,尺寸自定。

第 8 章　犀牛辅助工具

学习目标

【知识目标】

1. 理解和掌握图层的概念、作用及应用。
2. 理解和掌握图层面板中各菜单、工具列、选项的功能与使用方法。
3. 理解和掌握物件属性及属性的功能、内涵、定义和控制管理方法。
4. 理解和掌握渲染功能、意义,相关工具列的使用方法。

【能力目标】

1. 掌握并熟练运用图层命令,熟练控制图层各种属性。
2. 掌握并熟练运用图层面板中各菜单、工具列、选项为工程应用提供支持。
3. 掌握并熟练控制管理物件属性,熟练使用相关的命令、面板和选项。
4. 掌握并熟练运用渲染功能,掌握相关工具列的使用和设置方法。

8.1　图 层 控 制

使用图层可以更好地管理图形,特别是当建模过程复杂时,使用图层能够很好地帮助建模,因此图层是一个必不可少的辅助工具,我们应该很好地掌握它、运用它。图层工具列和图标名称如图 8-1、图 8-2 所示。

图 8-1　图层工具列各图标

1. 图层

图标为,指令为 Layer。找到这个指令的所有方式:

- 工具列:图层/标准。
- 功能表:编辑→图层→编辑图层;面板→图层。

Layer 指令:管理图层属性。

图层可以用来组织物件,可以同时对一个图层中的所有物件做同样的变更,例如:关闭一个图层可以隐藏该图层中的所有物件,变更一个图层中所有物件的显示颜色,一次选取一个图层中的所有物件。此外,可以使用图层面板中的工具管理模型里的图层。

显示快捷图层清单:在状态列的图层上按鼠标左键弹出图层清单,如图 8-3 所示。可

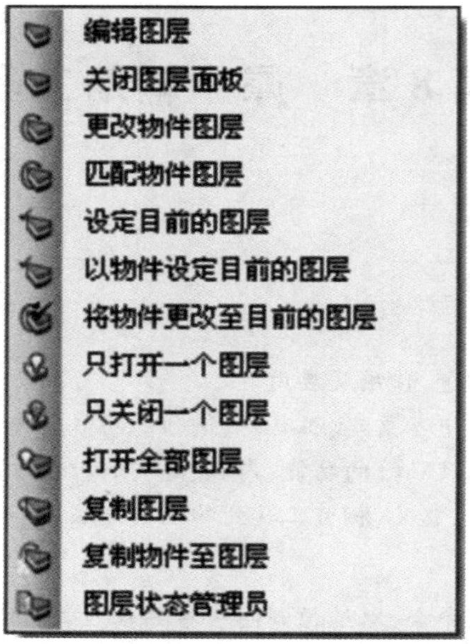

图 8－2　图层工具列图标名称

以使用弹出的图层清单快速变更图层的状态：打开/关闭、锁定/解除锁定、颜色及设定目前的图层。

没有物件被选取时可以从状态列弹出的图层清单选取图层，将该图层设为目前的图层。有物件被选取时可以从状态列弹出的图层清单选取图层，将选取的物件移至该图层。状态列上的图层面板在没有物件被选取时显示的是目前的图层，有物件被选取时显示的是物件的图层，如果选取的物件位于不同的图层会显示为“混合”。

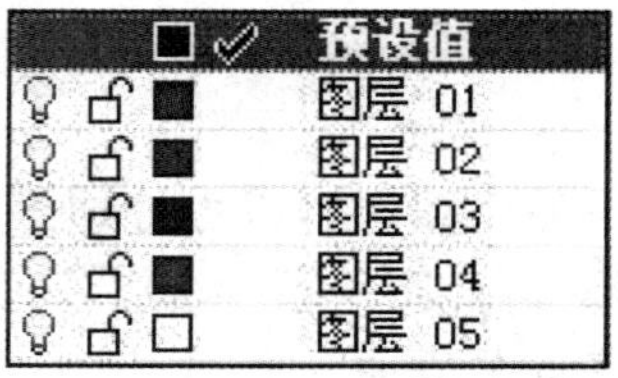

图 8－3　图层清单

打开图层面板方法：在状态列的图层上按鼠标右键弹出图层面板，如图 8－4 所示。

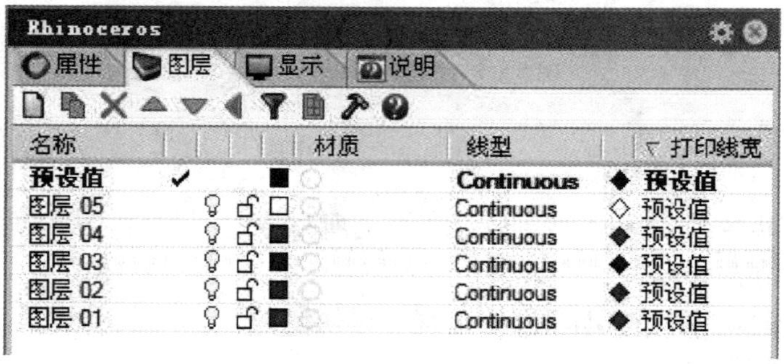

图 8－4　图层面板

图层面板可以显示模型里所有的图层。当图纸配置是使用中的工作视窗时会显示图纸配置的设定栏位。外部联结的图块与分工运行参考文件里的图层会放在以文件名称为名的父图层之下。

选项：

(1)图层工具列选项

① 新图层：新图层以递增的尾数自动命名，可以使用鼠标右键的快显功能表或选取一个图层再点选图层名称或按 F2 键的方式编辑图层名称，在图层名称反白后即可输入新的图层名称。附注：位于同一层的图层名称不可重复。

Tab 键，编辑图层名称时按 Tab 键可以储存图层名称并建立另一个新图层，通过此可以快速建立数个图层。

② 新子图层：在选取的图层之下建立子图层。将一个图层拖放至另一个图层可以使被拖放的图层变成子图层。附注：同一个父图层下的子图层的名称不可重复。

③ 删除：如果有物件位于要删除的图层上时会弹出警告。

④ 上移：将选取的图层在图层清单中往上移。

⑤ 下移：将选取的图层在图层清单中往下移。

⑥ 上移一个父图层：将选取的子图层移出它的父图层。

⑦ 过滤器：当一个模型有非常多的图层时，图层清单比较难管理，此时可以使用图层过滤器控制图层在清单中的可见性。图层过滤器选项：全部图层、打开的图层、关闭的图层、锁定的图层、未锁定的图层、有物件的图层、没有物件的图层、选取的图层和已过滤的图层，可自定过滤条件。

过滤选项：

a. 符合：输入字串，过滤出名称有这个字串的图层，输入的字串可以包含万用字节：

* = 代表空字节或连续的数个字节；

? = 代表任何一个字节；

#= 代表任何一个数字(0 ~9)字节；

& = 代表任何一个字母(a—z、A—Z)字节。

设定要符合的图层状态(打开、关闭、锁定及图层上是否有物件)。

b. 且状态为：打开、关闭、已锁定和未锁定。

⑧ 检视(仅适用图纸配置工作视窗)

使用中的工作视窗为图纸配置时可以用来设定只显示图纸配置、只显示模型工作视窗或同时显示两者的图层设定。

a. 显示所有的图层设定：同时显示模型与图纸配置工作视窗的图层设定栏位。

b. 显示模型工作视窗的图层设定：只显示模型工作视窗的图层设定栏位，各栏位为目前的、打开、锁定、颜色、线型、打印颜色、打印线宽。

c. 显示图纸配置的图层设定：只显示图纸配置工作视窗的图层设定栏位，各栏位为图纸配置打开、图纸配置颜色、图纸配置打印颜色、图纸配置打印线宽。

⑨ 工具

图层状态管理员:打开图层状态面板。

全选:选取图层清单中的所有图层。

选取物件图层:选取目前选取的物件所属的图层。

反选:反向选取图层,对调已选取与未选取图层的选取状态。

选取物件:选取目前选取的图层上的物件。

选取子图层的物件:选取目前选取的图层与它的子图层上的物件。

变更物件图层:将物件移动到选取的图层。

复制物件至图层:将物件复制到选取的图层。

全部折叠:隐藏所有子图层。

全部展开:显示所有子图层。

栏位:选择图层面板要显示的栏位。

栏位排序:允许按栏位标题排序图层,取消勾选这个项目可以避免栏位不小心被重新排序。

(2)图层属性

名称:图层名称。

目前的: 有勾号及底色变成浅灰色(预设的颜色)的图层为目前的图层。

打开/关闭(图纸配置打开/关闭与子视图打开/关闭): 图层打开时可以看见图层上的物件。 图层关闭时图层上的物件会被隐藏。

锁定/未锁定: 图层上的物件可见也可以编辑。 图层上的物件可见但无法编辑。

颜色(图纸配置颜色与子视图颜色): 图层上的物件预设的显示颜色。

材质: 图层上的物件预设的颜色材质。

线型:图层上的物件预设的线型。

打印颜色: 图层上的物件预设的打印颜色。

打印线宽:图层上的物件预设的打印线宽。

附注:将物件属性的项目设为“以物件”可以让物件不使用图层的属性设定。

选取图层:在图层面板点选图层,可以配合 Shift 加选/减选连续的图层,或配合 Ctrl 加选/减选个别的图层,从空白的位置按住鼠标左键拖曳可以框选图层。也可以全选所有图层,或选取几个图层后再以反选对调选取与未选取的图层。

(3)编辑图层

点选图层名称,再选取上方工具列的选项。

图层的快显功能表上的设定:在图层名称上按鼠标右键可以弹出快显功能表。

设为目前的图层:将选取的图层设为使用中的图层。

设定属性:打开/关闭、锁定/解除锁定、颜色、材质、线型、打印颜色、打印线宽。

只打开一个图层:打开选取的图层,关闭所有其他图层。

匹配属性:套用其他图层的属性设定。

移除材质(仅适用材质栏位):将图层的材质设定还原为预设值。

重设打印颜色(仅适用打印颜色栏位):将图层的显示颜色套用至打印颜色。

新图层:建立一个图层。

新子图层:建立一个子图层。

重新命名图层:重新命名选取的图层。

删除图层:删除选取的图层。

复制图层:建立选取的图层的复本,包括图层的属性,不包括图层上的物件。

复制图层与物件:建立选取的图层的复本,包括图层的属性与图层上的物件。

全选:选取图层清单中所有的图层。

反选:对调选取与未选取的图层。

选取物件:选取目前选取的图层上的物件。

选取子图层的物件:选取目前选取的图层与它的子图层上的物件。

变更物件图层:将选取的物件移动至选取的图层。

复制物件至图层:将选取的物件复制到选取的图层。

折叠子图层:在图层清单中隐藏选取的图层的所有子图层。

展开子图层:在图层清单中显示选取的图层的所有子图层。

(4)栏位选项

显示/隐藏图层栏位:名称、目前的、打开、锁定、颜色、材质、线型、打印颜色、打印线宽。

图纸配置存在时会有其他选项出现:图纸配置打开(仅图纸配置为使用中的工作视窗时)、图纸配置颜色(仅图纸配置为使用中的工作视窗时)、图纸配置打印颜色(仅图纸配置为使用中的工作视窗时)、图纸配置打印线宽(仅图纸配置为使用中的工作视窗时)。

2. 变更物件图层

图标为 ,指令为 ChangeLayer。找到这个指令的所有方式:

- 工具列:图层。
- 功能表:编辑→图层→变更物件图层。

ChangeLayer 指令:移动选取的物件到指定的图层。

步骤:选取物件→从图层清单中选取一个图层。

选项有选取:选取一个物件指定目的图层。

3. 只打开一个图层

图标为 ,指令为 OneLayerOn。找到这个指令的所有方式:

- 工具列:图层。
- 功能表:编辑→图层→只打开一个图层。

OneLayerOn 指令:选取一个图层,打开这个图层,并关闭所有其他图层。

步骤:从图层清单中选取要保持打开的图层,如图 8-5 所示→按选取按钮,以物件选取图层。

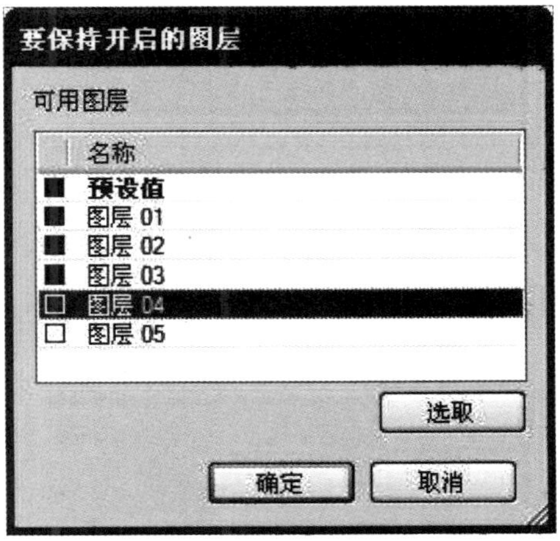

图 8-5 从图层清单中选取要保持打开的图层

4. 只关闭一个图层

图标为 ,指令为 OneLayerOff。找到这个指令的所有方式：

- 工具列：图层。
- 功能表：编辑→图层→只关闭一个图层。

OneLayerOff 指令：选取一个物件，关闭这个物件的图层。

步骤：选取要关闭的图层上的物件。

8.2　物件属性及属性控制

物件属性是指物件的图层、颜色、材质等属性，通过属性控制可以在建模过程中选择、编辑这些属性，属性控制的工具列和图标名称如图 8－6、图 8－7 所示。

图 8－6　属性工具列各图标

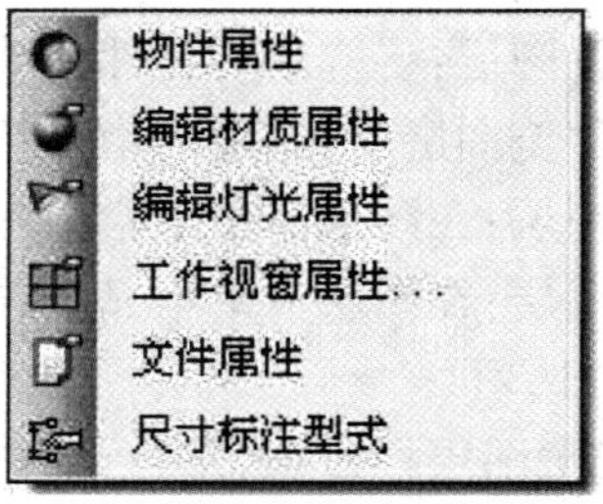

图 8－7　属性工具列图标名称

1. 物件属性

选择物件（颜色会暂时变成黄色），点击物件属性图标，属性面板显示如图 8－8 所示内容，可以对其中的内容进行更改，即重新选择，如图层、颜色等，点击向下的箭头，在弹出的现有图层、颜色中重新选择。

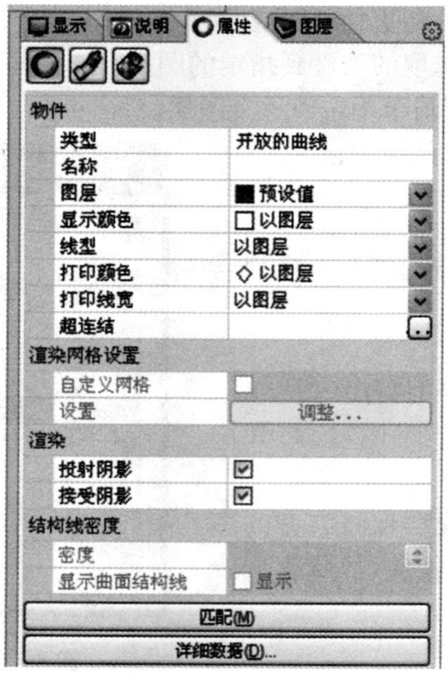

图 8－8　物件属性列表

2. 编辑材质

在属性工具列中点击编辑材质图标，属性面板会显示关于材质的内容，如图 8－9 所示，可以根据需要进行选择。

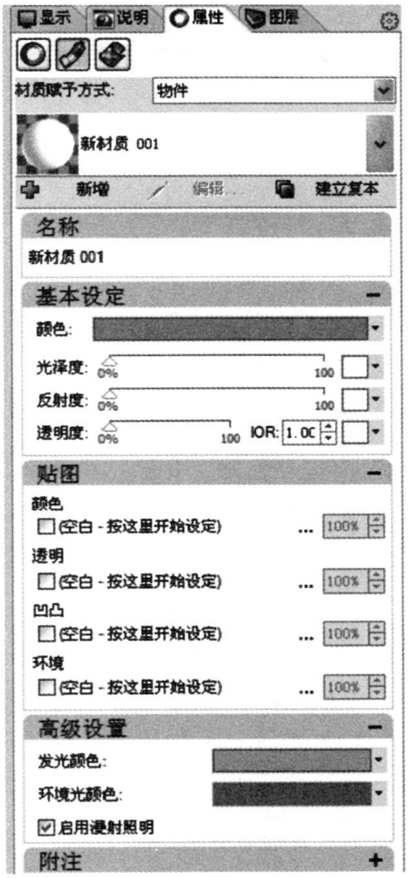

图 8－9　属性面板中关于材质的内容

8.3　渲　　染

渲染（Render）在电脑绘图中是指用软件从模型到生成图像的过程。模型是用严格定义的语言或者数据结构对三维物体的描述，包括几何、视点、纹理，以及照明信息。图像是用数字图像或者位图图像表现模型，类似于“艺术家对于场景的渲染”。渲染在三维计算机图形学中非常重要，通过渲染可得到模型的最终显示效果。自从 20 世纪 70 年代以来，随着计算机图形的不断复杂化，渲染也成为一项越来越重要的技术。

犀牛软件的渲染工具列和图标名称如图 8－10、图 8－11 所示。下面对其中常用部分进行介绍。

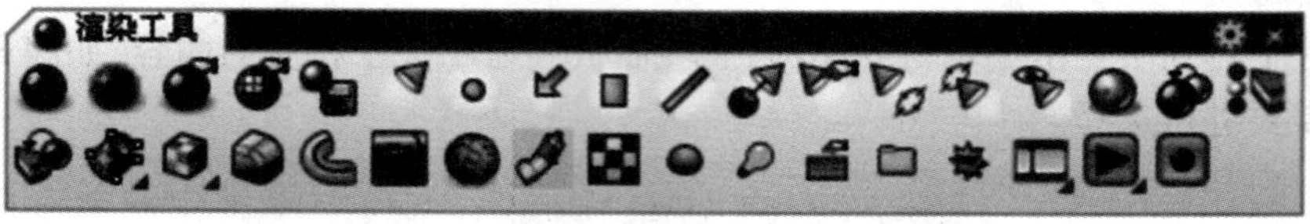

图 8－10　渲染工具列各图标

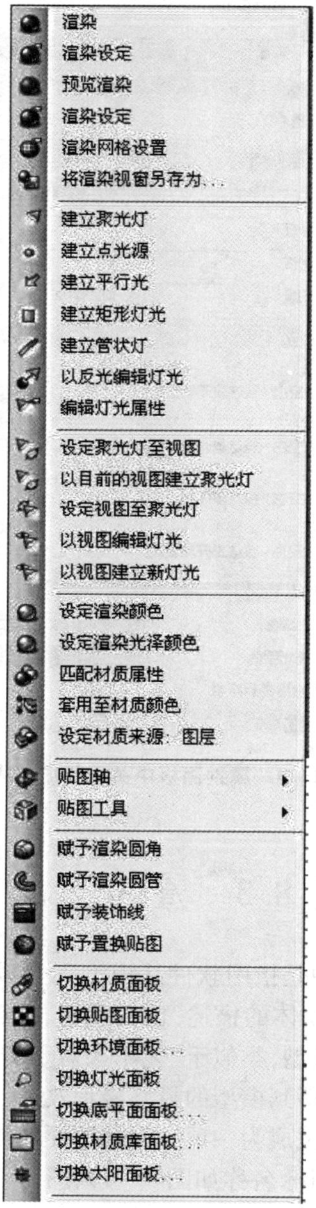

图 8－11　渲染工具列图标名称

1. 渲染

图标为 ，指令为 Render。找到这个指令的所有方式：

- 工具列：渲染/标准。
- 功能表：渲染→渲染。

Render 指令：以目前的渲染器在另一个视窗渲染模型。

基本的模型渲染有四个步骤：加入照明，赋予材质，设定环境，渲染。渲染实例如图 8-12 所示。

图 8-12　渲染实例

前三个步骤并没有绝对的先后顺序，必须持续调整这三个步骤的设定，不断渲染测试，直到得到自己觉得满意的结果。

附注：渲染的文件属性与选项页面的设定会因目前的渲染器不同而异。物件的渲染颜色可以从材质编辑器里的材质、物件的属性或物件所属的图层设定。

设定材质：赋予图层材质。步骤：在图层对话框，选取一个或数个图层，按材质栏→在图层材质对话框，设定材质属性。

赋予物件材质：选取物件。步骤：从编辑功能表选择物件属性→在属性面板的材质页面设定材质属性。

设定照明：加入聚光灯或其他灯光。

设定渲染环境：渲染属性有一些环境设定，例如背景颜色与环境贴图。步骤：打开环境编辑器→设定环境的属性。

打开底平面：打开底平面面板。设定底平面的属性。

渲染与储存：从渲染功能表选择渲染。从渲染视窗的文件功能表选择另存文件。渲染对话框如图 8-13 所示。

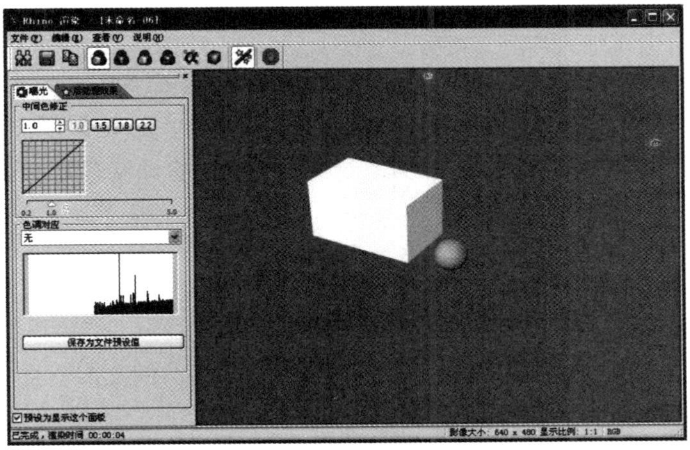

图 8-13　渲染对话框

渲染视窗：渲染视窗有一些渲染后的功能，例如通道显示、色调对应、后处理效果、缩放等。

(1)渲染对话框中的工具列

复制视窗:建立目前的渲染视窗的副本,便于比较不同的后处理效果设定的差别。

另存文件:将渲染影像储存为一般的图片文件,使用支持高动态范围的渲染器时可以储存特殊的 HDRi 与 OpenEXR 格式。支持的文件类型:Windows Bitmap(.bmp);JPEG - JFIF Compliant(.jpg,.jpeg,.jpe);Portable Network Graphics(.png);Tagged Image File Format(.tif,.tiff);Truevision Targa(.tga);HDRi 文件(.hdr,.hdri);OpenEXR 文件(.exr);Rhino 渲染影像(.rimage)。

复制:将渲染影像复制到 Windows 剪贴板。

显示 RGB 通道:以所有的颜色通道显示渲染影像,如图 8-14 所示。

图 8-14　以所有的颜色通道显示渲染影像

显示红色通道:只显示渲染影像的红色通道。

显示绿色通道:只显示渲染影像的绿色通道。

显示蓝色通道:只显示渲染影像的蓝色通道。

显示 Alpha 通道:只显示渲染影像的 Alpha(透明)通道。

显示距离通道:以灰阶色显示渲染影像里每一个像素与照相机的距离。

打开效果面板:效果面板可以设定渲染影像的曝光度及加入各种后处理效果。

停止渲染:终止渲染运算。

(2)文件功能表

打开文件:打开 Rhino 的渲染影像文件(.rimage),这个文件格式可以储存所有的通道,文件重新打开后可以再加入后处理效果。

打印:以打印机打印渲染影像。附注:这里只提供基本的打印功能,如果需要专业的修图、打印功能,需将渲染影像输出至其他影像处理软体进一步处理。

最近的渲染影像:打开最近渲染的影像,这些是渲染时自动储存的 Rhino 渲染影像文件格式(.rimage)。

结束:关闭渲染视窗。

(3)曝光

曝光面板上有中间色修正与色调对应的设定。

中间色修正:调整渲染影像的中间色,数值大于 1 时亮部的范围会扩大,小于 1 时暗部的范围会扩大。如图 8-15 所示。

色调对应:黑/白、对数等。

色阶分布:统计数位影像里每一个像素的亮度值,以图形显示亮度的分布情形,一眼就可以看出渲染影像是偏亮或偏暗,可以作为色调修正的参考。

储存为文件预设值:☑预设为显示这个面板。

图 8－15 中间色小于 1(左)、预设值 1(中)、大于 1(右)

(4)后处理效果

后处理效果面板含有所有可用的后处理效果项目。这里可以启用/停用不同的后处理效果,以上移与下移按钮调整效果的顺序,排序在前的效果会先计算。后处理效果是渲染后的图形运算处理,可以在渲染影像中加入特殊的效果。

①雾气属性:雾气效果是以像素与照相机的距离远近不等量加上设定的颜色,这个效果可以加入浓厚的雾气,也可以加入淡薄的雾气用以增加渲染影像远处的距离感。雾气效果实例和属性对话框如图 8－16、图 8－17 所示。

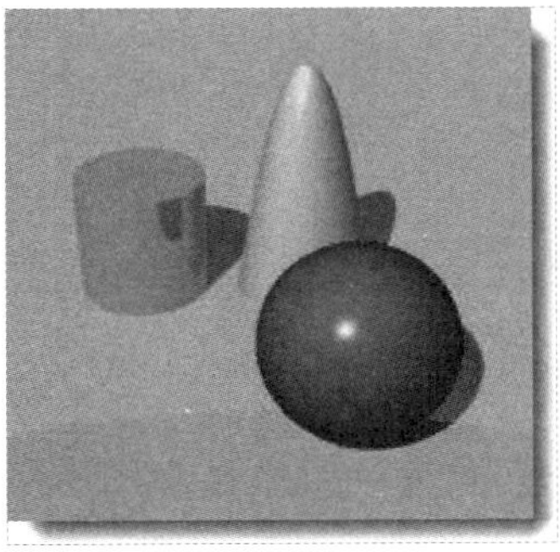

图 8－16 雾气效果实例

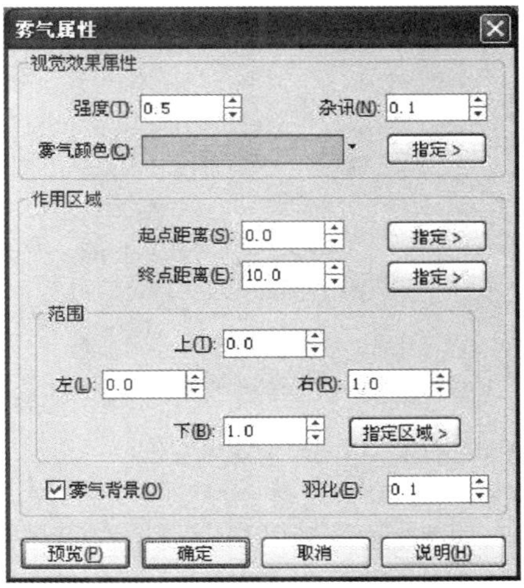

图 8－17 雾气属性对话框

a. 视觉效果属性

强度:设定雾气的最大浓度,0 等同于关闭雾气效果,数值越大雾气越浓。数值大于 1 时要使用杂讯才有意义。

杂讯:在雾气加入随机变化的强度。

雾气颜色:调整雾气的颜色。

指定:用  从渲染影像指定颜色。

b. 作用区域

起点距离:从照相机位置起算的距离,从这个距离开始产生雾气效果。指定:从渲染影像指定距离。

终点距离：从照相机位置起算的距离，在这个距离雾气达到最大浓度。指定：从渲染影像指定距离。

范围：上/下/左/右，设定渲染影像受雾气影响的区域，可以用来产生距离地面较近的低高度雾气效果。指定区域：在渲染影像上框选范围。

☑雾气背景：设定渲染背景是否做雾气处理，打开这个选项时，背景以最大强度进行雾气处理。

羽化：设定模糊范围边缘渐变区的大小(像素)。

预览：变更对话框里的设定后可以预览结果。

②光晕属性：在指定的颜色的周围产生发光效果，可以用在 LED 灯或霓虹灯的渲染中。光晕效果实例和光晕属性对话框如图 8－18、图 8－19 所示。

图 8－18　光晕效果实例

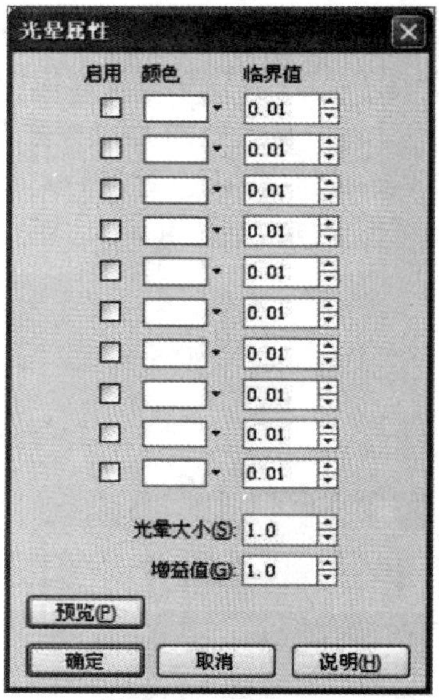

图 8－19　光晕属性对话框

③光芒属性：光芒是以亮度高低决定是否产生光芒效果，光芒效果通常用于夜间场景，可以使灯光看起来更具真实感。光芒效果实例和光芒属性对话框如图 8－20、图 8－21 所示。

④景深属性：渲染影像以像素与照相机的距离远近加上不等量的模糊效果。景深效果实例和景深属性对话框如图 8－22、图 8－23 所示。

⑤点物件、曲线、结构线、文字：这些选项决定是否在渲染影像里显示点物件、曲线、结构线及文字，如图 8－24 所示。这些选项只能打开或关闭，没有其他设定。

⑥色调属性：渲染后调整材质的颜色。可以用来改变渲染影像里某个部分的颜色，不必重新渲染整个场景。这个功能纯粹只是改变渲染影像里颜色相同的像素的颜色，不会重新计算这个颜色经过物件的反射与折射后得到的颜色。可以指定材质三种要改变的颜色。

⑦饱和度属性有饱和度和染色。

饱和度：设定饱和度的量，数值越小渲染影像越偏灰阶色，数值越大越鲜艳。

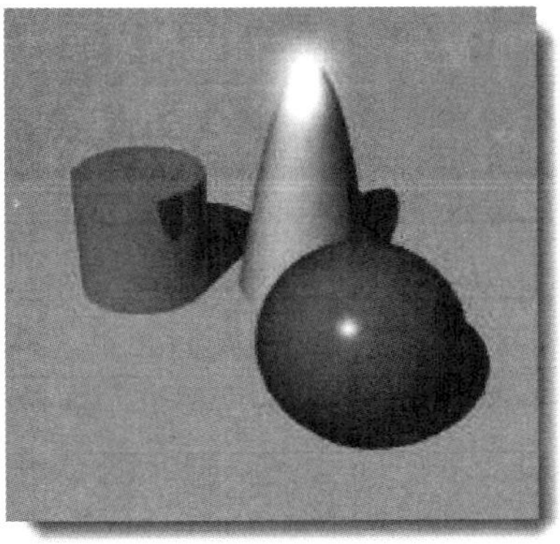

图 8－20　光芒效果实例

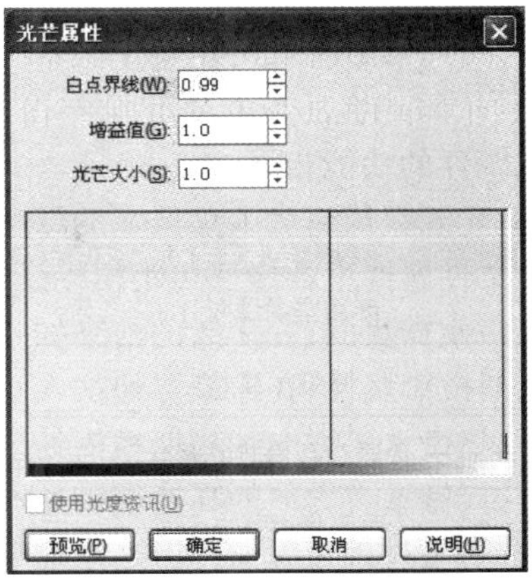

图 8－21　光芒属性对话框

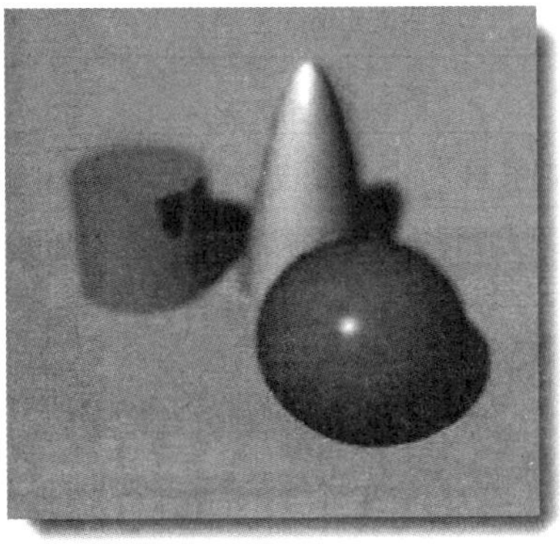

图 8－22　景深效果实例

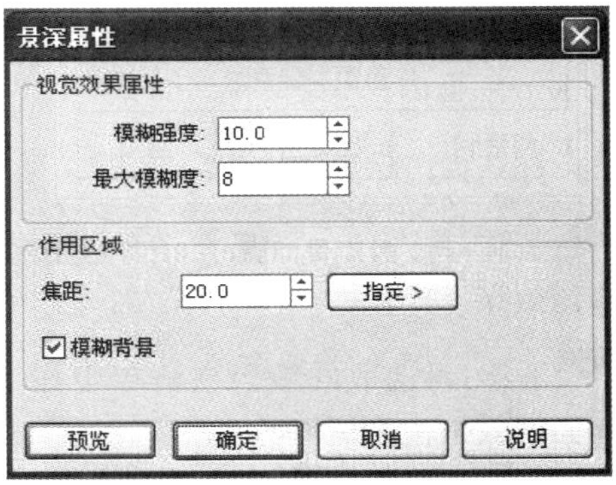

图 8－23　景深属性对话框

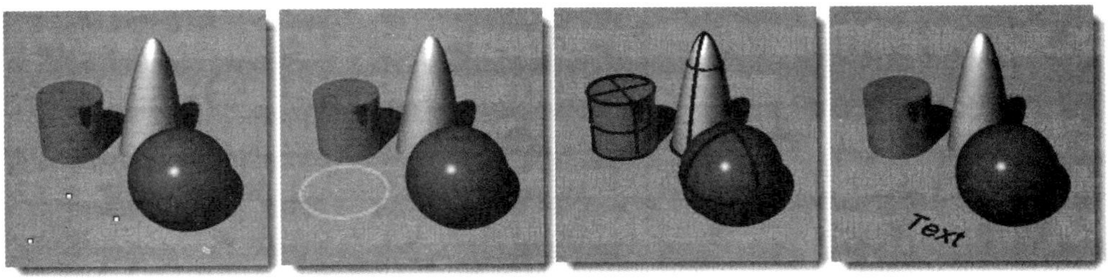

图 8－24　渲染影像里显示点物件、曲线、结构线及文字

染色：设定当饱和度设为 0 时用以取代中灰色的颜色，如果要将渲染影像整体染上某个颜色，可以设定该颜色，并将饱和度设为 1 以下的数值。

⑧焦距模糊属性：这里的设定是“文件属性→Rhino 渲染→焦距模糊页面的设定”快速版本，模拟 35 cm 单眼相机因光圈与焦距产生的模糊效果。快速焦距模糊是依据每一个像素的深度将像素放大，放大后的像素相互重叠产生模糊效果。焦距平面的像素不放大时，最小、最清晰。距离焦距平面越远的像素越放大、越模糊。快速焦距模糊只是渲染后针对

像素所做的非精确的后处理效果，物件因为位置前后不同在视角上重叠的边缘会有模糊计算的瑕疵，慢速焦距模糊可以避免这个问题。

焦距：从照相机的位置算起至与视图方向垂直的聚焦平面的距离，与真实世界的单眼相机的焦距环的功能相同。

光圈：光圈数值越大聚焦区域的深度越广，数值越小聚焦区域的深度越窄。

更新文件属性里的慢速焦距模糊设定：将这里的焦距模糊设定套用至文件属性→Rhino 渲染→焦距模糊页面，在后续的渲染加入精确的慢速焦距模糊计算。

⑨高斯模糊属性：在渲染影像加入一般平面绘图软件常见的高斯模糊效果。

水平：只做水平方向的高斯模糊处理。

垂直：只做垂直方向的高斯模糊处理。

双向：平水与垂直方向皆做高斯模糊处理。

⑩杂讯属性：在彩色影像中加入杂讯。

杂讯：杂讯后处理效果预设是将 RGB 通道分开处理，所以纯灰阶的渲染影像加入的杂讯会是随机的颜色，如图 8－25 所示。

图 8－25　加入杂讯后的效果实例

⑪下方工具列

打开：打开/关闭选取的效果。

上移：将选取的效果在清单中往上移动，优先运算该效果。

下移：将选取的效果在清单中往下移动，让在它前面的效果优先运算。

属性：打开选取的效果的属性对话框。

储存为预设值：储存目前的后处理效果清单与设定，可以套用到后续的渲染影像中。

2. 文件的 Rhino 渲染属性

图标为 。找到这个指令的所有方式：

- 工具列：文件/属性/标准。
- 功能表：文件→属性。

管理目前模型的渲染设定。Rhino 的内建渲染器可以支持聚光灯、平行光、矩形灯光与管状灯。执行这个指令之后打开文件属性中渲染设定对话框，如图 8－26 所示。

(1)解析度与反锯齿

自定：输入渲染影像的高度与宽度的像素值，使用自定的解析度渲染使用中的工作视窗。

尺寸：以解析度或 DPI 数值设定渲染影像的大小，这个选项可以用来决定渲染影像打印到纸上的大小。单位：以像素、英寸、毫米或厘米设定渲染影像的尺寸。

DPI：每英寸的点数。

锁定长宽比：锁定渲染影像的长度与宽度的比例，长度变更时宽度也会做同样比例的

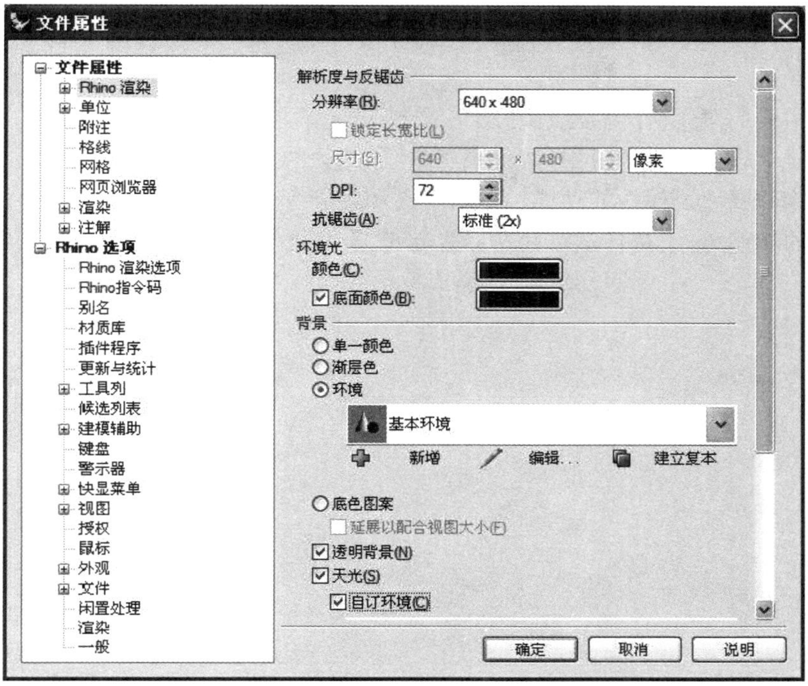

图 8－26　文件属性中渲染设定对话框

变更。

反锯齿:使渲染影像中的物件边缘平滑,反锯齿是以对像素做超取样的方式消除渲染影像的锯齿。渲染影像的锯齿是因为显示解析度的限制而产生,斜线、曲线都会产生阶梯状的锯齿。反锯齿是对一个像素区域做数次取样,以数次取样的平均色决定一个像素的颜色,这个方法可以使彩色影像较平滑,但也会降低渲染速度。

(2)环境光

颜色:设定场景中最暗的点在渲染影像中的颜色,场景中照明度较低的部分在渲染影像中会显示为物件及环境光颜色的混合色。

☑底面颜色:设定来自地面的环境光颜色。

(3)背景

单一颜色; 渐层色:以两个颜色的渐层色作为背景的颜色;环境:以环境作为渲染的背景,具有反射性质的材质可以反射环境贴图(从文件导入; 新增; 编辑:编辑选取的环境; 复制);底色图案:延展以配合视图大小。

透明背景:将背景渲染为透明的 Alpha 通道,储存渲染影像时必需储存为支持 Alpha 通道的格式(. png,. tga,. tif)。

天光:打开天光照明。自定环境:以环境作为天光照明的光源。

思考与练习题

1. 说明图层的概念、作用及应用。
2. 简述犀牛软件图层面板中各菜单、工具列、选项的功能与使用方法。
3. 说明物件属性及属性的功能、内涵、定义和控制管理方法。
4. 渲染的功能、意义是什么？简述犀牛软件渲染相关工具列和文件的使用方法。

第 9 章　游艇工程应用实例

学习目标

【知识目标】

1. 理解和掌握直线、多重直线、多边形、圆、圆弧在游艇工程中的运用方法。
2. 理解和掌握曲线在游艇工程中的运用方法。
3. 理解和掌握曲面在游艇工程中的运用方法。
4. 理解和掌握实体在游艇工程中的运用方法。

【能力目标】

1. 掌握类似游艇内部餐桌类游艇工程对象的创建方法与技巧。
3. 掌握类似游艇内部椅子类游艇工程对象的创建方法与技巧。
4. 掌握类似游艇用锚类游艇工程对象的创建方法与技巧。
5. 掌握类似游艇用螺旋桨类游艇工程对象的创建方法与技巧。

9.1　游艇内部餐桌的创建

餐桌由桌面、桌腿和支撑组成，整个餐桌的俯视图、主视图、右视图和轴测图及其尺寸分别如图 9－1、图 9－2、图 9－3、图 9－4 所示。餐桌的每个部分都是长方体，所以它的创建就是根据尺寸创建若干个长方体。创建过程要注意各个部分的位置关系的正确性。下面按照桌面、桌腿、支撑的顺序创建整个餐桌。

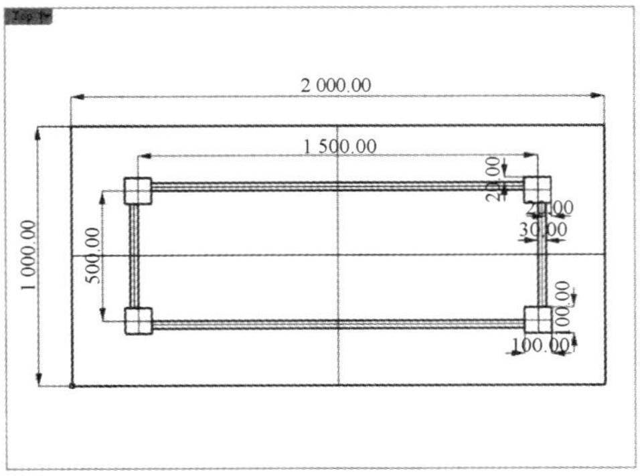

图 9－1　餐桌俯视图

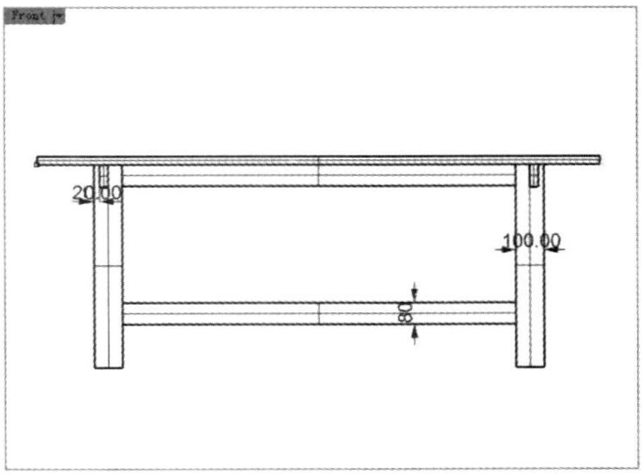

图 9－2　餐桌主视图

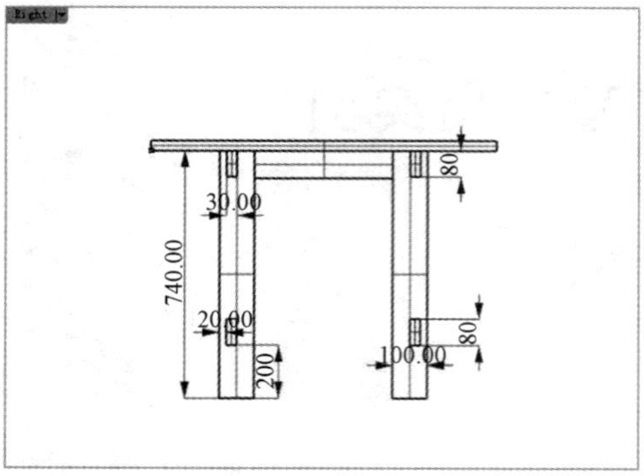

图 9-3　餐桌右视图

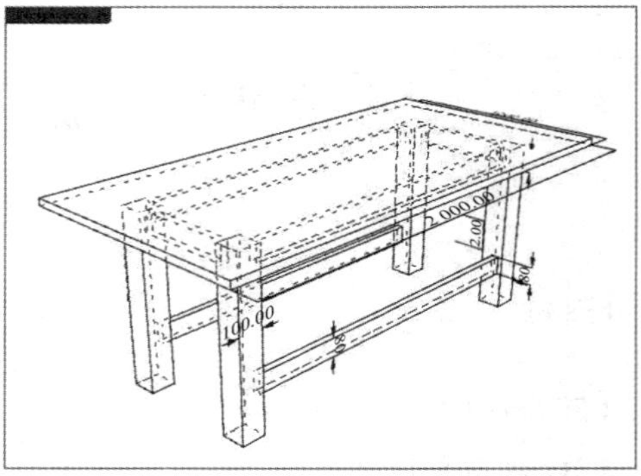

图 9-4　餐桌轴测图

1. 桌面

桌面是一个长度为 2 000，宽度为 1 000，厚度为 30 的长方体，使用 Box 命令创建，操作过程如下。

指令：_Box
底面的第一角（对角线（D）　三点（P）　垂直（V）　中心点（C））：0,0
底面的另一角或长度（三点（P））：2000,1000
高度，按 Enter 套用宽度：30

创建的桌面俯视图、主视图、右视图和轴测图分别如图 9-5、图 9-6、图 9-7、图 9-8 所示。

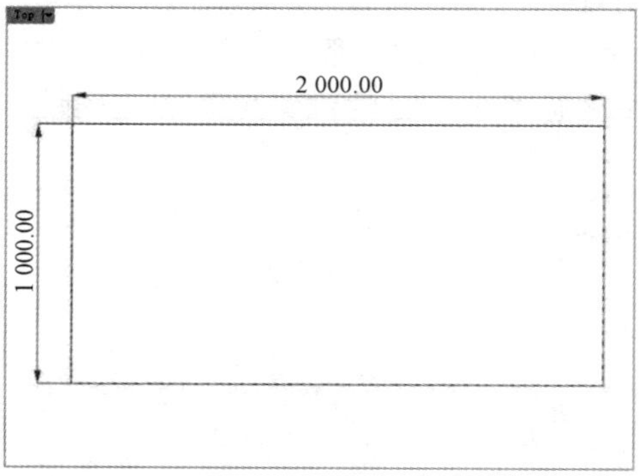

图 9-5　桌面俯视图

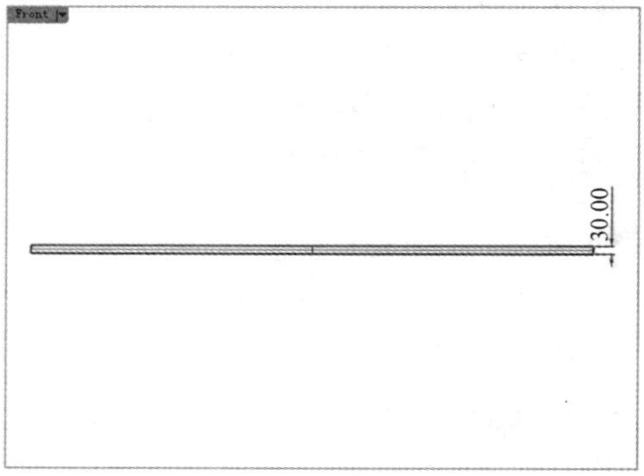

图 9-6　桌面主视图

2. 桌腿

桌腿由 4 个长方体组成，在桌面下方前后左右对称布置，桌腿上方与桌面紧密结合，据此将创建桌腿的工作平面设置在桌面下方，根据尺寸创建第一个桌腿（左下方），然后使用矩形阵列命令进行阵列，操作过程如下。

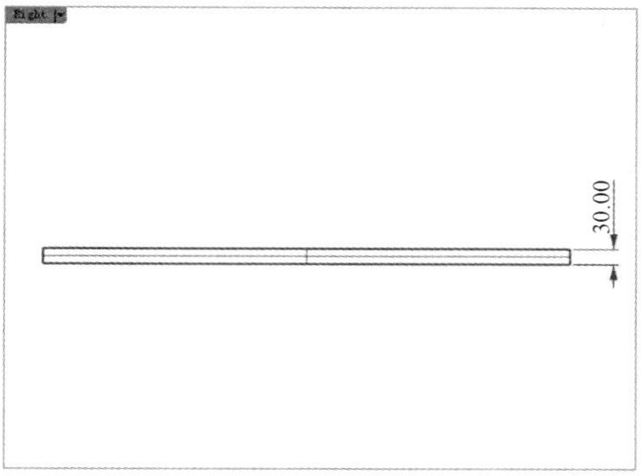

图 9－7 桌面右视图

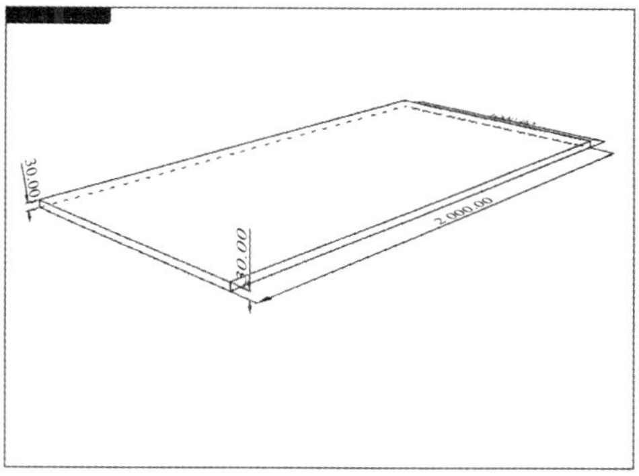

图 9－8 桌面轴测图

指令：_Array
选取要阵列的物体：
选取要阵列的物体，按 Enter 完成：
X 方向的数目 <1>：2
Y 方向的数目 <1>：2
单位方块或 X 方向的间距（预览（P）= 是 X 数目（X）=2 Y 数目（Y）=2）：1400
Y 方向的间距或第一个参考点（预览（P）= 是 X 数目（X）=2 Y 数目（Y）=2）：400
按 Enter 接受（X 数目（X）=2 X 间距（S） Y 数目（Y）=2 Y 间距（P））：

创建的桌腿俯视图、主视图、右视图和轴测图分别如图 9－9、图 9－10、图 9－11、图 9－12 所示。

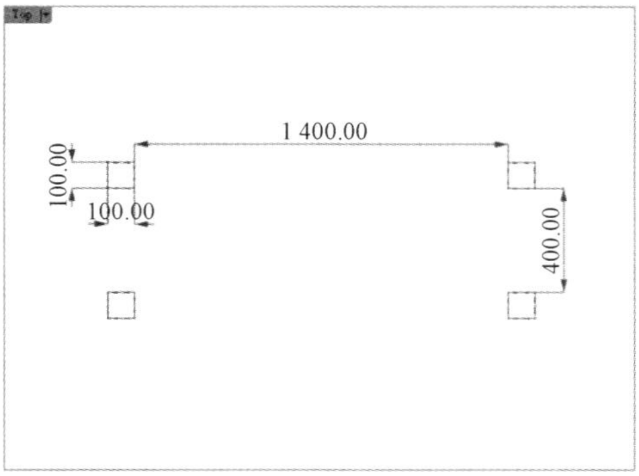

图 9－9 桌腿俯视图

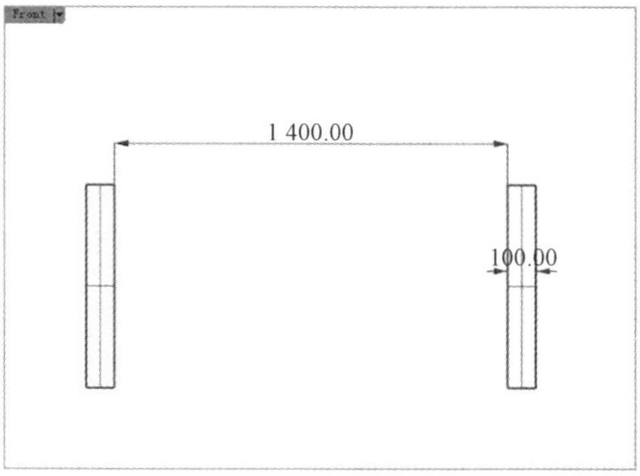

图 9－10 桌腿主视图

3. 支撑

支撑由 2 个纵向支撑、4 个横向支撑组成，创建方法与桌腿相同，特别注意要根据尺寸正确选择创建长方体的工作平面，使用 CPlane 命令设置工作平面，例如将当前工作平面向下移动 30 的操作过程如下。

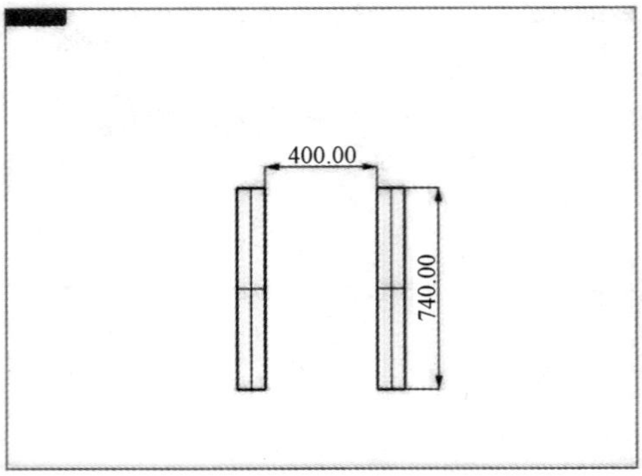

图 9－11　桌腿右视图

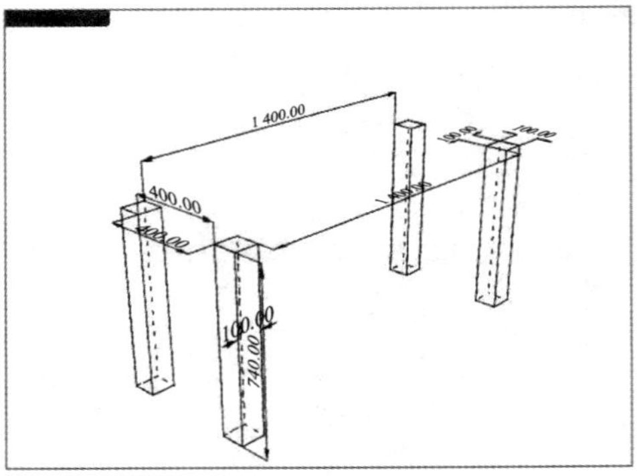

图 9－12　桌腿轴测图

指令:_CPlane

工作平面基点 <0.00,0.00,0.00>(全部(A)=否　曲线(C)　垂直高度(L)　下一个(N)　物件(O)　上一个(P)　旋转(R)　曲面(S)　通过(T)　视图(V)　世界(W)　三点(I)):L

工作平面移动的距离 <0.00>:-30

创建的所有支撑的俯视图、正视图、右视图和轴测图分别如图 9－13、图 9－14、图 9－15、图 9－16 所示。

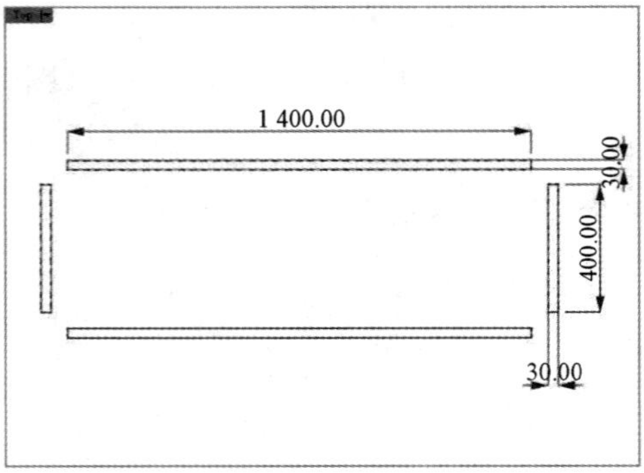

图 9－13　支撑俯视图

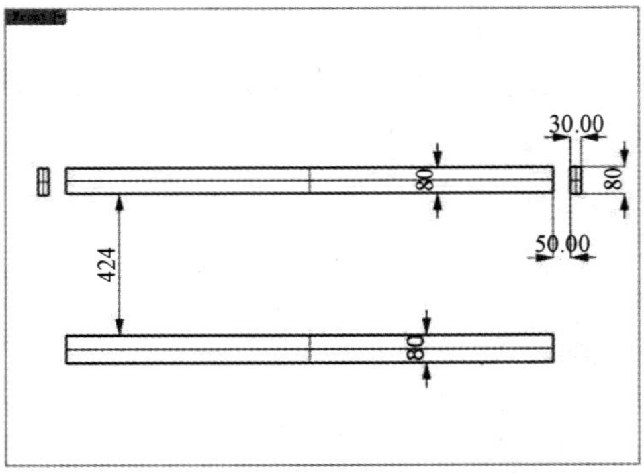

图 9－14　支撑正视图

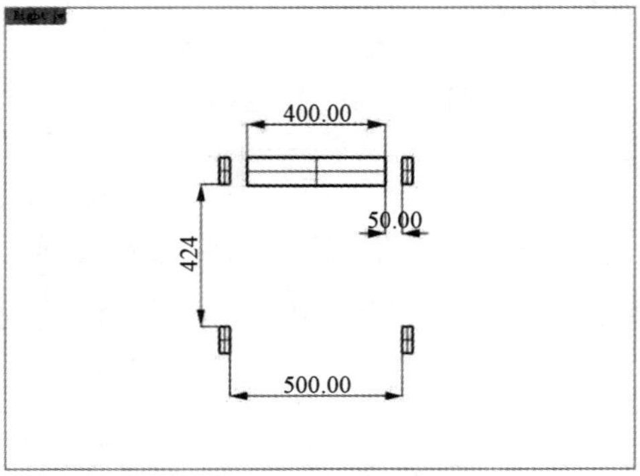

图 9－15　支撑右视图

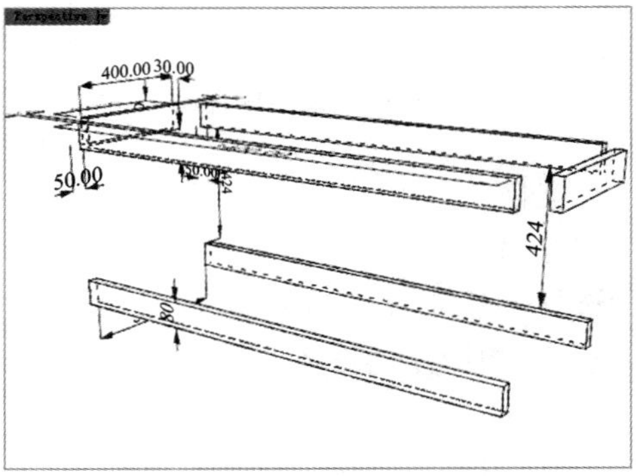

图 9－16　支撑轴测图

4. 赋予材质和渲染

赋予材质和渲染后整个餐桌如图9－17所示。

图9－17 赋予材质和渲染后的整个餐桌

9.2 游艇内部沙发的创建

沙发由底坐、坐垫、靠背和扶手组成，其俯视图、正视图、右视图和轴测图及尺寸分别如图9－18、图9－19、图9－20、图9－21所示。

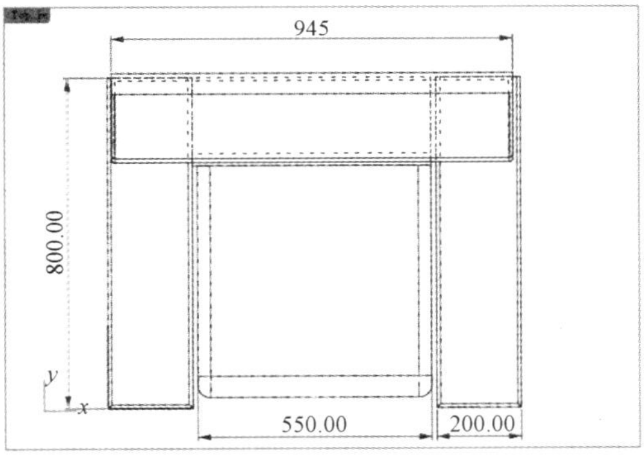

图9－18 沙发俯视图

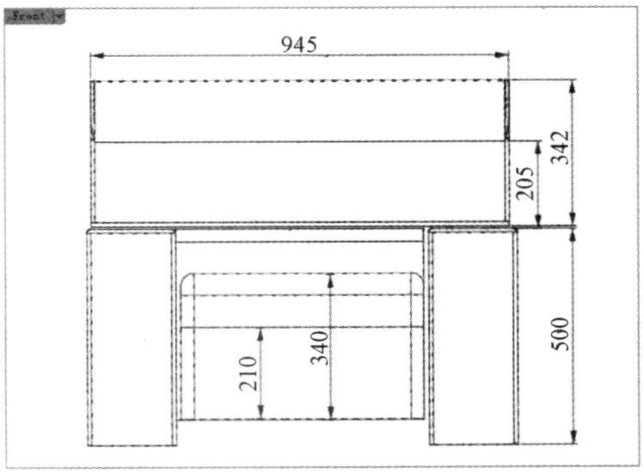

图9－19 沙发正视图

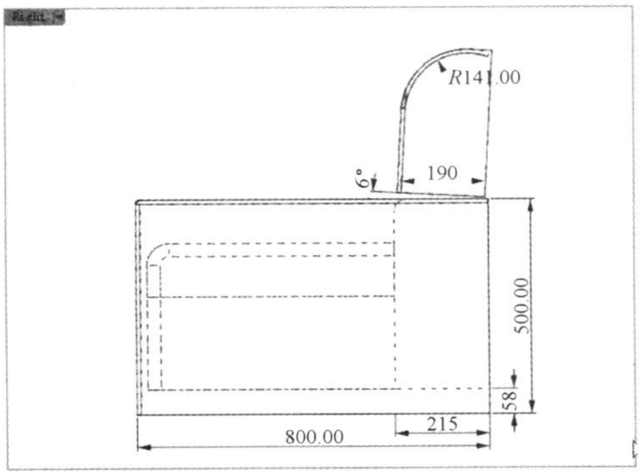

图9－20 沙发右视图

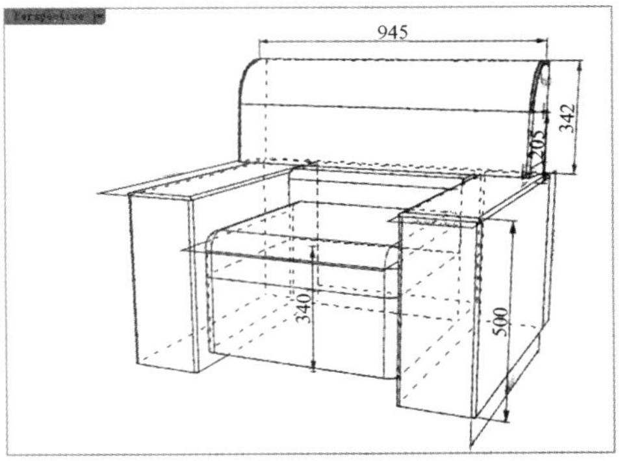

图9－21 沙发轴测图

1. 沙发底座创建

根据沙发底座尺寸，使用长方体创建命令创建沙发底座长方体，再使用实体圆角命令倒出正面两个竖向棱的圆角，如图 9 – 22、图 9 – 23、图 9 – 24 所示。

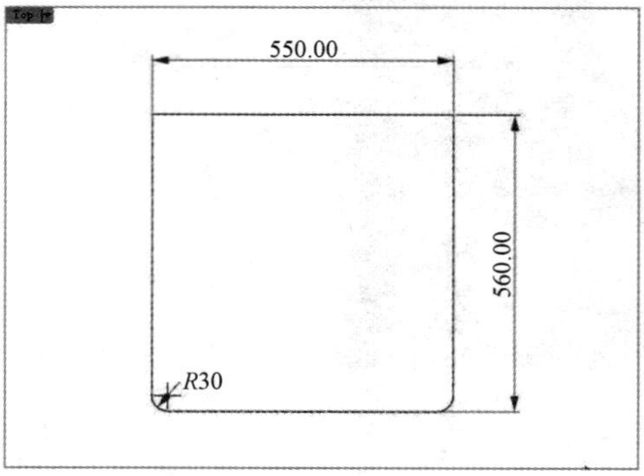

图 9 – 22　底座俯视图

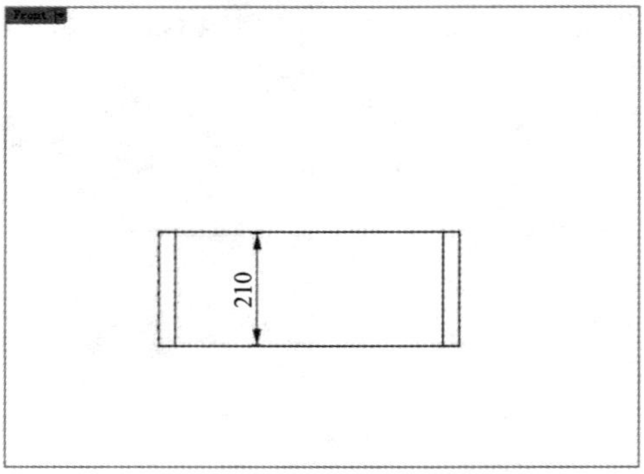

图 9 – 23　底座正视图

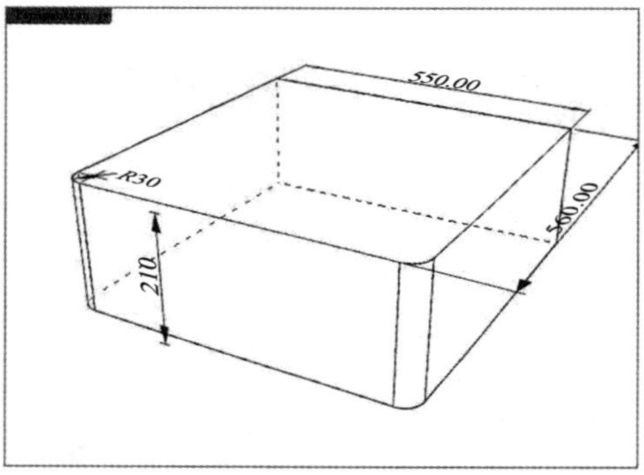

图 9 – 24　底座轴测图

2. 沙发坐垫创建

沙发坐垫创建方法与底座创建方法相同，创建的沙发坐垫如图 9 – 25、图 9 – 26、图 9 – 27、图 9 – 28 所示。

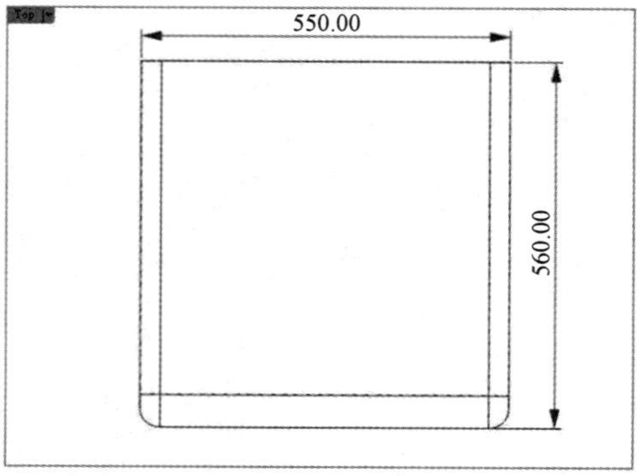

图 9 – 25　坐垫俯视图

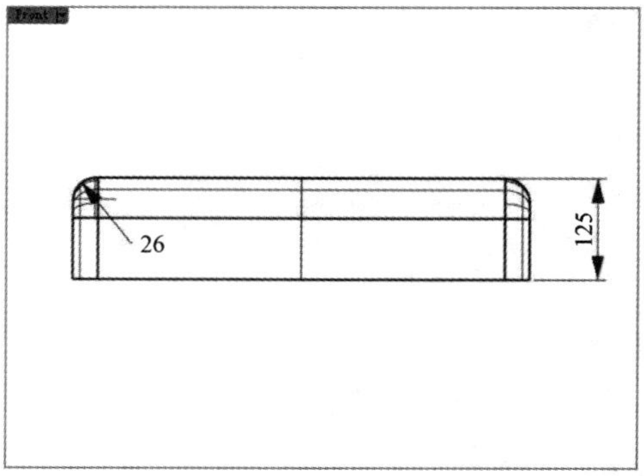

图 9 – 26　坐垫正视图

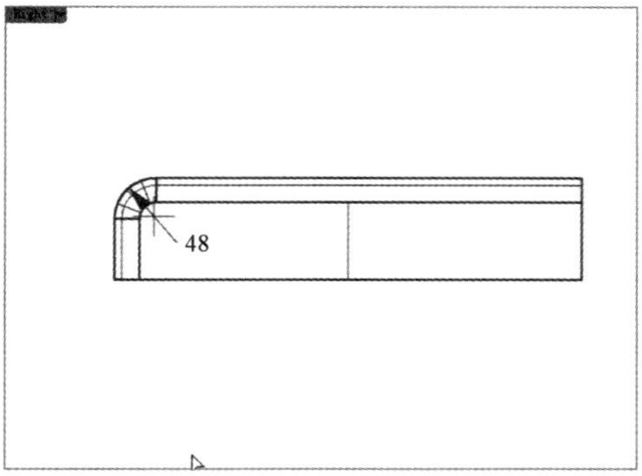

图 9－27　坐垫右视图

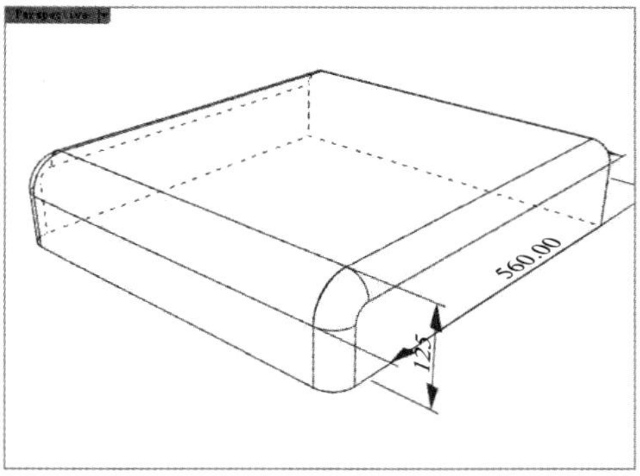

图 9－28　坐垫轴测图

3. 沙发靠背创建

沙发靠背由上下两部分组成，上部分向后倾斜 6°，正面和侧面有可见的棱圆角。根据尺寸使用长方体创建命令，创建沙发靠背上下部分的长方体，再使用圆角命令进行圆角处理，如图 9－29、图 9－30、图 9－31、图 9－32 所示。

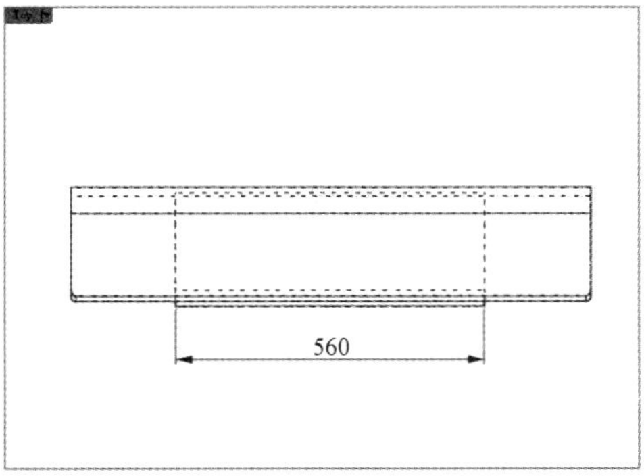

图 9－29　沙发靠背俯视图

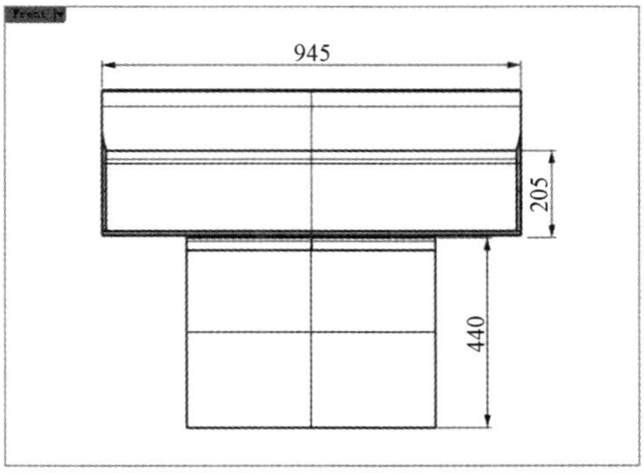

图 9－30　沙发靠背正视图

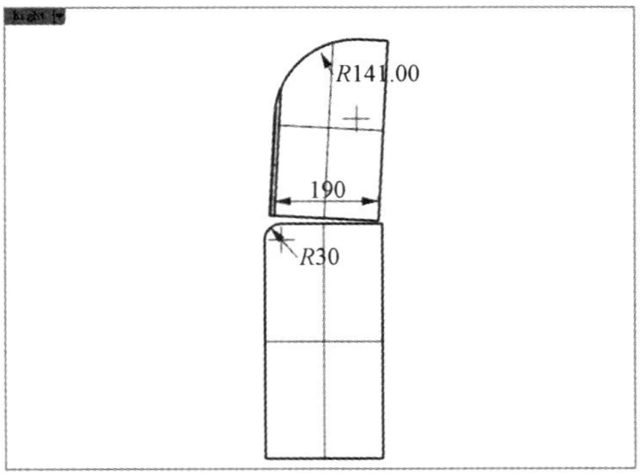

图 9－31　沙发靠背右视图

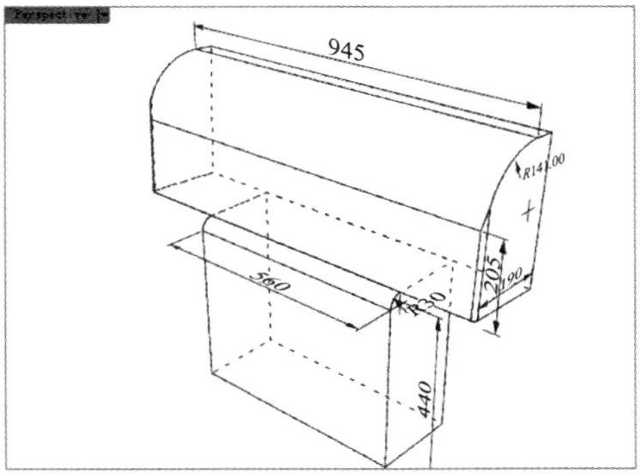

图 9－32　沙发靠背轴测图

4. 沙发扶手创建

沙发扶手创建方法与沙发的其他部分创建方法相同，其中圆角半径均为 10，创建的扶手如图 9－33、图 9－34、图 9－35、图 9－36 所示。

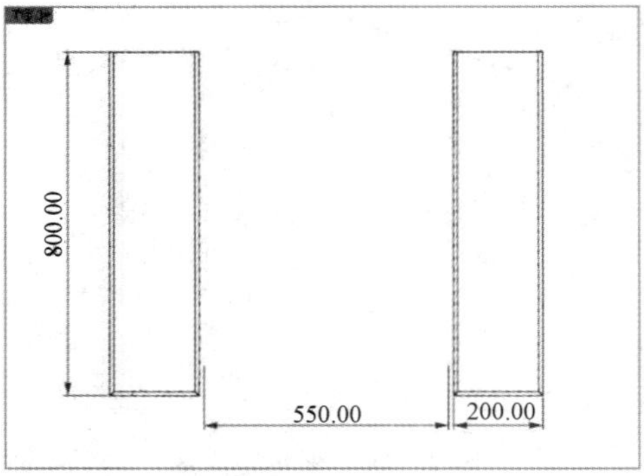

图 9－33　沙发扶手俯视图

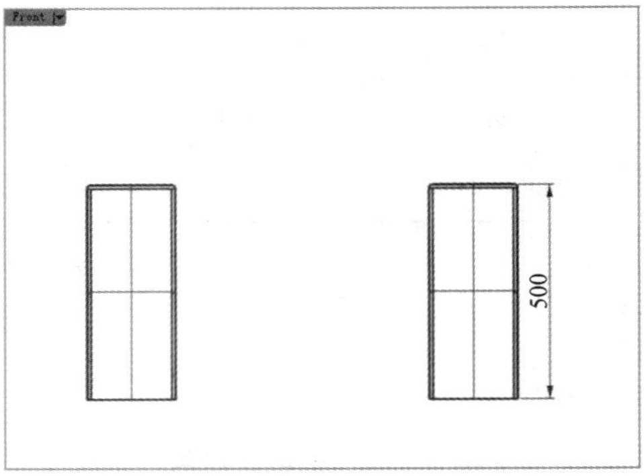

图 9－34　沙发扶手正视图

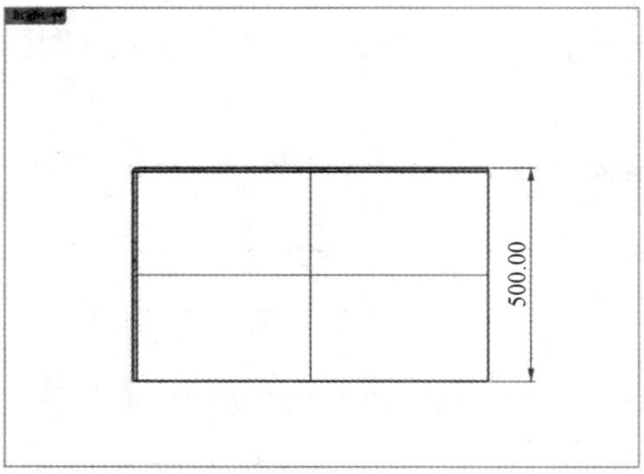

图 9－35　沙发扶手右视图

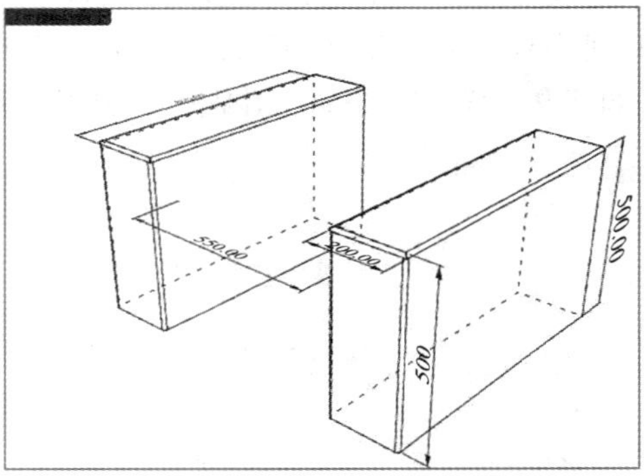

图 9－36　沙发扶手轴测图

5. 沙发的材质

沙发各部分的材质是不相同的，所以要赋予不同的材质。该沙发扶手上面和正面是光华表面，其他部分的可见面为皮革表面，据此赋予各部分材质，如图 9－37 所示。

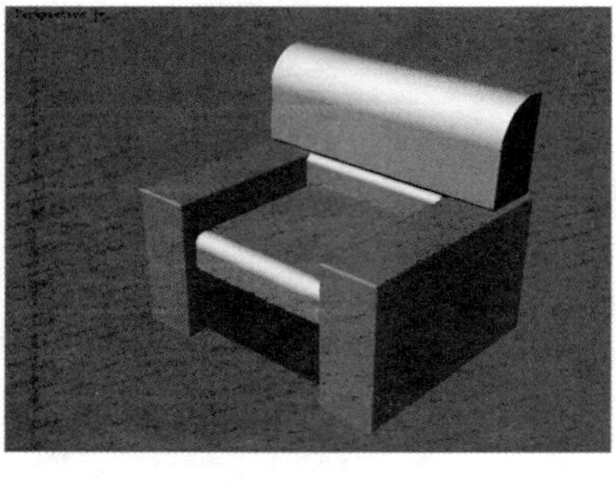

图 9－37　赋予各部分材质后的沙发

9.3　游艇内部椅子的创建

如图所示为游艇的舱室内的一种椅子,椅子由椅子座与靠背、腿、扶手、支柱等组成,椅子座与靠背是一体,为双向曲面,其俯视图、右视图、正视图及轴测图分别如图 9－38、图 9－39、图 9－40、图 9－41 所示。

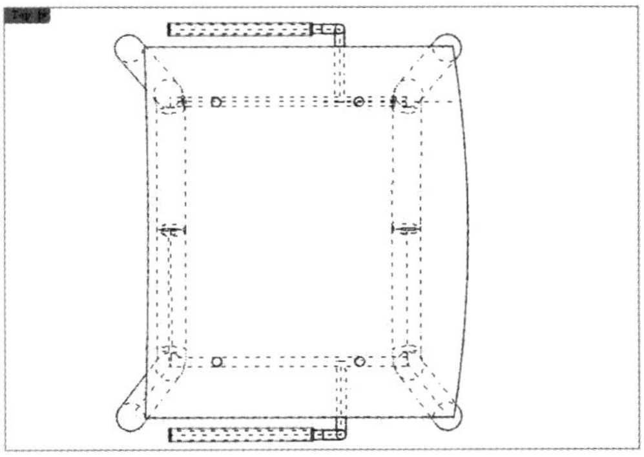

图 9－38　椅子俯视图

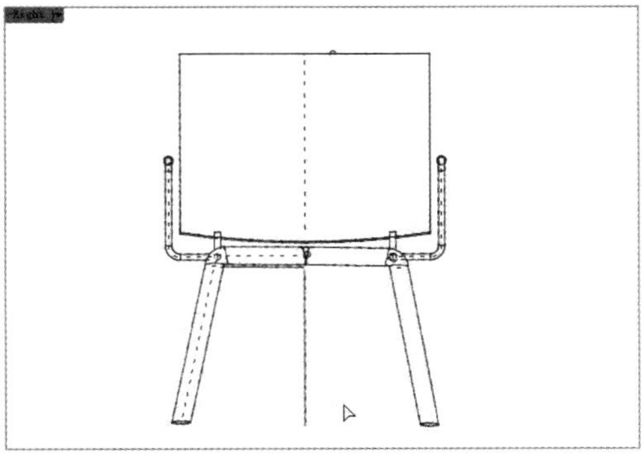

图 9－39　椅子右视图

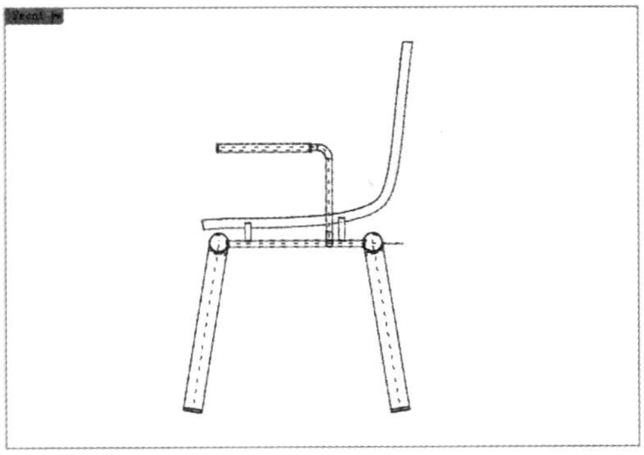

图 9－40　椅子正视图

图 9－41　椅子轴测图

1. 椅子座与靠背的创建

(1)创建椅子座与靠背纵剖面曲线,如图 9－42 所示。

(2)创建椅子座与靠背横剖面曲线,如图 9－43 所示。

(3)使用挤出曲线命令 ExtrudeCrvAlongCrv,将椅子座与靠背横剖面曲线作为挤出曲线,将椅子座与靠背纵剖线作为路径曲线,其俯视图、正视图和右视图分别如图 9－44、图 9－45、图 9－46 所示。挤出操作过程如下。

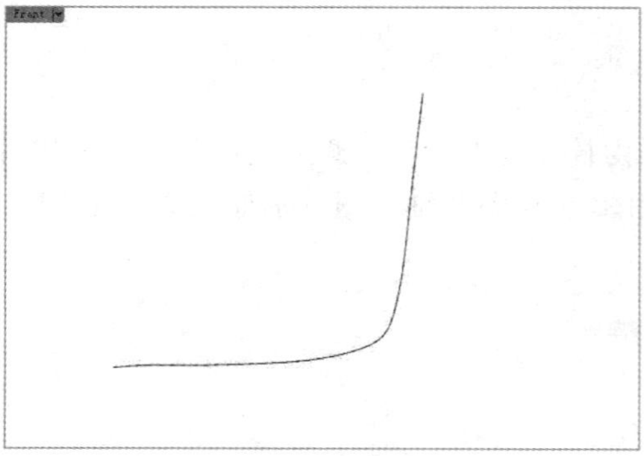

图 9－42　椅子座与靠背纵剖面曲线

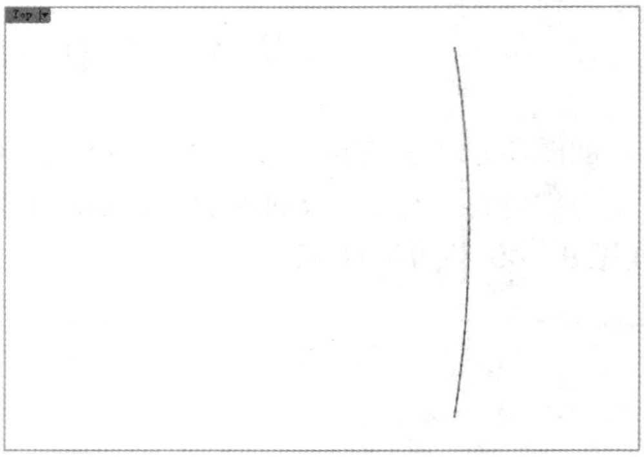

图 9－43　椅子座与靠背横剖面曲线

指令：_ExtrudeCrvAlongCrv

选取要挤出的曲线，按 Enter 完成：

选取路径曲线在靠近起点处(实体(S)＝否　删除输入物件(D)＝否　子曲线(U)＝否　至边界(T)分割正切点(P)＝否)：_Solid＝_No

选取路径曲线在靠近起点处(实体(S)＝否　删除输入物件(D)＝否　子曲线(U)＝否　至边界(T)分割正切点(P)＝否)：

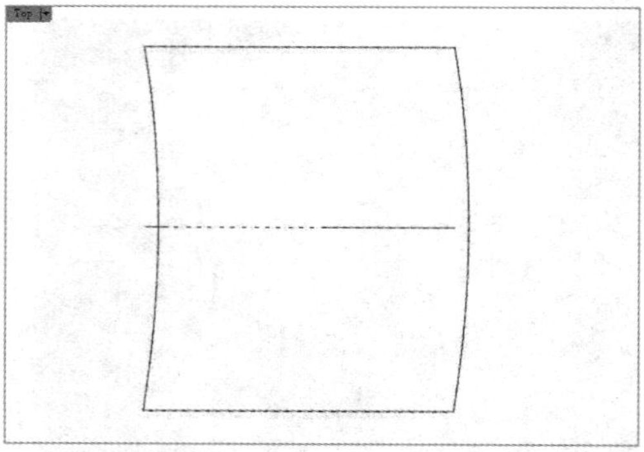

图 9－44　椅子座与靠背曲面俯视图

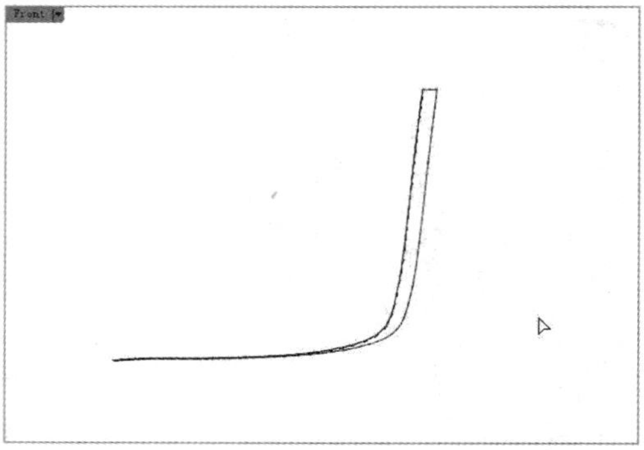

图 9－45　椅子座与靠背曲面正视图

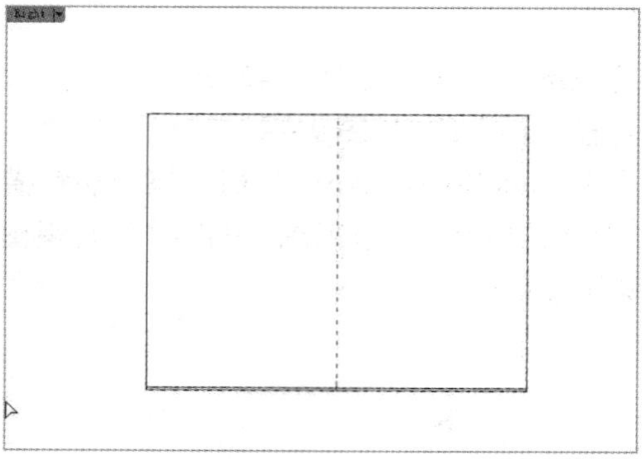

图 9－46　椅子座与靠背曲面右视图

创建的椅子座与靠背曲面轴测图如图 9－47 所示。对椅子座与靠背加厚并倒圆棱角，如图 9－48 所示。

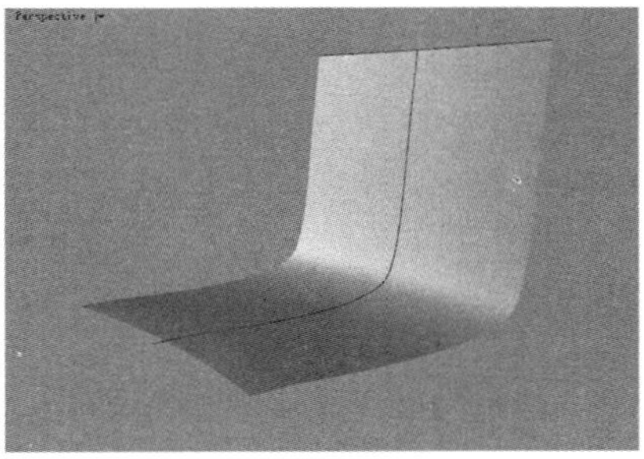

图 9－47 椅子座与靠背曲面轴测图

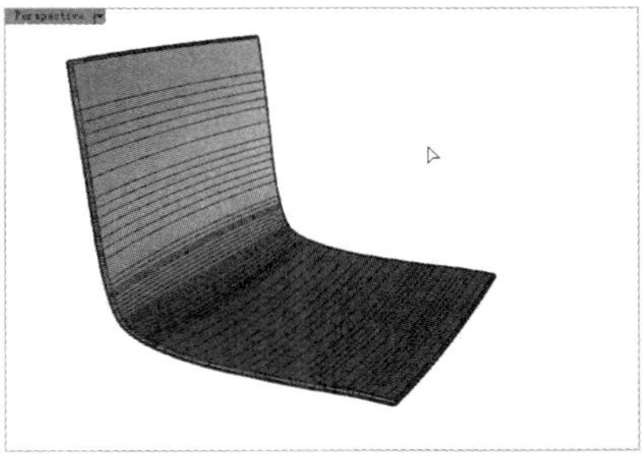

图 9－48 椅子座与靠背加厚并倒圆棱角后

2. 椅子腿的创建

椅子腿横剖面形状设计为空心圆管,使之沿椅子腿曲线挤出成为椅子腿实体,4 个椅子腿前后左右对称。

(1)创建每个椅子腿曲线,每个椅子腿曲线的俯视图、正视图和右视图分别如图 9－49、图 9－50、图 9－51 所示。椅子腿曲线是使用多段线命令绘出的。

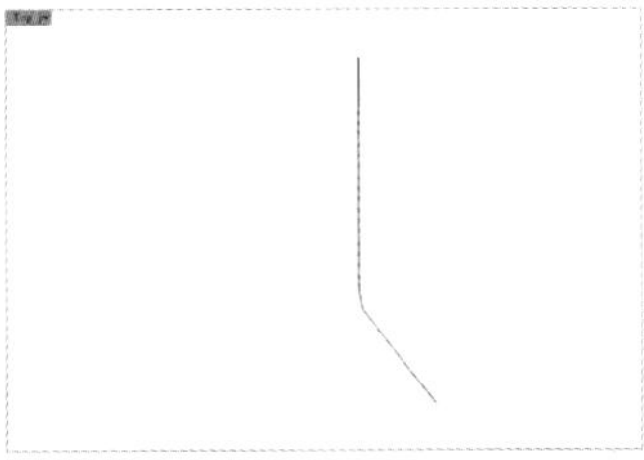

图 9－49 椅子腿曲线俯视图

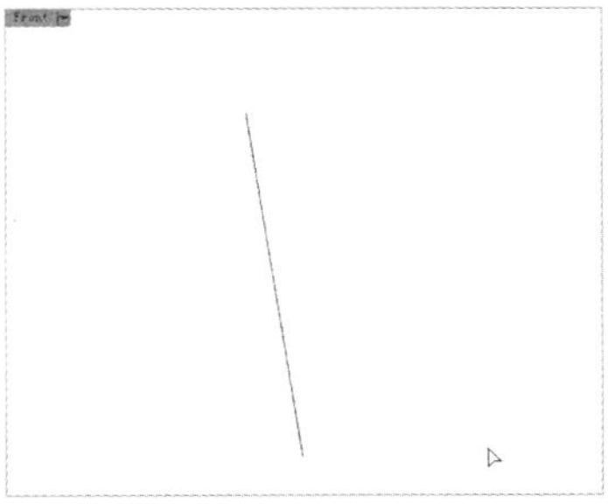

图 9－50 椅子腿曲线正视图

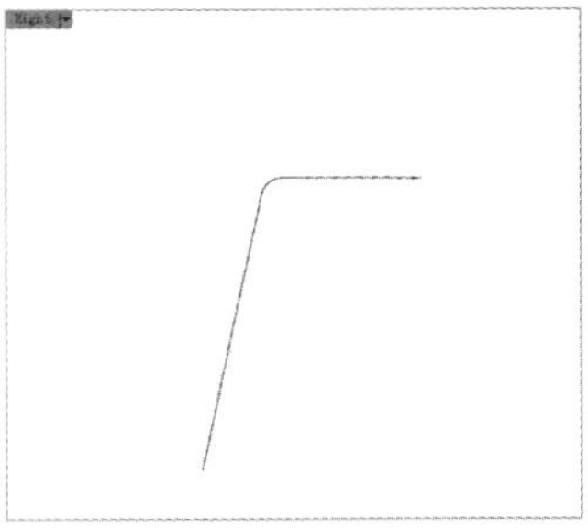

图 9－51 椅子腿曲线右视图

(2)将横剖面沿着椅子腿曲线挤出成为椅子腿实体,其俯视图、正视图、右视图和轴测图分别如图 9－52、图 9－53、图 9－54、图 9－55 所示。

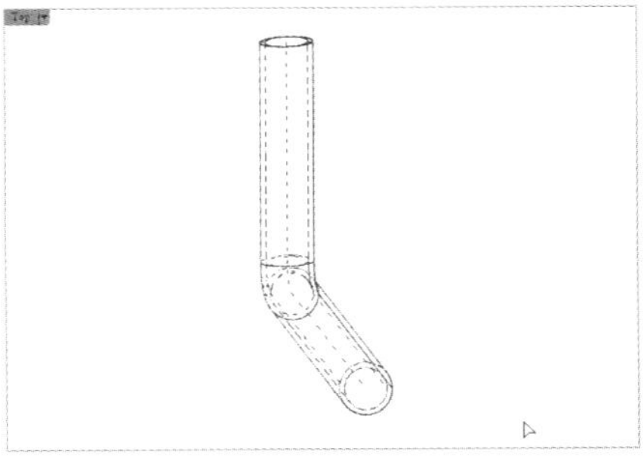

图 9－52 椅子腿俯视图

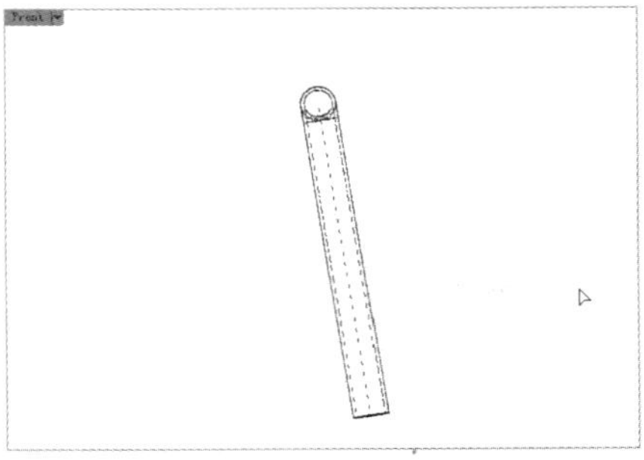

图 9－53 椅子腿正视图

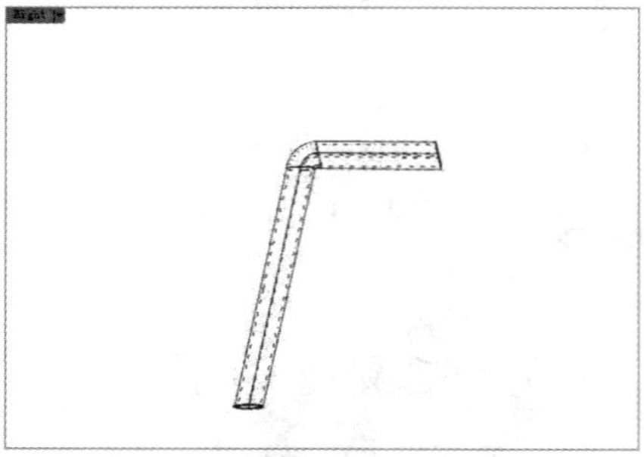

图 9 – 54　椅子腿右视图

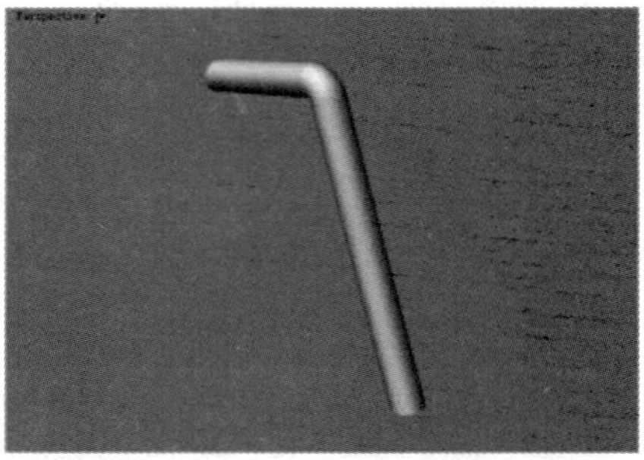

图 9 – 55　椅子腿轴测图

(3)前后左右镜像成 4 个椅子腿,其俯视图、正视图、右视图和轴测图分别如图 9 – 56、图 9 – 57、图 9 – 58、图 9 – 59 所示。

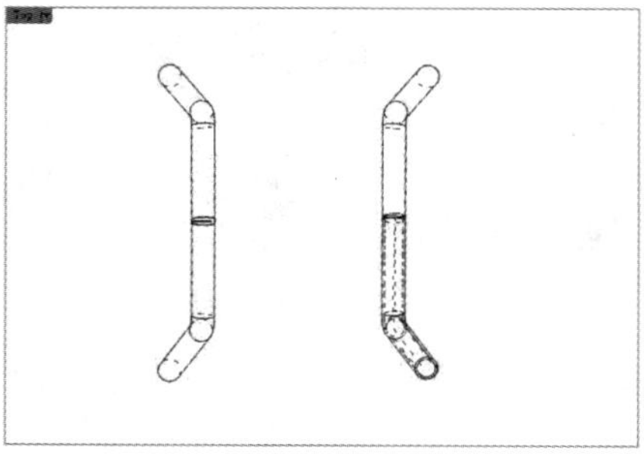

图 9 – 56　镜像后椅子腿俯视图

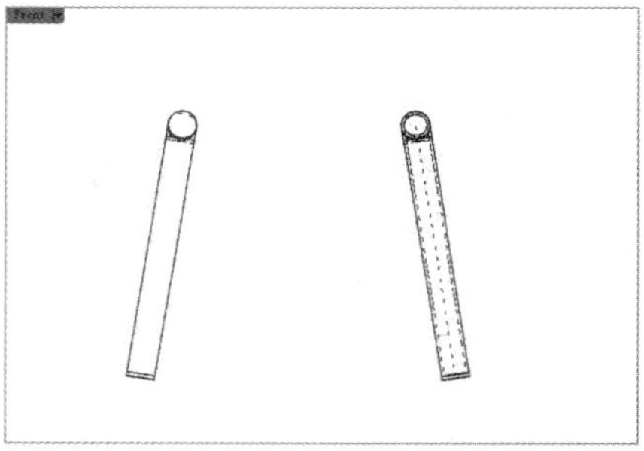

图 9 – 57　镜像后椅子腿正视图

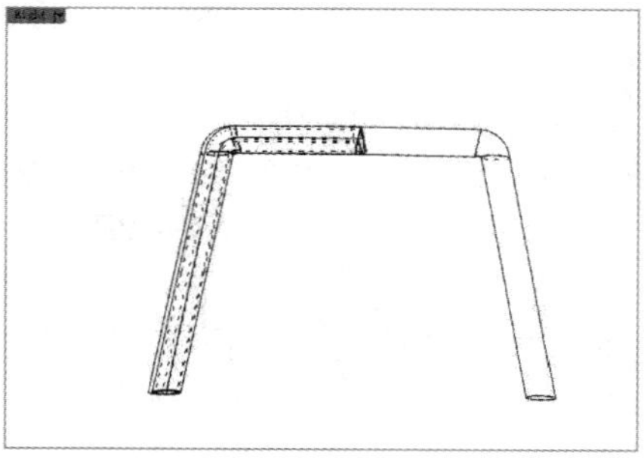

图 9 – 58　镜像后椅子腿右视图

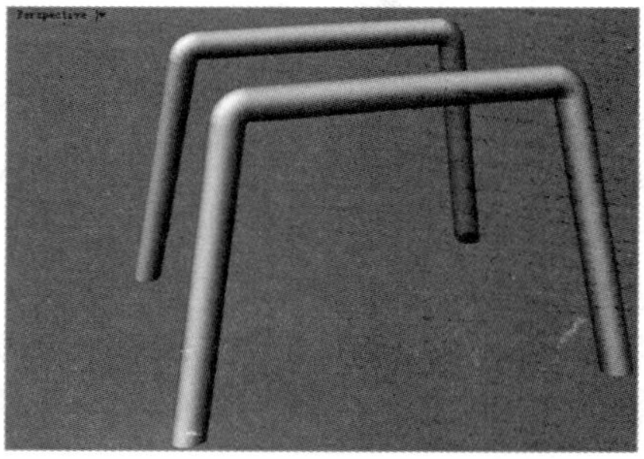

图 9 – 59　镜像后椅子腿轴测图

3. 椅子扶手的创建

首先创建椅子扶手中心曲线,它的俯视图、正视图、右视图和轴测图分别如图 9 – 60、图 9 – 61、图 9 – 62、图 9 – 63 所示。

椅子扶手横剖面为圆环形状,沿着上面创建的曲线扫掠就可创建椅子扶手,操作过程如下:

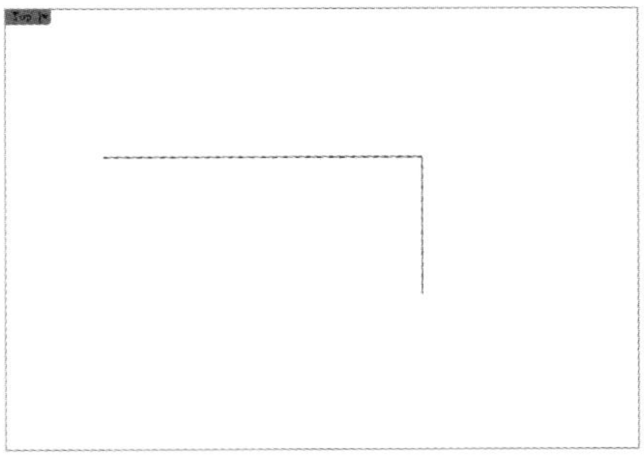

图 9－60 椅子扶手中心曲线俯视图

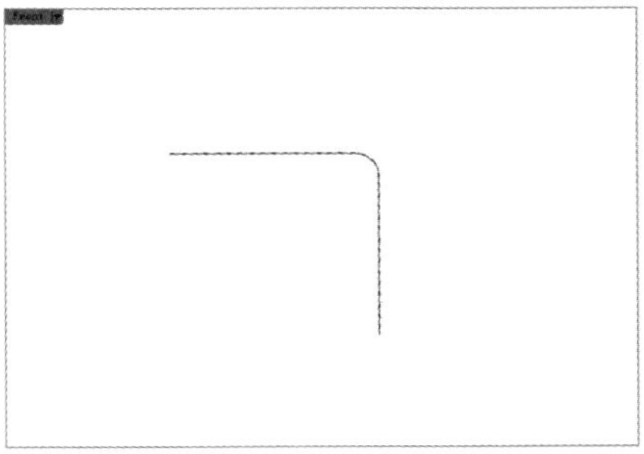

图 9－61 椅子扶手中心曲线正视图

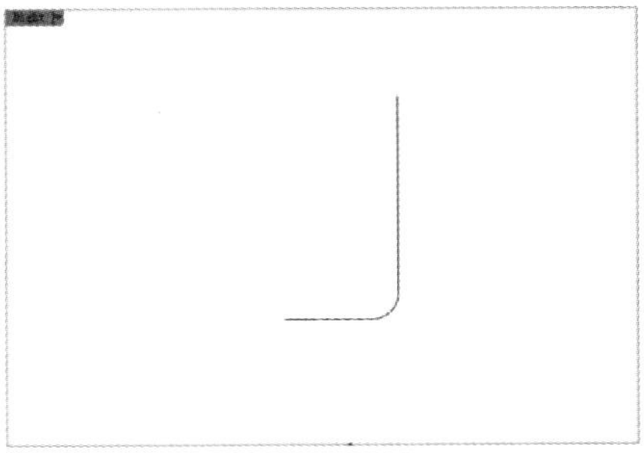

图 9－62 椅子扶手中心曲线右视图

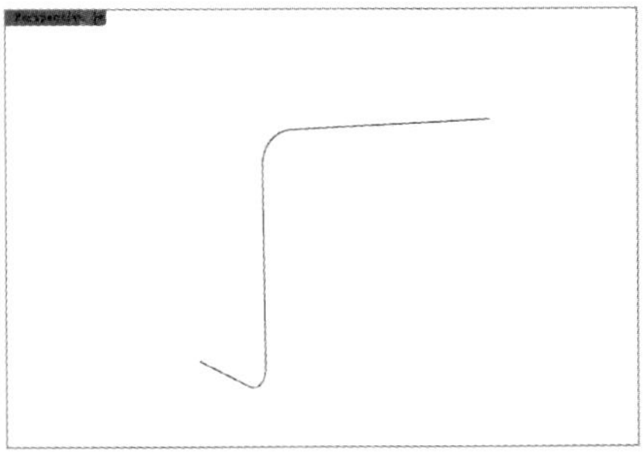

图 9－63 椅子扶手中心曲线轴测图

指令：_Sweep1
选取路径(连锁边缘(C))：
已加入 1 条曲线至选取集合。
选取路径(连锁边缘(C))：
选取断面曲线(点(P))：
选取断面曲线,按 Enter 完成(点(P))：
移动曲线接缝点,按 Enter 完成(反转(F) 自动(A) 原本的(N))：

扶手末端需要加粗,方法是做一个大一些的圆(加粗),再做一个与扶手末端中心线重合的路径曲线,沿该曲线挤出大一些的圆就创建了扶手末端需要加粗的部分。

整个扶手的俯视图、正视图、右视图和轴测图分别如图 9－64、图 9－65、图 9－66、图 9－67 所示。

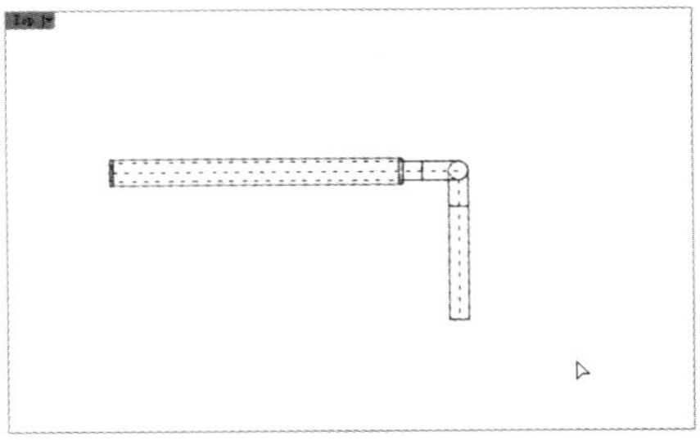

图 9－64 扶手实体俯视图

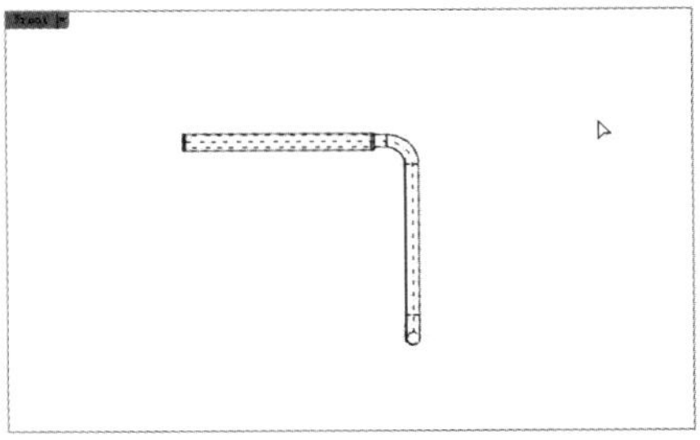

图 9－65 扶手实体正视图

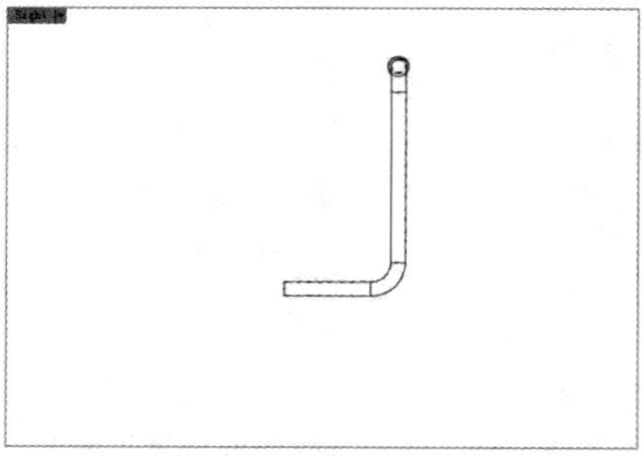

图 9－66　扶手实体右视图

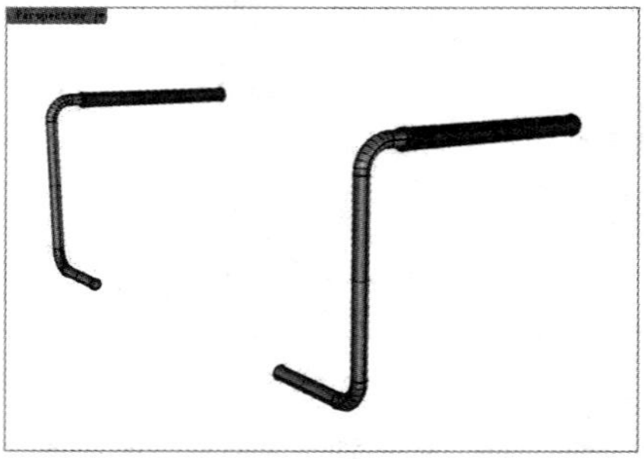

图 9－67　扶手实体轴测图

4. 支柱的创建

根据设计的位置创建椅子的 4 个支柱，其俯视图、正视图、右视图和轴测图分别如图 9－68、图 9－69、图 9－70、图 9－71 所示。

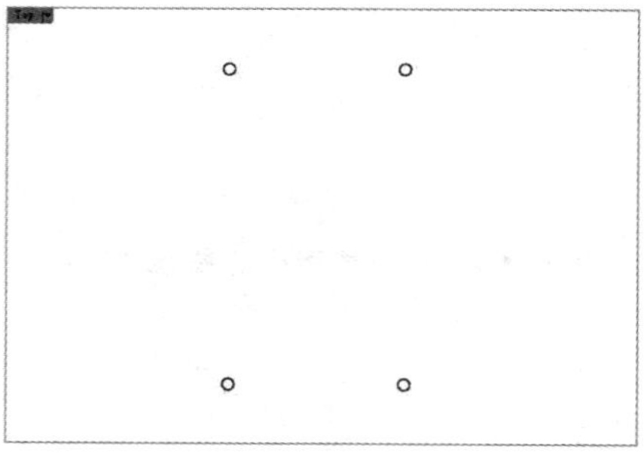

图 9－68　椅子支柱俯视图

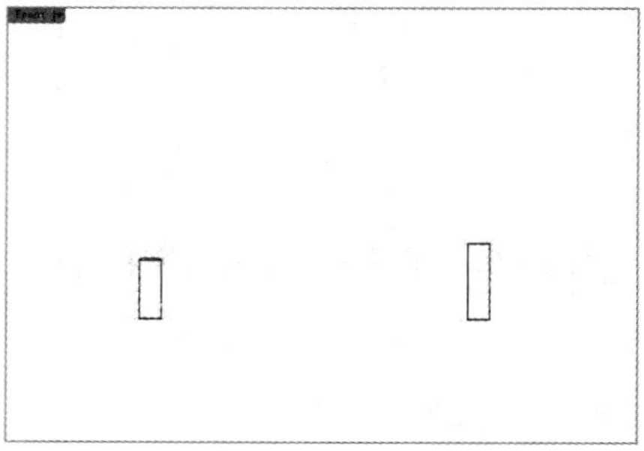

图 9－69　椅子支柱正视图

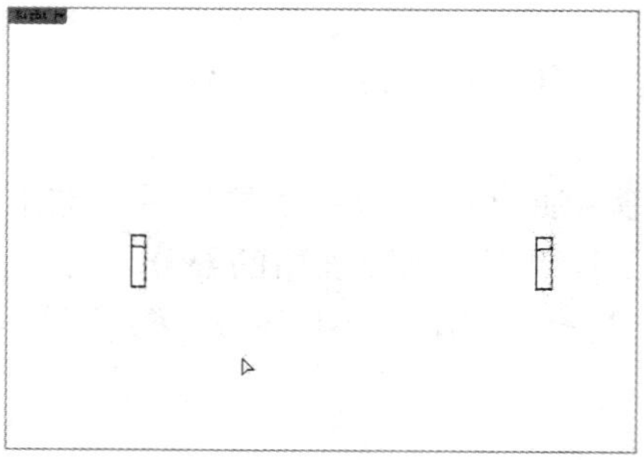

图 9－70　椅子支柱右视图

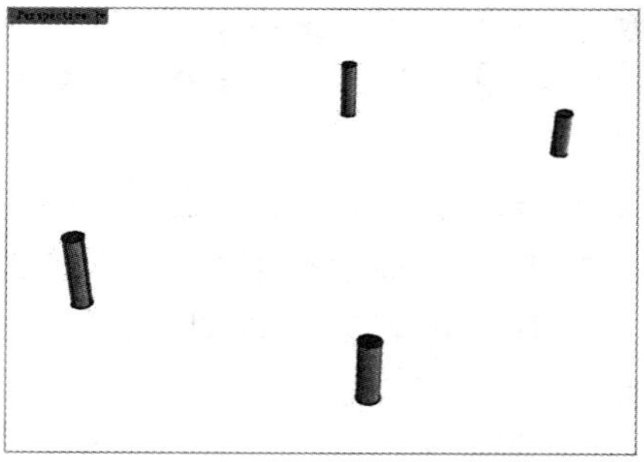

图 9－71　椅子支柱轴测图

最终创建的椅子如图 9－72 所示。

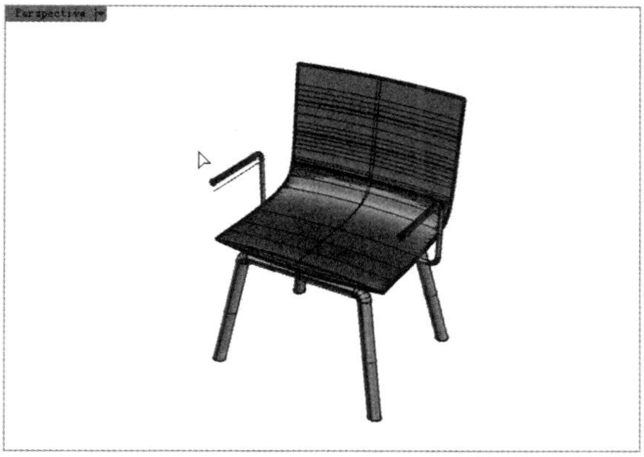

图 9－72　最终创建的椅子

9.4　游艇用锚的创建

锚由锚杆、锚爪组成。锚杆截面形状为圆，由大到小过渡，锚爪一侧部分挖空，如图 9－73 所示。

图 9－73　锚的实物照片

1. 锚爪创建

锚爪截面形状由圆向四边棱锥形过渡，内侧有一个箭头形附着物，为锚爪抓土部分。

由于锚爪左右对称，所以首先创建一半，再通过镜像创建另一半。

在俯视图上绘制四分之一圆弧曲线作为创建锚爪主体部分的路径曲线，左视图上绘制一个圆作为截面曲线，其俯视图、正视图、右视图和轴测图分别如图 9－74、图 9－75、图 9－76、图 9－77 所示。

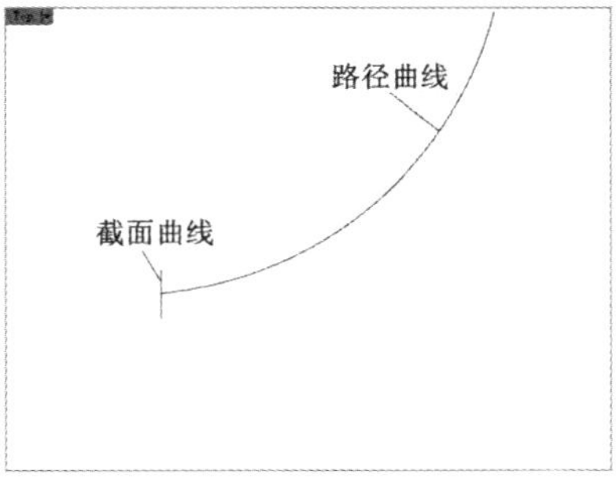

图 9－74　锚爪主体路径和截面曲线俯视图

图 9－75　锚爪主体路径和截面曲线正视图

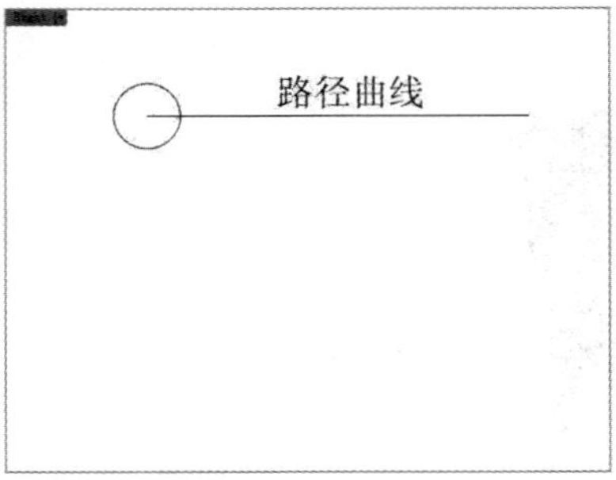

图 9－76　锚爪主体路径和截面曲线右视图

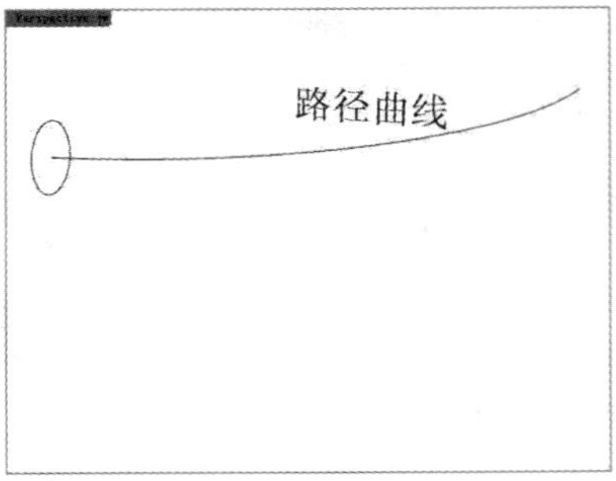

图 9－77　锚爪主体路径和截面曲线轴测图

使用单轨扫掠命令，将截面曲线沿路径曲线扫掠，创建弯曲圆柱体，其俯视图、正视图、右视图和轴测图分别如图 9－78、图 9－79、图 9－80、图 9－81 所示。

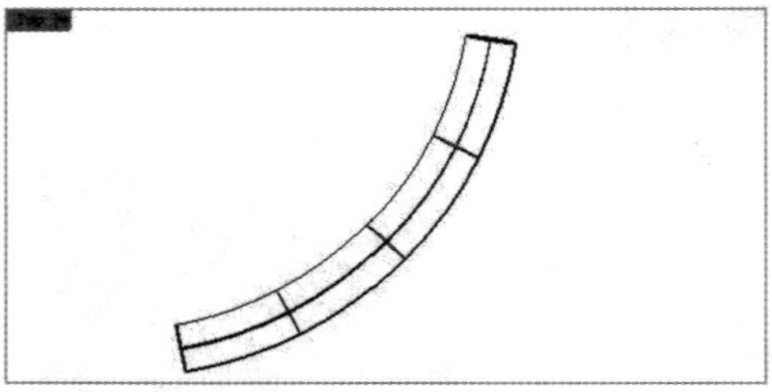

图 9－78　锚爪主体俯视图

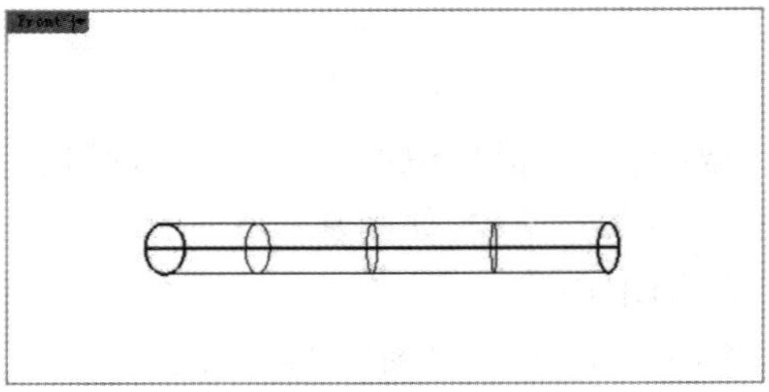

图 9－79　锚爪主体正视图

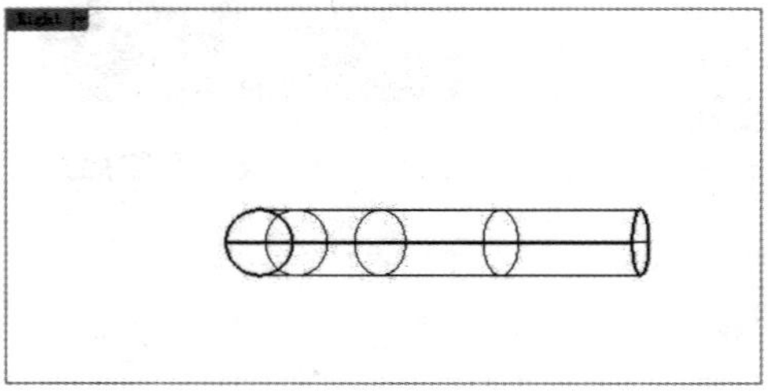

图 9－80　锚爪主体右视图

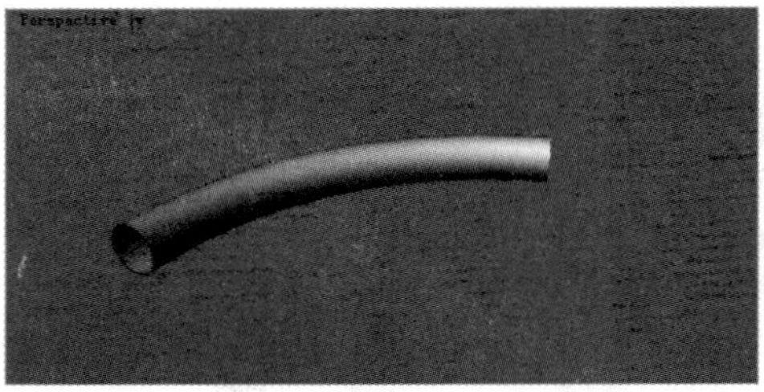

图 9－81　锚爪主体轴测图

为了由圆向四边棱锥形过渡，在锚爪一端创建 4 个切割用平面，方法是使用切割用平面命令（CutPlane），根据切割方向不同设置不同的倾斜角度，其俯视图、正视图、右视图和轴测图分别如图 9－82、图 9－83、图 9－84、图 9－85 所示。

使用修剪命令（Trim）对弯曲圆柱形锚爪端部进行修剪，使之成为四边棱锥形，再用平面补洞命令（Cap）将由于修剪引起的平面空洞补上，其俯视图、正视图、右视图和轴测图分别如图 9－86、图 9－87、图 9－88、图 9－89 所示。

箭头形附着物的创建：首先确定箭头形附着物所在平面，它在四边棱锥体内侧平面，在此设定工作平面。使用设定工作平面命令（Cplane），操作过程如下。

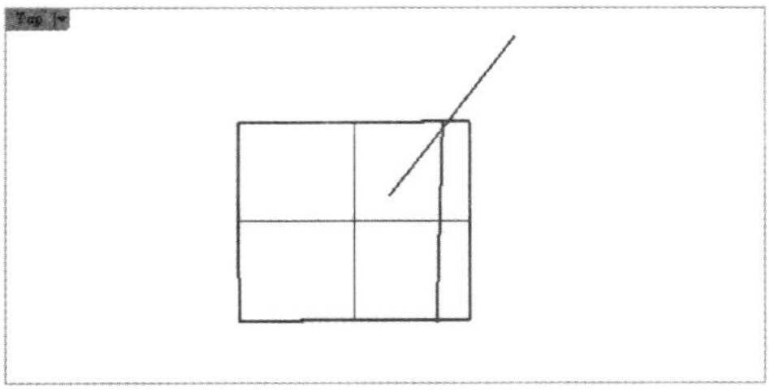

图 9 – 82 锚爪端部切割俯视图

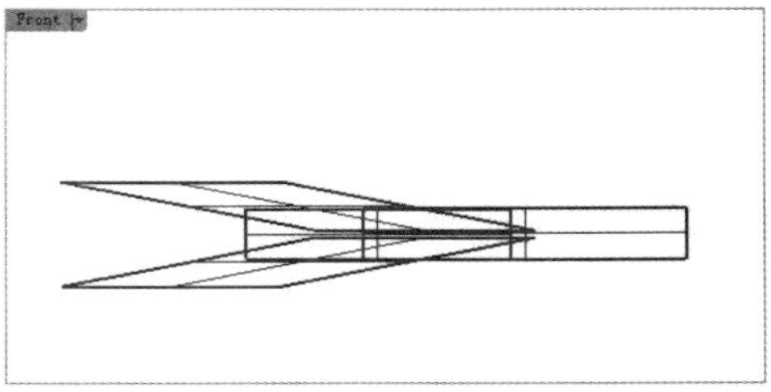

图 9 – 83 锚爪端部切割正视图

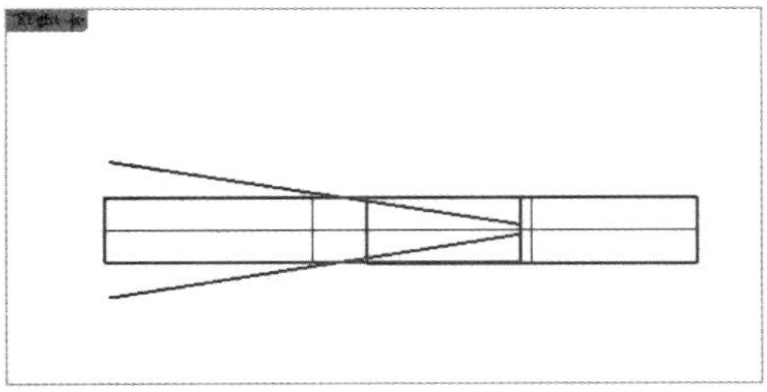

图 9 – 84 锚爪端部切割右视图

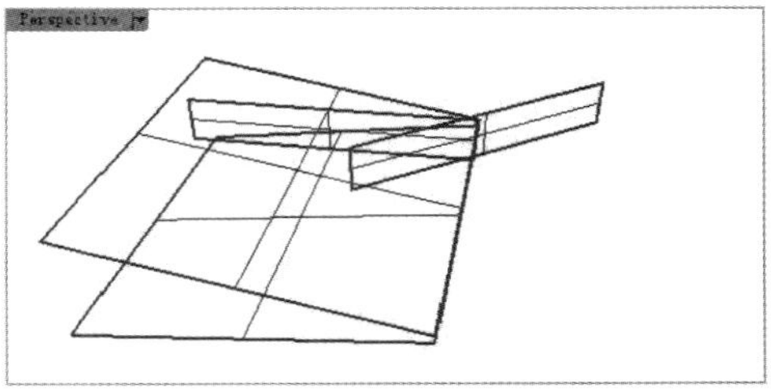

图 9 – 85 锚爪端部切割轴测图

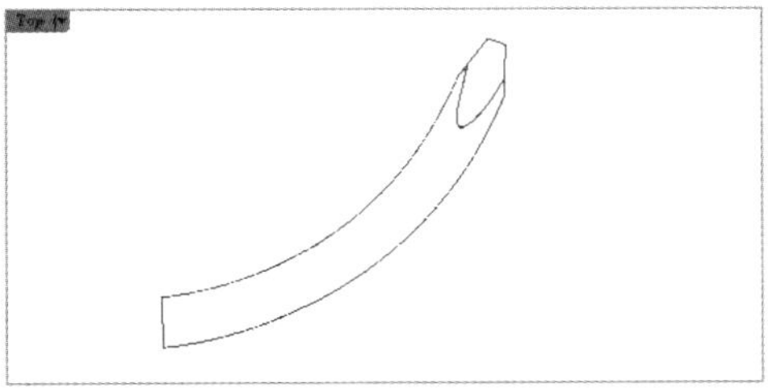

图 9 – 86 修剪和补洞后的锚爪俯视图

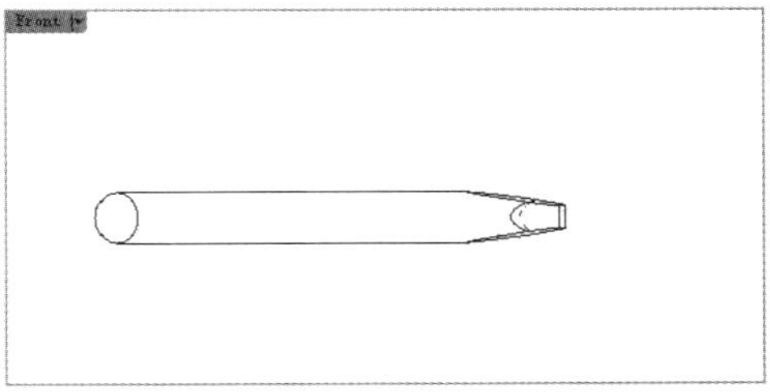

图 9 – 87 修剪和补洞后的锚爪正视图

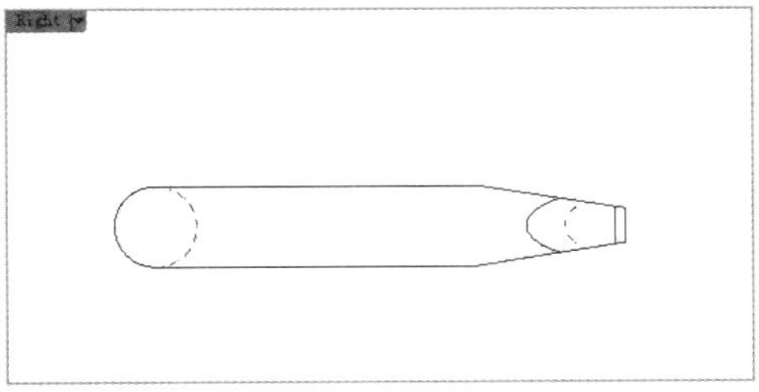

图 9 – 88 修剪和补洞后的锚爪右视图

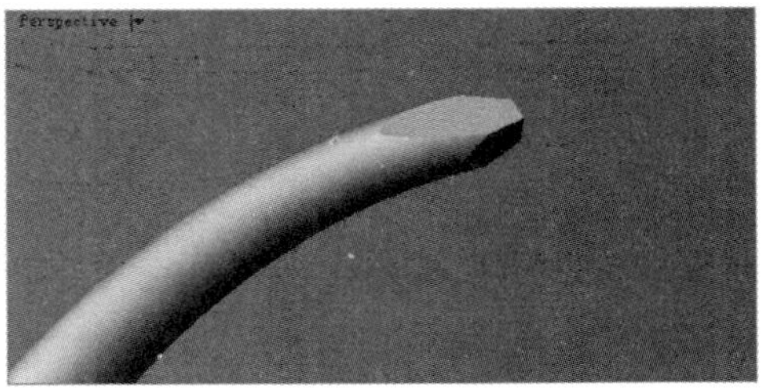

图 9 – 89 修剪和补洞后的锚爪轴测图

指令：_CPlane

工作平面基点 < 0.00，0.00，0.00 >（全部（A）= 否 曲线（C） 垂直高度（L） 下一个（N） 物件（O） 上一个（P） 旋转（R） 曲面（S） 通过（T） 视图（V） 世界（W） 三点（I））：Surface

选取要定位工作平面的曲面：选择四边棱锥体内侧平面

接下来将视图平面设置在当前工作平面。使用正对工作平面命令（Plan）完成设置。在此平面上绘制箭头形状，其正视图和线框轴测图分别如图 9 – 90、图 9 – 91 所示。

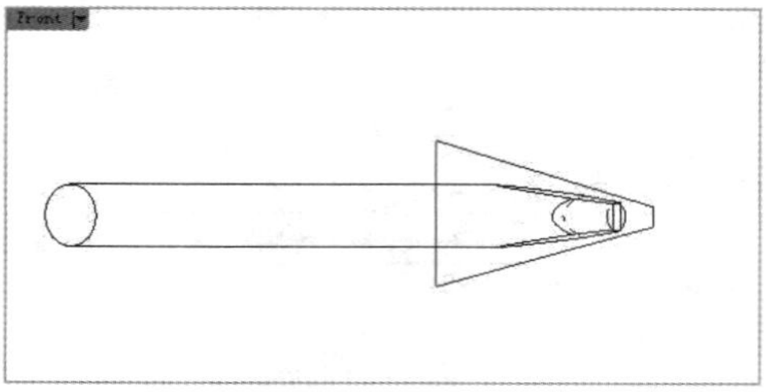

图 9－90　锚爪箭头正视图

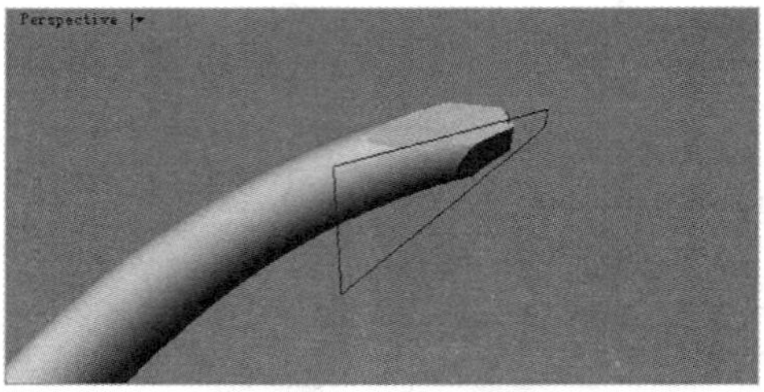

图 9－91　锚爪箭头线框轴测图

根据箭头轮廓创建箭头平面实体，如图 9－92 所示，再根据厚度创建箭头三维实体，如图 9－93 所示。

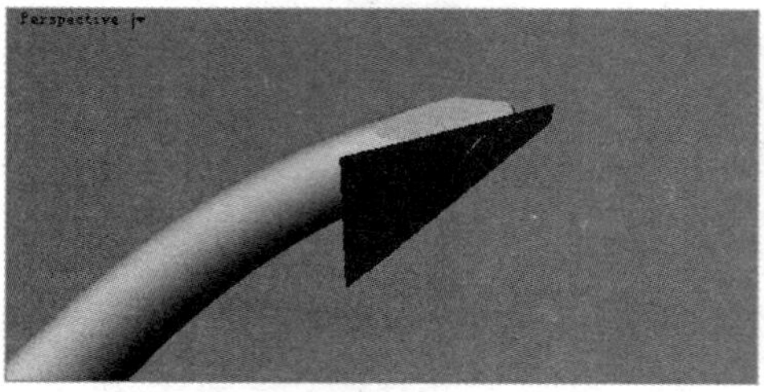

图 9－92　锚爪箭头平面实体轴测图

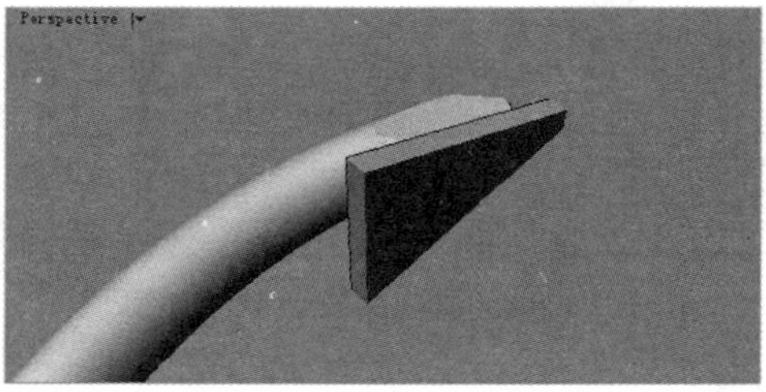

图 9－93　锚爪箭头三维实体轴测图

对已创建的一半锚爪进行镜像，创建完整的锚爪，如图 9－94 所示。

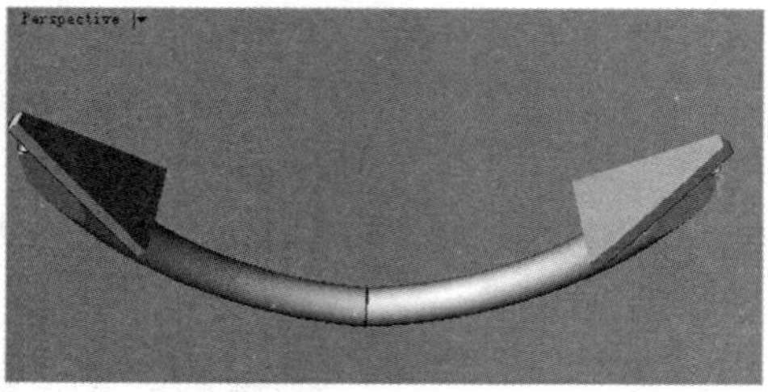

图 9－94　镜像后创建的完整锚爪

2. 锚杆的创建

锚杆是变截面，所以使用梯形截面旋转创建变截面锚杆的方式，或使用创建平顶椎体方式创建变截面锚杆，后者操作过程如下。

指令：_TCone

平顶锥体底面中心点(方向限制(D)＝垂直　实体(S)＝是　两点(P)　三点(O)　正切(T)　逼近数个点(F))：

底面半径 <15.00>(直径(D)　周长(C)　面积(A))：

平顶锥体顶面中心点 <0.00>：

顶面半径 <0.00>(直径(D))：11

正在建立网格...按 Esc 取消

创建的锚杆如图 9－95 所示。

锚杆内侧的掏空，方法是创建左右对称的两个平台圆锥体，并对两端进行圆角处理，其俯视图、正视图、轴测图分别如图 9－96、图 9－97、图 9－98 所示。

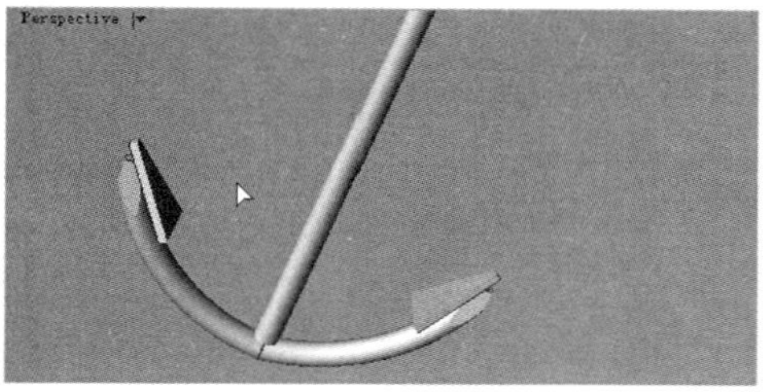

图 9－95　创建的锚杆

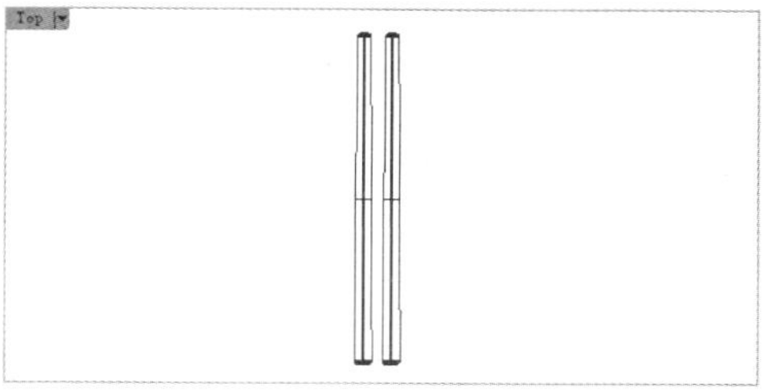

图 9－96　两个平台圆锥体俯视图

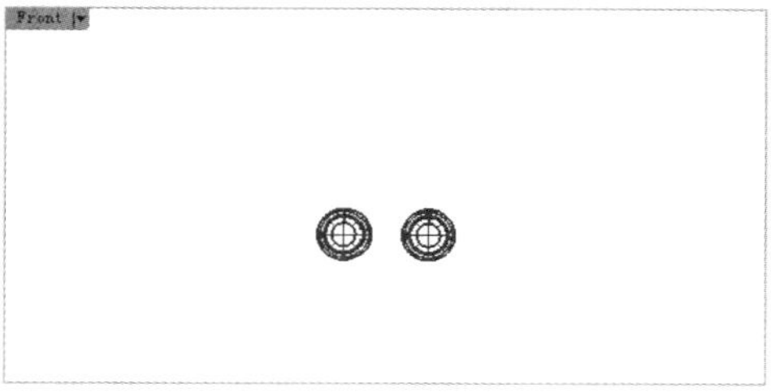

图 9－97　两个平台圆锥体正视图

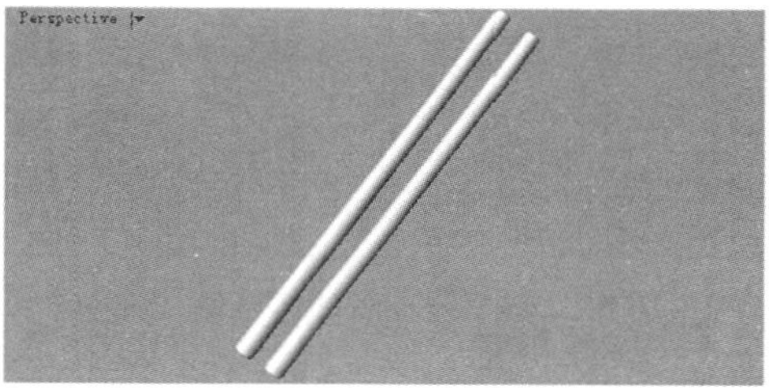

图 9－98　两个平台圆锥体轴测图

使用实体编辑的差集命令（Boolean Difference），用锚杆实体减去两个相交的平台圆锥体，其俯视图、正视图、右视图和轴测图分别如图 9－99、图 9－100、图 9－101、图 9－102 所示。

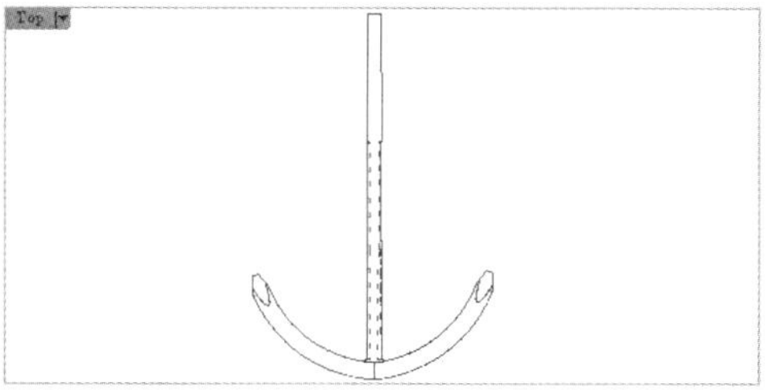

图 9－99　锚杆内侧掏空后俯视图

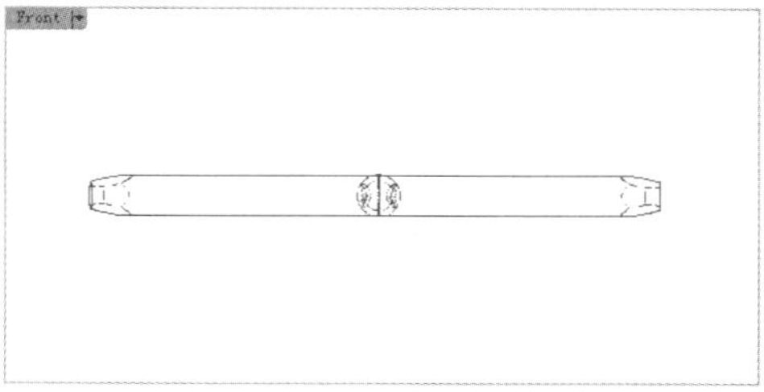

图 9－100　锚杆内侧掏空后正视图

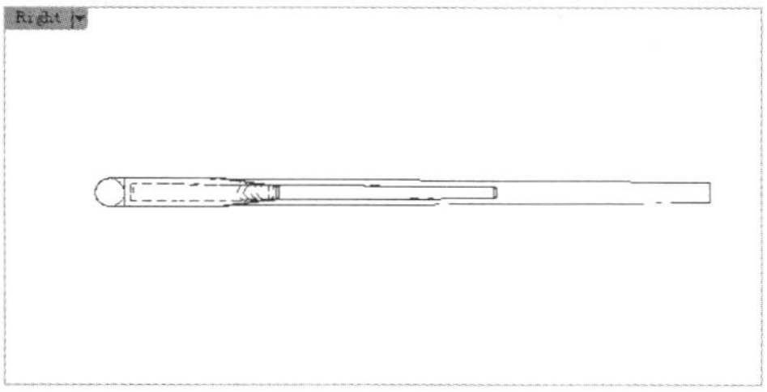

图 9－101　锚杆内侧掏空后右视图

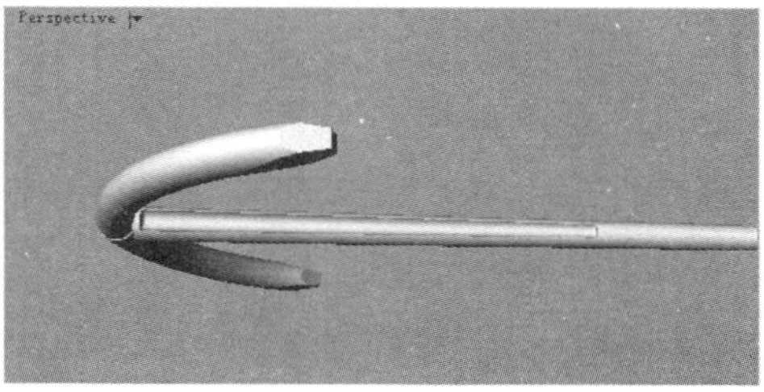

图 9－102　锚杆内侧掏空后轴测图

锚杆上的开孔，使用实体开圆洞命令(RoundHole)，在锚杆上端开一个圆洞，操作过程如下。

指令：_RoundHole
选取目标曲面：选取锚杆
中心点(半径(R)=7 钻头尖端角度(D)=180 贯穿(T)=是 方向(I)=工作平面法线)：指定中心点
中心点(半径(R)=7 钻头尖端角度(D)=180 贯穿(T)=是 复原(U) 方向(I)=工作平面法线)：
正在建立网格... 按 Esc 取消

开孔后的锚杆俯视图、轴测图如图 9-103、图 9-104 所示。

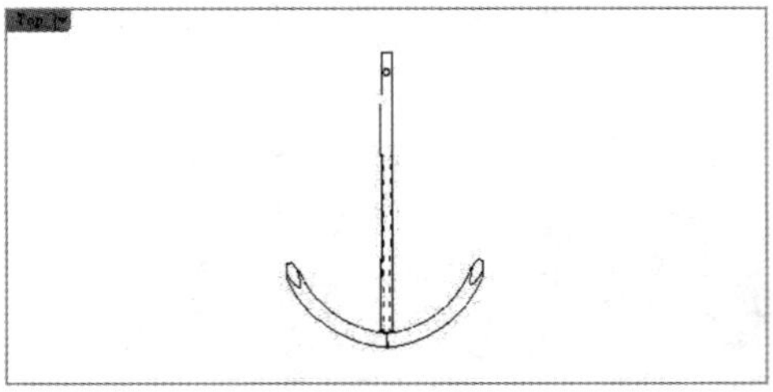

图 9-103 开孔后的锚杆俯视图

图 9-104 开孔后的锚杆轴测图

U 形螺杆的创建，U 形螺杆用于连接锚杆和锚链，其两端为长方体并开有螺栓穿过孔，中间为圆杆，如图 9-105 所示。

图 9-105 开有螺栓穿过孔的 U 形螺杆

U 形螺杆创建过程：在左视图上绘制 U 形曲线，在正视图上绘制 U 形螺杆截面的圆和矩形，分别对圆和矩形沿 U 形曲线和直线段进行单轨扫掠，创建圆柱和矩形曲面，再使用曲面混接命令(BlendSrf)对他们进行混接，注意两个曲面之间要留有一定距离以便过渡，操作过程如下。

指令：_BlendSrf
选取第一个边缘的第一段(自动连锁(A)=否 连锁连续性(C)=相切 方向(D)=两方向 接缝公差(G)=0.01 角度公差(N)=1)：
选取第一个边缘的下一段，按 Enter 完成(复原(U) 下一个(N) 全部(A) 自动连锁(T)=否 连锁连续性(C)=相切 方向(D)=两方向 接缝公差(G)=0.01 角度公差(L)=1)：
无法加入此边缘。
选取第二个边缘的第一段(自动连锁(A)=否 连锁连续性(C)=相切 方向(D)=两方向 接缝

公差(G) =0.01 角度公差(N) =1):选择矩形第 1 个边

选取第二个边缘的下一段,按 Enter 完成(复原(U) 下一个(N) 全部(A) 自动连锁(T) = 否 连锁连续性(C) = 相切 方向(D) = 两方向 接缝公差(G) =0.01 角度公差(L) =1):选择矩形第 2 个边

选取第二个边缘的下一段,按 Enter 完成(复原(U) 下一个(N) 全部(A) 自动连锁(T) = 否 连锁连续性(C) = 相切 方向(D) = 两方向 接缝公差(G) =0.01 角度公差(L) =1):选择矩形第 3 个边

选取第二个边缘的下一段,按 Enter 完成(复原(U) 下一个(N) 全部(A) 自动连锁(T) = 否 连锁连续性(C) = 相切 方向(D) = 两方向 接缝公差(G) =0.01 角度公差(L) =1):选择矩形第 4 个边

移动曲线接缝点,按 Enter 完成(反转(F) 自动(A) 原本的(N)):

选取要调整的控制点,按住 ALT 键并移动控制杆调整边缘处的角度,按住 SHIFT 做对称调整。:

正在建立网格... 按 Esc 取消

U 形螺杆混接和在端部的长方体上开孔,方法与锚杆上开孔相同。

U 形螺杆混接和在端部的长方体上开孔前后的俯视图、正视图和右视图,如图 9 - 106、图 9 - 107、图 9 - 108 所示。

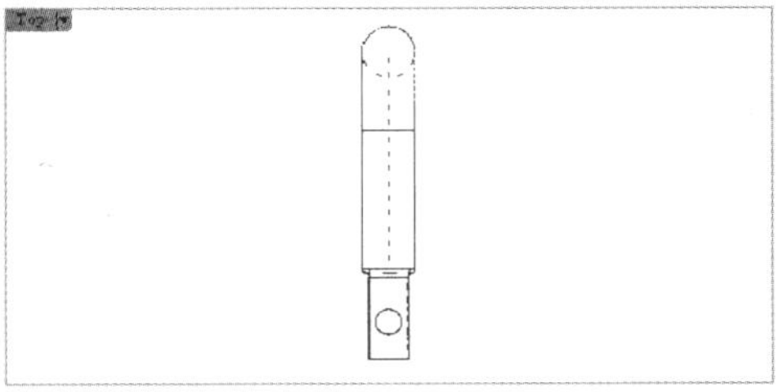

图 9 - 106 U 形螺杆俯视图

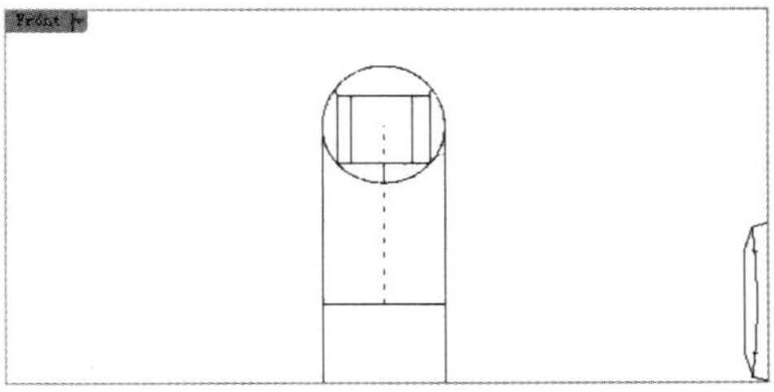

图 9 - 107 U 形螺杆正视图

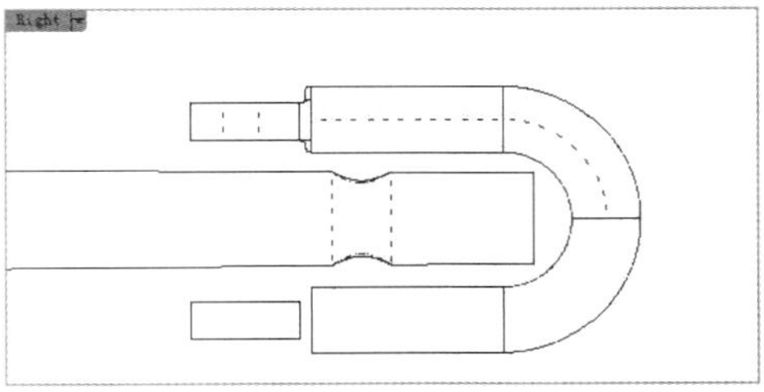

图 9 - 108 U 形螺杆右视图

整个锚的俯视图、正视图、右视图和轴测图如图 9 - 109、图 9 - 110、图 9 - 111、图 9 - 112 所示。

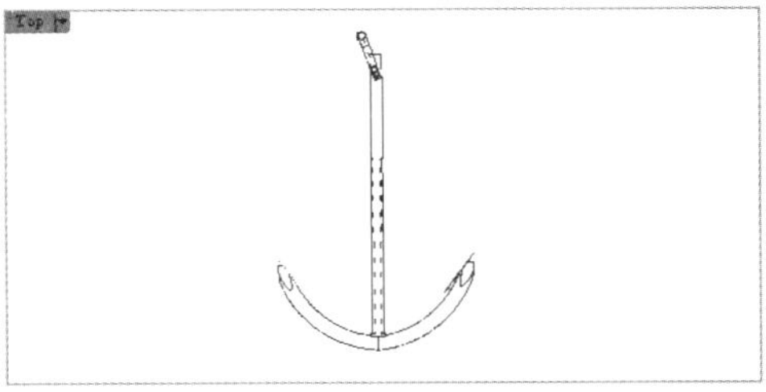

图 9 - 109 整个锚的俯视图

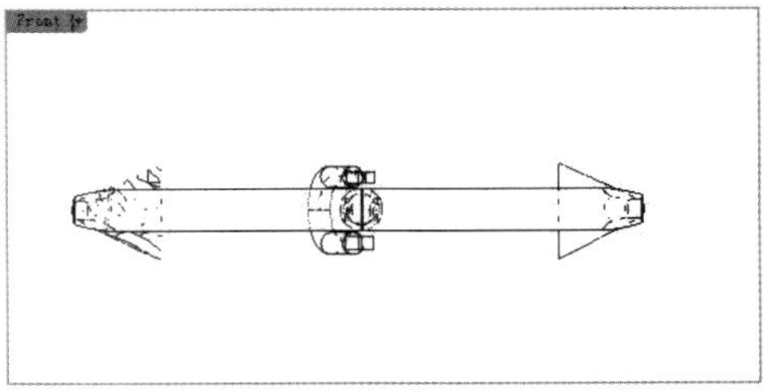

图 9 - 110 整个锚的正视图

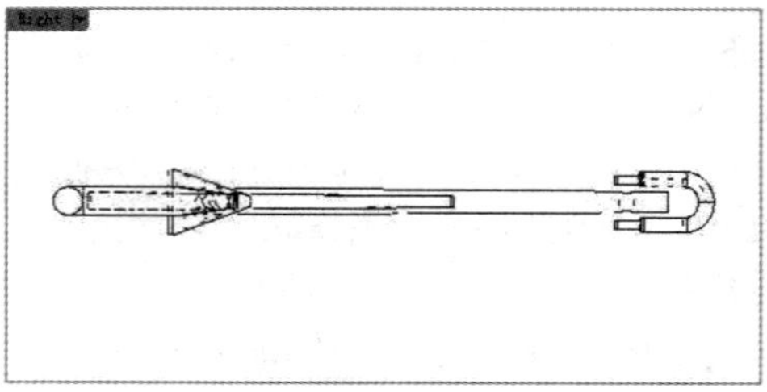

图 9－111 整个锚的右视图

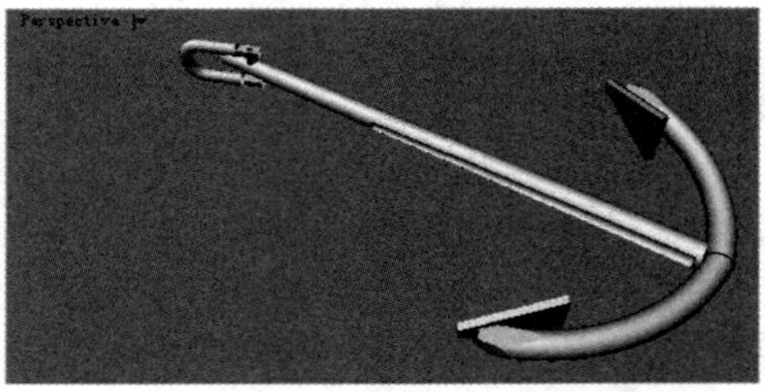

图 9－112 整个锚的轴测图

9.5 游艇用螺旋桨的创建

螺旋桨系统通常由桨叶、桨帽、桨毂和桨轴组成，其中桨叶的造型是螺旋面，它的创建相对复杂一些。

1. 创建弹簧线

为了控制螺旋面的走势，需要创建两条弹簧线，它们螺距相同、半径不同。已知外侧大弹簧线的半径（R）=250.11，圈数（T）=1，螺距（P）=200.34。

半径为 250 的弹簧线创建过程如下：

指令：Helix
轴的起点（垂直(V)　环绕曲线(A)）：0,0
轴的终点：0,200
直径和起点 <250.00>（半径(R)　模式(M)=螺距　圈数(T)=100　螺距(P)=2　反向扭转(V)=否）:t
圈数 <100>：1
直径和起点 <250.00>（半径(R)　模式(M)=圈数　圈数(T)=1　螺距(P)=200　反向扭转(V)=否）:500

已知内侧小弹簧线的半径(R)=70，圈数(T)=1　螺距(P)=200。

半径为 70 的弹簧线创建过程如下：

指令：Helix
轴的起点（垂直(V)　环绕曲线(A)）：0,0
轴的终点：0,200
直径和起点 <250.00>（半径(R)　模式(M)=螺距　圈数(T)=100　螺距(P)=2　反向扭转(V)=否）：t
圈数 <100>：1
直径和起点 <250.00>（半径(R)　模式(M)=圈数　圈数(T)=1　螺距(P)=200　反向扭转(V)=否）:140

内外侧弹簧线的俯视图、正视图、右视图和轴测图分别如图 9－113、图 9－114、图 9－115、图 9－116 所示。

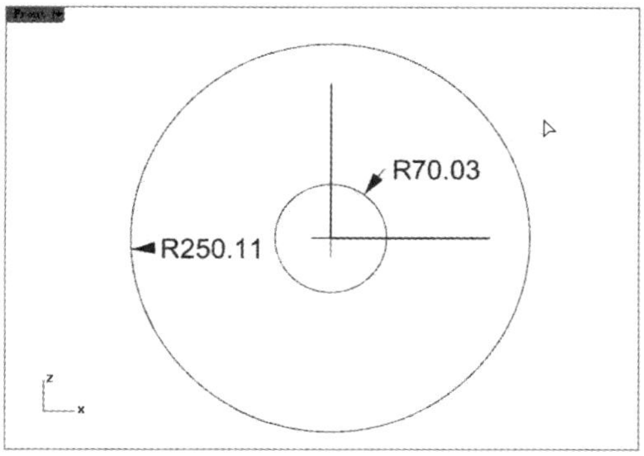

图 9－113　弹簧线俯视图

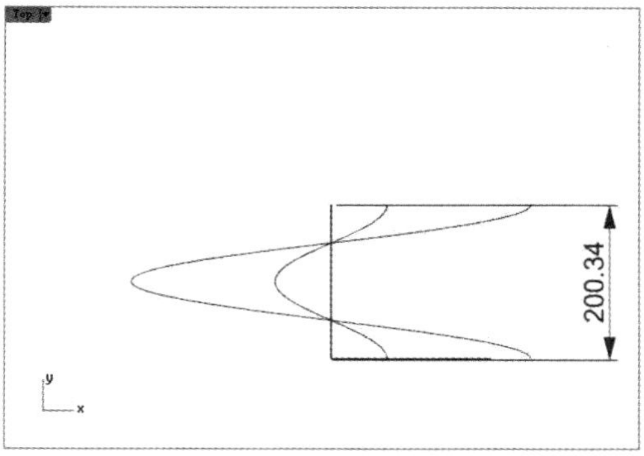

图 9－114　弹簧线正视图

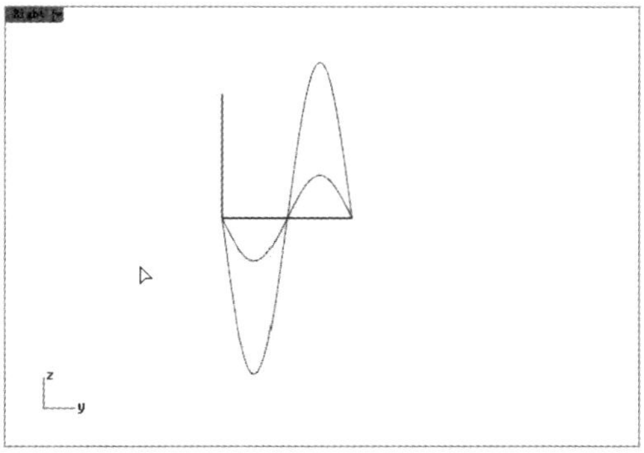

图 9－115　弹簧线右视图

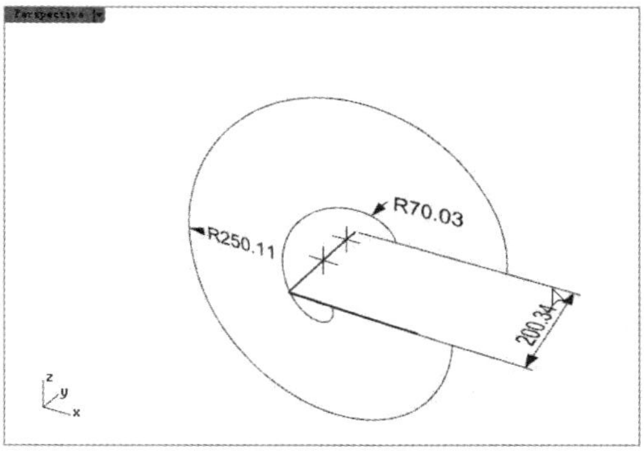

图 9－116　弹簧线轴测图

2. 创建螺旋面

在正视图上使用 Line 命令绘制一根长度等于外侧弹簧线半径减去内侧弹簧线半径的直线段，将它作为螺旋面的断面曲线，将内外侧弹簧线作为路径曲线，使用双轨扫掠 Sweep2 命令创建螺旋面，过程如下：

```
指令：_Sweep2
选取第一条路径(连锁边缘(C))：
选取路径：
选取断面曲线(点(P))：
选取断面曲线，按 Enter 完成(点(P))：
```

弹出如图 9－117 所示对话框。

创建的螺旋面的俯视图、正视图、右视图和轴测图分别如图 9－118、图 9－119、图 9－120、图 9－121 所示。

3. 螺旋桨桨叶的创建

上面完成了螺旋面的创建，下面进行螺旋桨桨叶的创建。螺旋桨桨叶是螺旋面的一部分，根据它的轮廓形状，从螺旋面中分割出对应的螺旋桨叶那部分，就创建了螺旋桨桨叶。创建螺旋桨桨叶时要注意围绕螺旋桨轴的螺旋桨桨叶，在径向是对齐的，而沿圆周分割出来的螺旋桨桨叶是沿螺旋桨轴径向升高的，所以分割后需要沿径向移动，使他们对齐在径向同一位置。下面以 4 叶螺旋桨为例介绍创建过程。

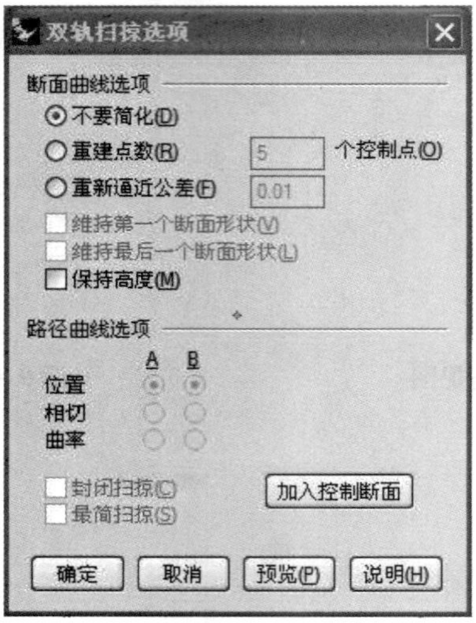

图 9－117　双轨扫掠选项对话框

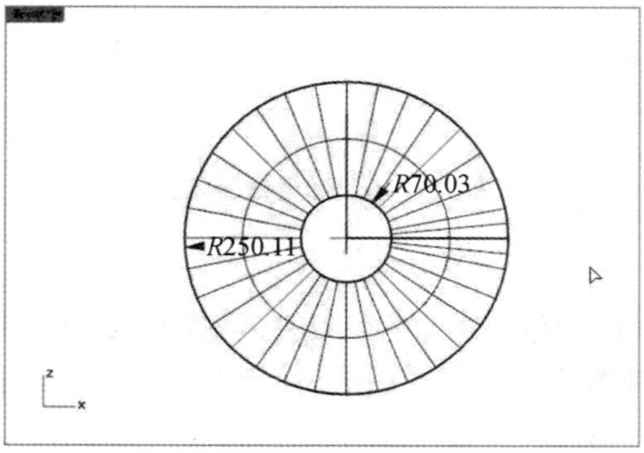

图 9－118　螺旋面俯视图

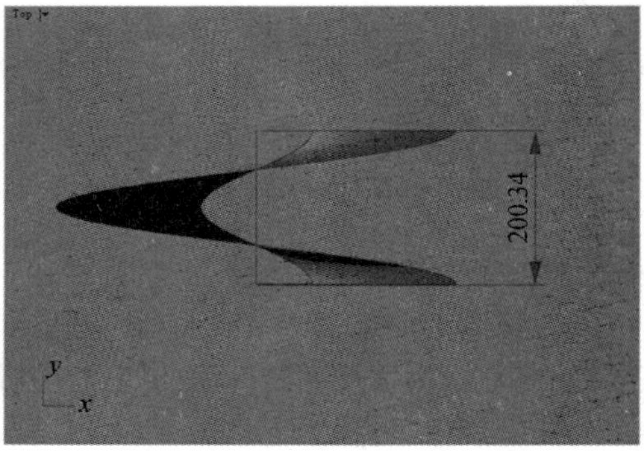

图 9－119　螺旋面正视图

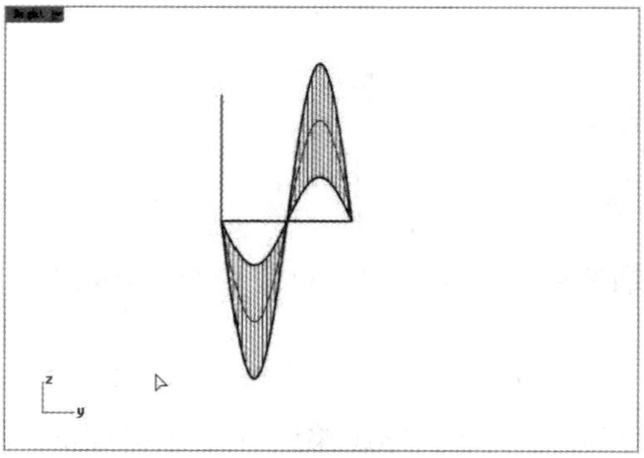

图 9－120　螺旋面右视图

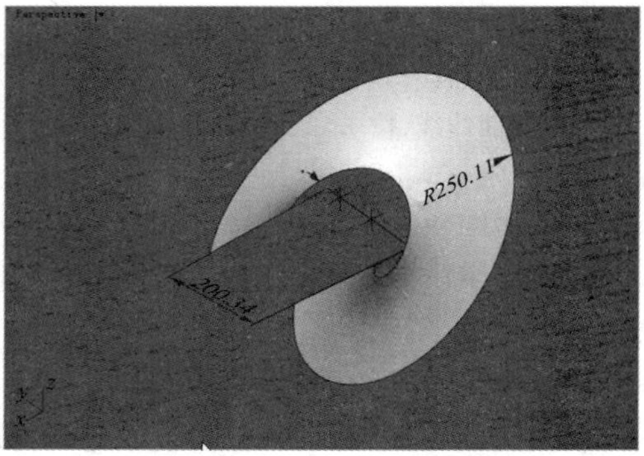

图 9－121　螺旋面轴测图（螺旋面的螺距和外径）

在俯视图上绘制螺旋桨桨叶的外形轮廓线，再进行环形阵列，如图 9－122 所示。

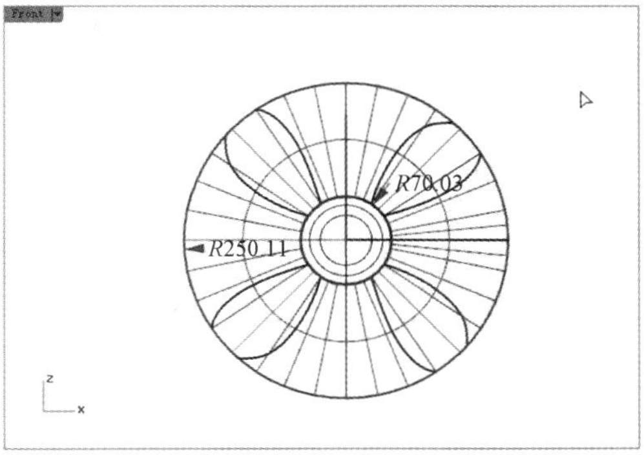

图 9－122　俯视图上绘制螺旋桨桨叶的外形轮廓线并进行环形阵列

使用修剪（Trim）命令。

```
指令：_Trim
选取切割用物件（延伸直线（E）＝否　视角交点（A）＝否）：选取螺旋桨叶轮廓线
选取切割用物件→按 Enter 完成（延伸直线（E）＝否　视角交点（A）＝否）：选取螺旋面
```

修剪后再对其他 3 个螺旋桨桨叶进行移动，使用移动（Move）命令进行移动。如图 9－123 所示。

4. 螺旋桨桨毂和桨帽的创建

桨毂和桨帽可以看成是一个整体，首先在主视图上创建它的剖面轮廓，如图 9－124 所示，再通过旋转轮廓线创建螺旋桨桨毂和桨帽，如图 9－125、图 9－126 所示。

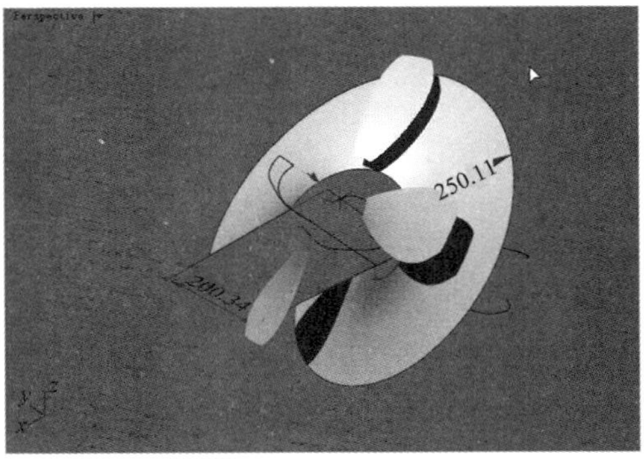

图 9－123　修剪后再对其他 3 个螺旋桨桨叶进行移动

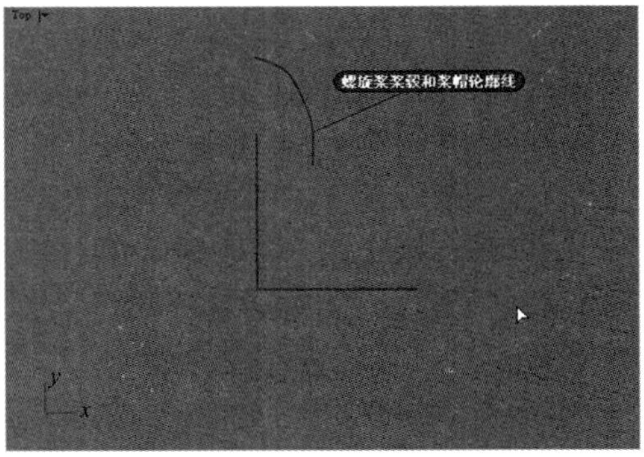

图 9－124　主视图上创建螺旋桨桨毂和桨帽的剖面轮廓

5. 螺旋桨桨轴的创建

螺旋桨桨轴的创建与螺旋桨桨毂和桨帽的创建方法一样，也是首先在主视图上创建它的剖面轮廓，再通过旋转轮廓线创建螺旋桨桨轴，创建的螺旋桨桨轴轮廓线、实体如图 9 - 127、图 9 - 128 所示。

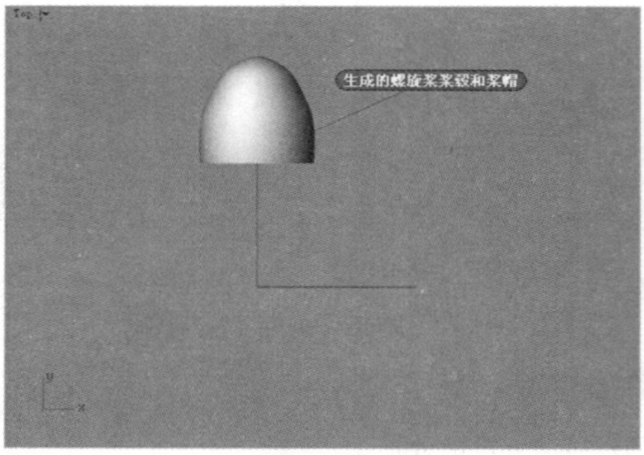

图 9 - 125　轮廓线旋转后创建的螺旋桨桨毂和桨帽

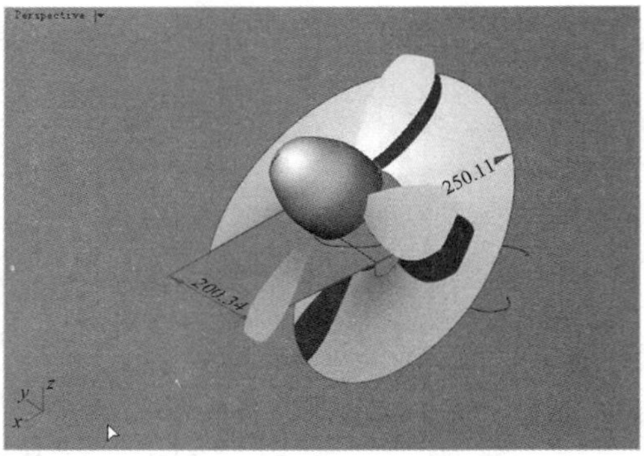

图 9 - 126　螺旋桨桨毂和桨帽的创建

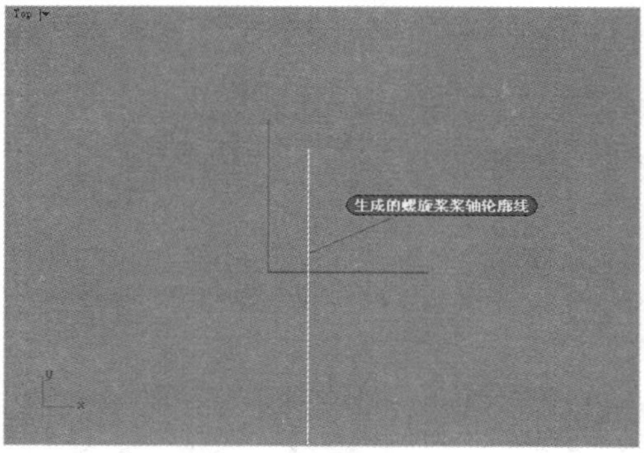

图 9 - 127　螺旋桨桨轴轮廓线

图 9 - 128　螺旋桨桨轴实体

整个螺旋桨的俯视图、正视图、右视图和轴测图分别如图 9 - 129、图 9 - 130、图 9 - 131、图 9 - 132 所示。

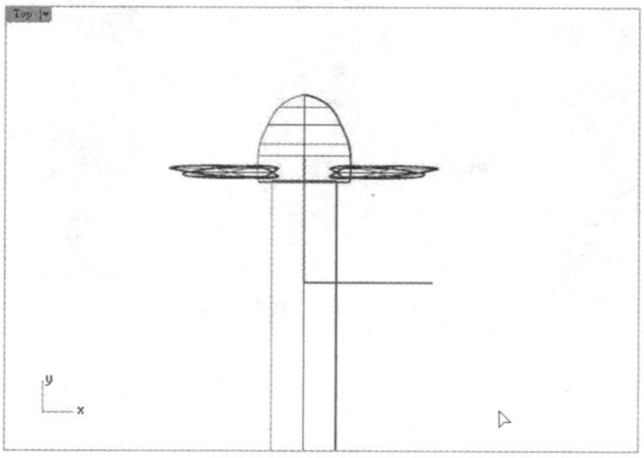

图 9 - 129　螺旋桨的俯视图

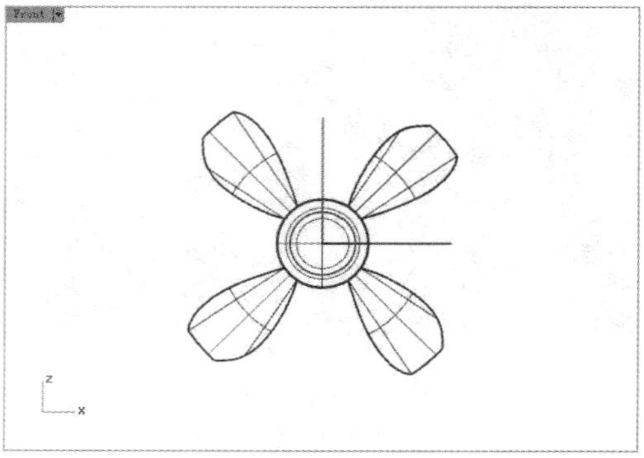

图 9 - 130　螺旋桨的正视图

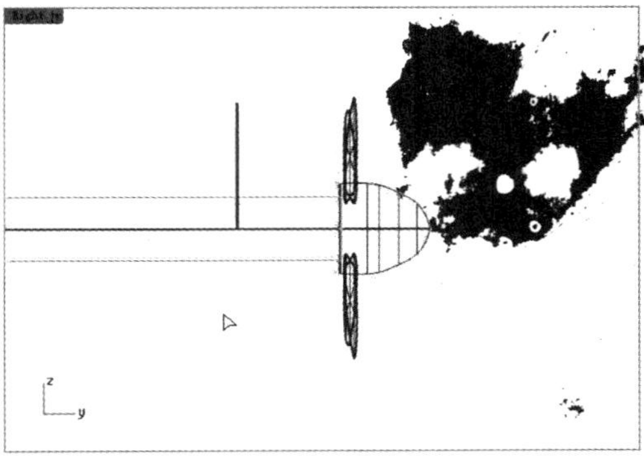

图 9－131 螺旋桨的右视图

图 9－132 螺旋桨的轴测图

6. 螺旋桨桨叶的增厚

上面在创建螺旋桨桨叶的时候没有考虑桨叶的厚度，这是为使大家专心理解螺旋桨曲面形状的创建，现在来介绍怎样增加螺旋桨桨叶的厚度。

在现有的螺旋桨桨叶曲面的基础上，使用实体造型的偏移(OffsetSrf)命令偏移现有的螺旋桨桨叶曲面创建带有厚度的螺旋桨桨叶实体。设桨叶厚度为 9，操作过程如下。

指令：OffsetSrf

选取要偏移的曲面或多重曲面，按 Enter 完成：选择现有的螺旋桨桨叶曲面

选取要反转方向的物体，按 Enter 完成(距离(D)=9 角(C)=圆角 实体(S)=是 公差(T)=0.01 全部反转(F))：

选取要反转方向的物体，按 Enter 完成(距离(D)=9 角(C)=圆角 实体(S)=是 公差(T)=0.01 全部反转(F))：

正在偏移曲面...

偏移后由于桨叶边缘还不够圆滑，需要对这些边缘倒圆角，方法是使用实体倒圆角命令(FilletEdge)命令，设倒圆角半径为 4，操作过程如下。

指令：_FilletEdge

选取要建立圆角的边缘(显示半径(S)=是 下一个半径(N)=4 连锁边缘(C) 上次选取的边缘(P))：

选取要建立圆角的边缘，按 Enter 完成(显示半径(S)=是 下一个半径(N)=4 连锁边缘(C))：

选取要编辑的圆角控制杆，按 Enter 完成(新增控制杆(A) 复制控制杆(C) 设置全部(S) 连结控制杆(L)=否 路径造型(R)=滚球 选取边缘(T) 预览(P)=否 修剪并组合(I)=是)：

工作中... 按 Esc 取消

倒圆角前后的螺旋桨桨叶如图 9－133 所示，图中的桨叶边缘的“4”表示倒圆角半径。

图 9－133 倒圆角前后的螺旋桨桨叶

思考与练习题

1. 简要说明直线、多重直线、多边形、圆、圆弧在游艇工程中的运用。

2. 举例说明曲线、曲面和实体在游艇工程中的运用。

3. 餐桌由桌面、桌腿、支撑组成，整个餐桌的图及尺寸如图 9－1 至图 9－4 所示。试按照桌腿、支撑、桌面的顺序创建整个餐桌并进行渲染。

4. 试按照图 9－18 至图 9－21、图 9－37 所示的图及尺寸进行游艇内部沙发的创建，创建实体模型后，根据色调搭配合理的原则赋予沙发该部分的材质，并进行渲染。创建沙发可以先将沙发分解为多个部分，对坐与靠背、坐垫、扶手分别创建并组合到一起。

5. 游艇舱室内的一种椅子，俯视图、右视图、正视图和轴测图如图 9－38 至图 9－41 所示，椅子由椅子座与靠背、腿、扶手、支柱等组成，椅子座与靠背是一体的，为双向曲面，试运用犀牛软件进行该椅子的创建，可以对原图造型和尺寸进行修改，能够美观、实用即可。

6. 游艇用伞形锚实物照片如习题图 9－1 所示。试运用犀牛软件进行该锚的创建，尺寸自定，可对原图造型进行修改，只要美观、满足实用功能即可。

7. 游艇用螺旋桨实物照片如习题图 9－2 所示。试运用犀牛软件进行其中一种螺旋桨的创建，尺寸自定，可对原图造型进行修改，只要美观、满足实用功能即可。

习题图 9－1 锚的实物照片

习题图 9－2 螺旋桨的实物照片

第 10 章　游艇型线光顺

学习目标

【知识目标】

1. 了解沪东型线系统的主要功能,掌握型线系统的操作过程。
2. 理解和掌握读船体型值和图形显示控制的方法。
3. 理解整个交互三向光顺的方法和过程,深刻理解和掌握定义型线、编辑型值表、单根型线交互光顺的方法和操作。
4. 理解和掌握光顺前处理的作用和操作方法。

【能力目标】

1. 掌握型线系统的启动和退出方法,能熟练启动和退出系统。
2. 掌握型线系统的操作流程。
3. 掌握读船体型值和图形显示控制的方法。
4. 熟练掌握光顺前处理的操作方法。

10.1　HD－SHM2000 线型系统概述

1. 沪东型线系统简介

HD－SHM 船体线型系统是 HD－SHM2000 系统的一个分系统。HD－SHM 船体线型系统包括型线三向光顺、TRIBON 接口、生成型值表、样条转换、拼接全船型线、外板肋位文件生成及甲板抛势表生成。由此可见,HD－SHM 船体线型系统已涵盖型线三向光顺和与其他系统的接口等功能,可以在本系统的帮助下,抛开样台,在计算机上完成所有型线三向光顺等作业。

使用中除特别说明外,作以下约定:

(1)系统输入输出文件中的尺寸数据以毫米为单位。

(2)文件名中?? 是与工作子目录名的最后二个字符相同的船号编码。

(3)船长坐标是指到 0 号肋骨的距离,正肋骨方向为正,负肋骨方向为负。

该系统是面向图形的交互三向光顺系统,它继承了自动三向光顺系统的所有功能,还增加了丰富的交互功能,是船体型线及至其他曲面光顺的良好工具。

2. 三向光顺

该系统是通过对船体曲面上的型线进行光顺来达到船体曲面光顺的。型线的取法有下述几种:

(1)水平剖面线,可取若干高度值来获取一组水线。

(2)纵向剖面线,可取若干半宽来获取一组纵剖线。

(3)横向剖面线,可取若干离艉值来获取一组站线,另取若干离艉值来获取一组肋骨线。

(4)空间曲线,它是控制船型的主要曲线,有折角线、切点线、轮廓线三种类型,作为三向光顺时的控制曲线。

(5)甲板线,是船舶甲板与船壳的交线,它也是一种空间曲线,不参加三向光顺,由甲板中纵剖线(中昂)根据甲板抛势翻出。

(6)其他剖面线及空间曲线,如船体圆头切点线、底平切点线、艉封板线等。

所谓三向光顺即指上述曲线在水平面、纵剖面、横剖面上的投影曲线都达到光顺,而这些曲线是由许多型值点经拟合连接而成的。在该系统中,曲线上的型值点以及首末点导数都是由数据表(以下称型值表)提供的。对于一个有船体光顺经验的用户来说,理解这些型值表并不是一件难事。

该系统根据横剖线的类型分成站线三向光顺和肋骨光顺两种处理方法,用户可先进行站线三向光顺,然后在光顺后的水平面和纵剖面上插值生成肋骨型值表,最后进行肋骨光顺生成肋骨样条文件。

该系统是将全船分成前后两部分,分别对其进行光顺的。前后两部分的船长方向坐标都是离艉值。当船体无平行纵体时,前后半船必须有重叠部分,并且保证在重叠部分的各站线和肋骨线上的水线半宽和纵剖线高度型值必须一致。

3. 系统功能

该系统有下列主要功能:

(1)存取船体型值表,将船体型值表从文件读入内存或建立新船。

(2)型线显示控制,决定要显示的型线以及要处理的横剖线类型(是站线还是肋骨线)。还可进行前后半船的型线图形对接。

(3)光顺前处理,对边界线及空间曲线等进行自动光顺,并可执行水线和站线的二向光顺和水线圆头切点线光顺。

(4)站线自动三向光顺,自动对站线、水线和纵剖线型线进行三向光顺。

(5)单根型线的交互三向光顺,交互光顺一根型线,并自动修改三向相关的型线。

(6)图形输入型线,利用 ACAD 图形生成型线上的型值点。

(7)定义或删除型线,可定义新型线或删除已有型线以及设置船型信息等。

(8)编辑型值表,可编辑该系统的所有型值表。

(9)插值整根型线,可在水线面、纵剖面、横剖面上插值整根剖面型线。

(10)显示斜剖线,在水平、纵剖、横剖面上进行斜剖插值检查,还可以生成斜剖线样条文件。

(11)生成甲板线,根据甲板中昂及甲板抛势翻出站线或肋骨型值的甲板边线。

(12)插值水线纵剖线交点型值表,在水线面上插值整张水纵交点型值表。

(13)生成肋骨型值表,插值水平面和纵剖面上所有型线(水线、纵剖线、空间曲线、甲板线等),生成所有肋骨型值表。

(14)肋骨线自动光顺,对肋骨线进行自动光顺。

(15)单根肋骨线的交互光顺,交互光顺一根肋骨线。

(16)肋骨线转站线,将肋骨线转换成站线,使其能参加三向光顺。

(17)删除甲板以上的肋骨型值,从肋骨型值表中删除指定范围内比指定甲板边线高的肋骨型值。

(18)肋骨三向检查,检查带肋骨型值的水线和纵剖线的光顺性,并且生成相应的样条文件。

(19)生成三向型线样条文件,将站线及其他型线样条,按投影面分别生成水线面、纵剖面、横剖面上的所有型线的样条文件。

(20)打印型值表,将所有型值表按表格形式输出到一个文件中,供打印或保存。

(21)生成肋骨样条文件,生成横剖面上所有带肋骨型值的型线的样条文件,提供给结构、外板程序使用。

(22)打印加密的肋骨型值表,以给定的比例,以表格形式将肋骨型值表输出到一个文件中,提供给手工放样者。

(23)存船体型值表,将内存中的船体型值表存回到文件中。

10.2　型线交互三向光顺操作过程

1. 系统启动

船体线型系统的启动方式常用的有二种。

一种为从 HD - SHM2000 系统中用鼠标点击“线型系统”,即启动了船体线型系统,如图 10 - 1 所示。

图 10 - 1　船体建造系统界面图

另一种为从桌面上用鼠标点击线型系统的图标,即启动了船体线型系统。如图 10 - 2 所示。

图 10 - 2　船体型线系统图标

在进入系统后,弹出如图 10 - 3 所示的主菜单。

它只有一个菜单功能,即读船体型值表,选此菜单后,系统进入选择船体型值表船名的对话框,对话框的形式如图 10 - 4 所示。

具体操作为:先在目录框中双击文件所在驱动器名,然后顺序双击所在目录名,到达所在目录后,该目录下的所有船名、型值表的状态和信息以及最后修改日期就会显示在船名

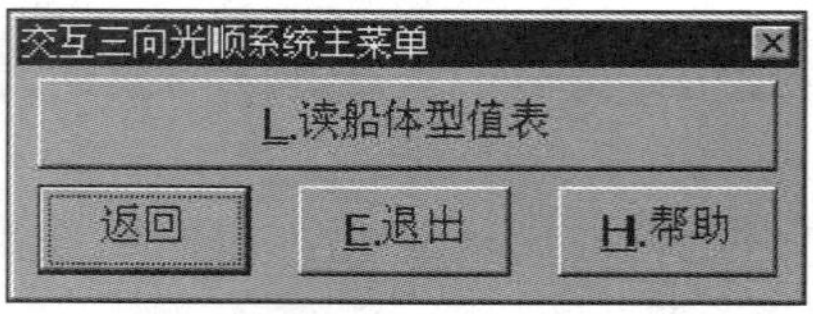

图 10-3　交互三向光顺系统主菜单

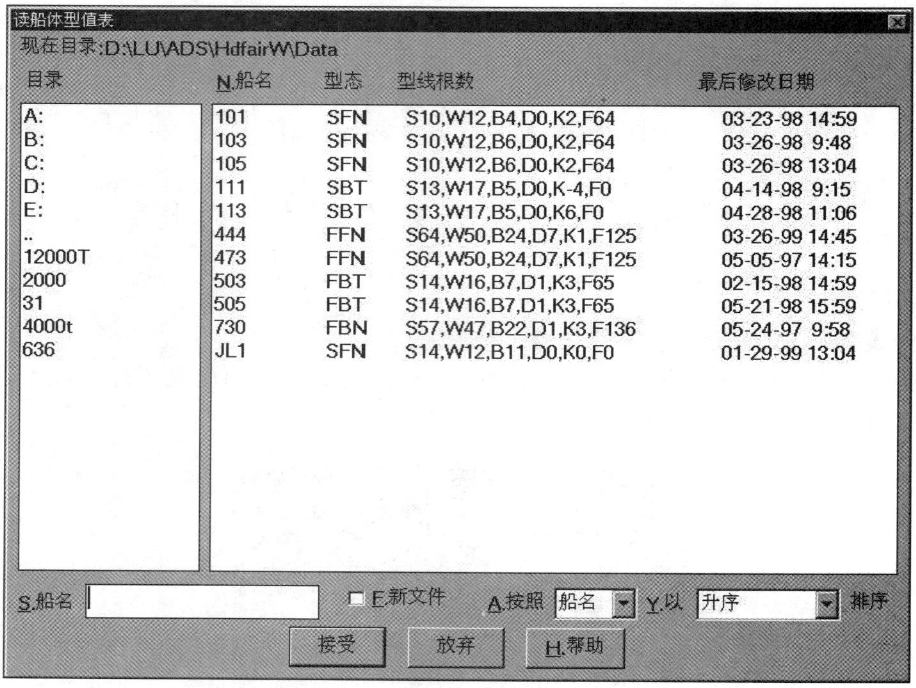

图 10-4　读船体型值表

框中,从中双击所要的船名即完成船名选择。另外还可以改变船名框中各船名的排列次序,从“按照”框中选择排列关键字,可以按照“船名”“型态”或“日期”排序;从“以”框中选择排序方向,可“升序”或“降序”排列。

船名框中,型值表状态由三个字母组成:第一个字母表示肋骨型值表的有无,“S”为无、“F”为有;第二个字母表示船的前后方向,“F”为前半艏,“B”为后半艏;第三个字母表示船的类型,“T”为有艉封板,“N”为一般船型。型值表信息显示各类型线的根数,字母为型线类型,跟在后面的数字为该型线的根数,各字母的意义为:“S”站线,“W”水线,“B”纵剖线,“D”甲板线,“K”空间线,“F”肋骨线。

若要建立新船,则在选好目录后,点选“新文件”选项,然后在“船名”后面的框中输入新船名,按回车键即可。选“放弃”按钮可取消读型值表操作,回到主菜单。

在选好船名或输入新船名并按“接受”按钮后,系统出现提问对话框,问用户是否要删除 ACAD 中的所有图形,若回答“确定”则删除 ACAD 中所有图形后,开始读型值表;若回答“否定”则不删除 ACAD 的图形,马上开始读型值表;若回答“取消”则取消读型值表操作,回到主菜单。

2. 主菜单

正确读入船体型值表后，系统进入站线三向光顺系统主菜单，如图 10－5 所示。

若在型线显示控制功能中设置了“处理肋骨型值”，则主菜单变成肋骨三向光顺主菜单，如图 10－6 所示。

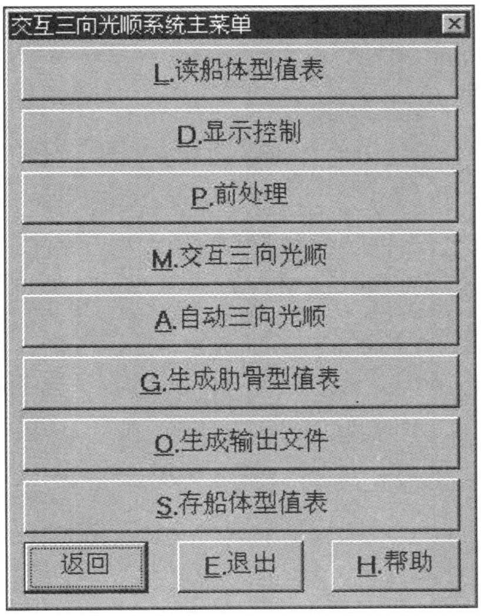

图 10－5　交互三向光顺系统主菜单

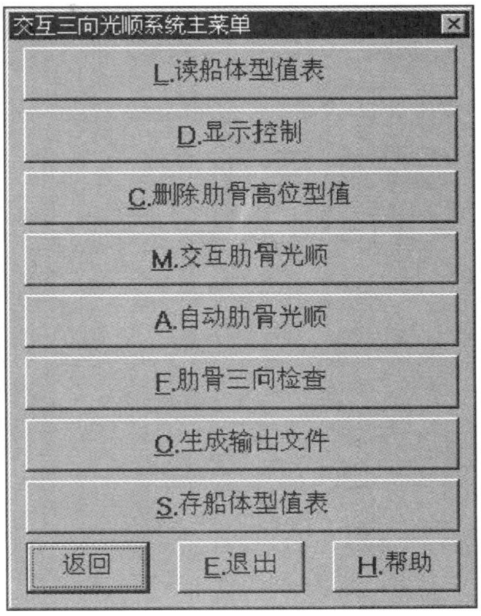

图 10－6　肋骨型线交互三向光顺系统主菜单

3. 型线显示控制

此功能可以控制图形中所显示的型线，如图 10－7 所示，在下面的对话框中选择要显示的型线。此对话框中还有一项是选择处理类型的，若不设置“处理肋骨”，则为处理站线三向型值。此设置极为重要，它将关系到各个菜单的显示或处理。

在此对话框中，设置“显示型线”后才可以在图形中显示所选择的型线，否则（取消“显示型线”）所有的型线都不显示。设置“型线高度”后所显示的剖面线都将带有高度，这样就可以分别得到三个（水线、纵剖线和横剖线）简单的型线立体图。

可以控制要显示的型线种类有“水线”、“纵剖线”、“站线”、“肋骨线”和“环缝线”，其他型线在设置“显示型线”后都会显示。对选中的型线种类中的每根型线可分别控制是否显示。先从“型线类型”中选择要修改显示控制的型线类型，然后分别在“隐藏”或“显示”列表中选择要显示或隐藏的型线，随后按“所选显示”则将“隐藏”列表中选择的型线移到“显示”列表中，或者按“区间显示”将“隐藏”列表中所选的两根型线间的型线都移到“显示”列表中，或者按“所选隐藏”将“显示”列表中选择的型线移到“隐藏”列表中，或者按“区间隐藏”将“显示”列表中所选的两根型线间的型线都移到“隐藏”列表中。另外，上面的“清除选择”用于清除在“隐藏”列表中所做的选择，下面的“清除选择”用于清除在“显示”列表中所做的选择，“全部显示”用于将该类型线的每根型线都移到“显示”列表中，“全部隐藏”用于将该类型线的每根型线都移到“隐藏”列表中，而“型线类型”旁的“全部显示”则用于将可以选择的所有类型的型线都移到“显示”列表中。设置结束后按回车键或“接受”按钮则系统接受设置，修改图形的显示以及主菜单内容；若按取消键或“放弃”按钮则放弃设置，返

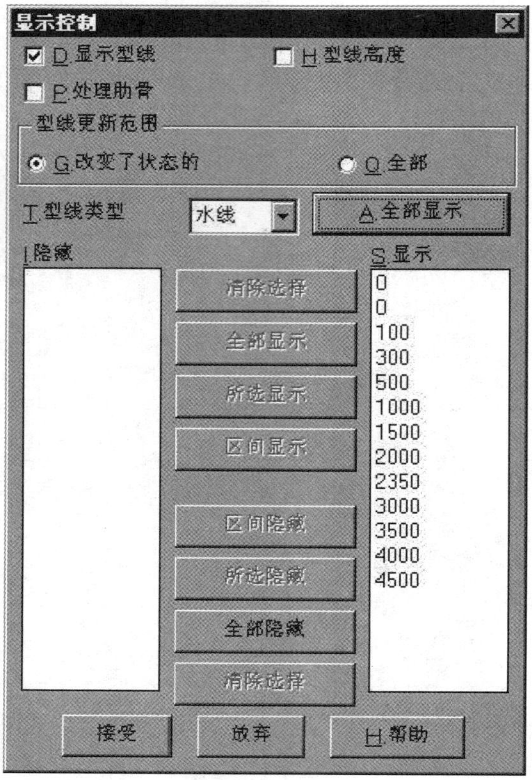

图 10－7　显示控制

回主菜单。图形中型线的更新由“型线更新范围”中的选项决定，如果选择了“改变了状态的”则只更新改变了状态的型线，如果选择了“全部”则根据所设置的型线显示状态更新全部型线。

甲板线和空间线有站线型值样条和肋骨型值样条之分，所显示的为由“处理肋骨”选项所选定的站线或肋骨型值样条。

4. 光顺前处理

进入该功能后，系统提供如图 10－8 所示的对话框，可选择所要光顺的型线和设置是否输出光顺中间结果。

选择所要光顺的型线和所要进行的操作后，按下回车键或“接受”按钮，系统即开始进行光顺前处理，完成后回到主菜单；若按了取消键或“放弃”按钮，则立即回到主菜单。

此功能不管型线图形是否显示，都完成相同的功能，并且若有显示的型线图形，则系统在完成光顺后会自动更新图形。

系统会将光顺过程输出到文件 HDFAIR. AFO 中，若设置了“显示修改情况”，则系统将在完成处理后进入“光顺修改情况”对话框，点击“确定”后才回到主菜单。

光顺修改情况：在进行自动光顺（光顺前处理、自动三向光顺、自动肋骨光顺、肋骨三向检查）后，都可以进入如图 10－9 所示的对话框查看修改情况。

可以从“型值表总修改量”列表中选择一行，在“每次修改情况”列表中就会显示每次修改的详细情况（光顺的型线类别以及每次修改量）。

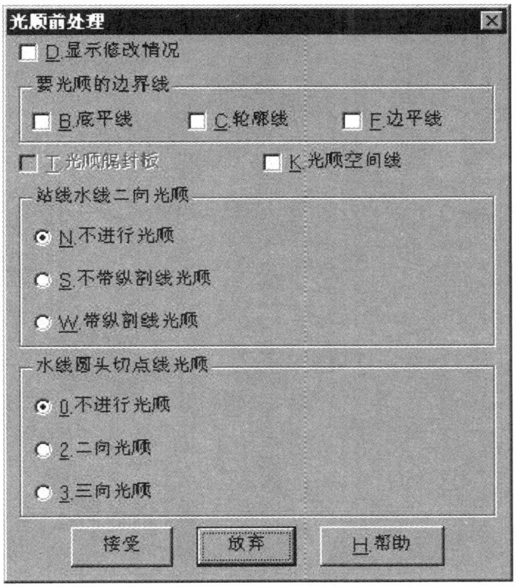

图 10－8 光顺前处理

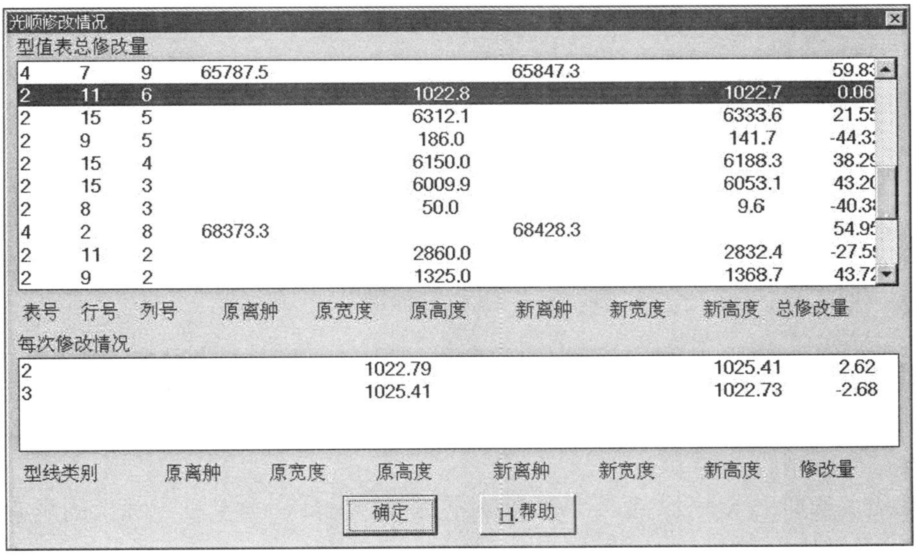

图 10－9 光顺修改情况

5. 交互光顺子菜单

交互光顺子菜单有交互站线三向光顺子菜单和交互肋骨光顺子菜单两种，由型线显示控制功能的“处理肋骨”选项确定。图 10－10 是交互站线三向光顺子菜单。图 10－11 是交互肋骨光顺子菜单。

6. 单根型线的交互光顺

单根型线的交互光顺也分成站线三向交互光顺和肋骨交互光顺两种。其菜单在交互光顺子菜单里。图形中必须保持显示要处理的型线，此功能才会执行，否则，选此菜单将不执行任何操作。

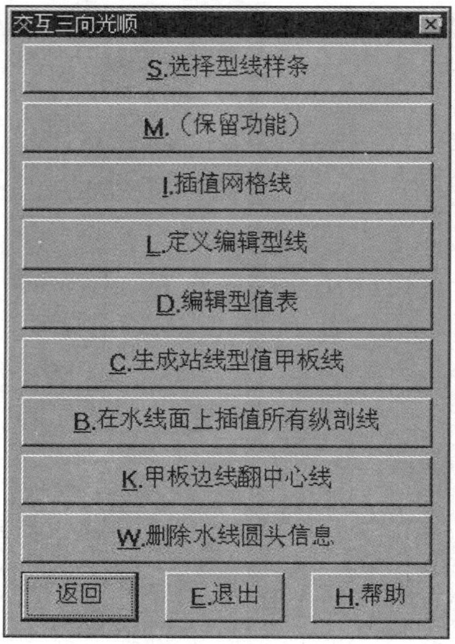

图 10－10　交互站线三向光顺子菜单

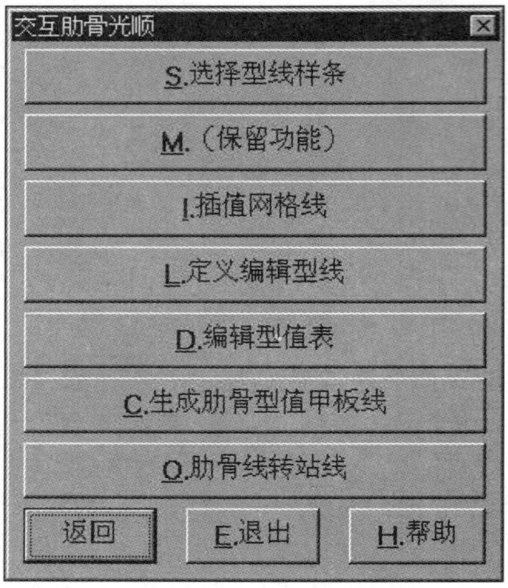

图 10－11　交互肋骨光顺子菜单

在图形中保持显示要处理的型线时，选此菜单后，系统在 ACAD 命令区提示：

选择要处理的型线/Undo/Quit/Help:

需要在图形中选择要处理的型线。此时，若键入 Q 后回车，则系统退回到交互光顺子菜单；若选了一根型线，则系统将所选型线上的型值点以及与它三向相关型线上的相关点用×显示出来，然后显示单根型线交互光顺子菜单，进行单根型线交互光顺处理；若未选图形而直接按回车键，则系统进入选择型线对话框，如图 10－12 所示。

在“型线类型”框中选择要光顺的型线类型，然后在“型线位置”表中双击要光顺的型线，即完成选择，进入单根型线交互光顺处理；若按取消键，则回到图形选择。

单根型线交互光顺子菜单如图 10－13 所示。

7. 插值整根型线

该功能用于插出水线、纵剖点或站线（或肋骨线、环缝线）与其他剖面上的所有型线的交点，并将结果放入型值表中。菜单在交互光顺子菜单里。

进入此菜单后，系统在命令行提示：

选择一根要插值的格子线/Undo/Quit/Help:

请用户选择一根要插值的型线在其他面上的网格线，若选了一根网格线则系统插出此网格线与所在面上的所有型线的交点。

8. 定义或删除型线

该菜单用于定义或删除所有种类的型线，包括水线、纵剖线、站线、甲板线、空间线、肋骨定义、环缝线，以及修改船型信息，包括船型、底部升高结束离舯、设计水线高度、横剖线和底平线相切结束处的离舯等。

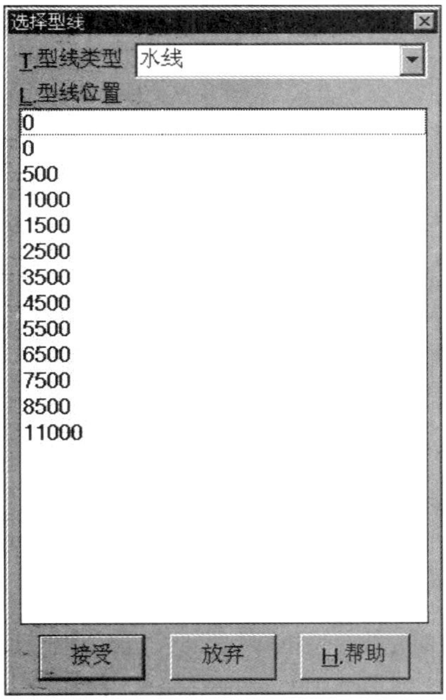

图 10－12　选择型线对话框

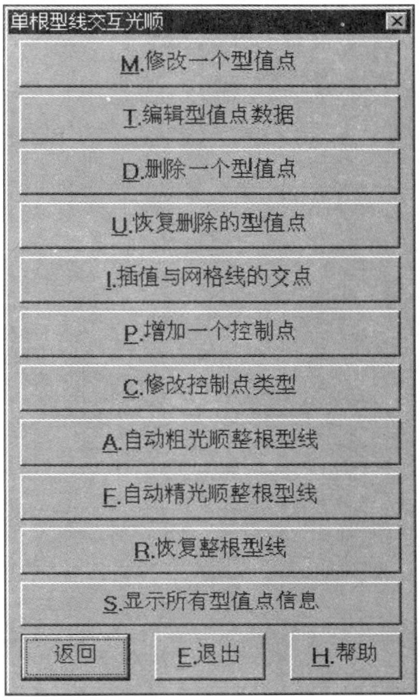

图 10－13　单根型线交互光顺子菜单

进入此菜单后，系统显示如图 10－14 所示的对话框供操作。

当所有的操作完成后，按“接受”按钮则接受所做的操作，修改型线的定义和船型信息，回到交互光顺子菜单；按“放弃”按钮则放弃所做的修改，回到交互光顺子菜单。

(1)设置或修改船型信息

在“半船方向”后面的选择框中选择是“后半艏”船还是“前半艏”船；在“船型”后面的选择框中选择是“艉封板”船还是“一般”船；在“底部尖角”前的方框中设置中纵剖线是否折角线的船型；在“底平结束离舯”后面输入底部升高结束离舯；在“设计水线高度”后面输入设计水线高度；在“底切结束离舯”后面输入横剖线和底平线相切结束处的离舯。

(2)增加新的型线、定义新甲板、定义新空间线或定义新肋骨间距

先在“型线类型”后面的选择框中选择要增加的型线的类型(可选择的类型有“水线”“纵剖线”“站线”“甲板线”“空间线”“肋骨线”和“环缝线”，其中最后一个选项在肋骨型值表生成以前为“肋骨线”，生成以后为“环缝线”)。在选择了型线类型后，在新型线名后面输入型线位置(水线为高度、纵剖线为半宽、站线为离舯、甲板线为甲板边线序号或者甲板边线序号后随 C 表示同时定义一根甲板中心线、空间线为序号、肋骨线为肋号、环缝线为肋号，距肋骨距离/10 000)后按回车，对于甲板定义，还要在下面的“翻法”中输入甲板生成方法，而对于肋骨线，则要在下面的“间距”中输入肋骨间距或艏肋骨离舯后按回车(注意：在定义肋骨前一定要先设置好船的方向，即是前半艏还是后半艏)，对于空间线，则要在下面的“类型”中选择空间线的类型(可选择“折角”“切点”“平面轮廓”“侧面轮廓”和“横向轮廓”)，这样就可以生成所要的型线或定义所要的甲板翻法、肋骨间距或空间线类型了。对

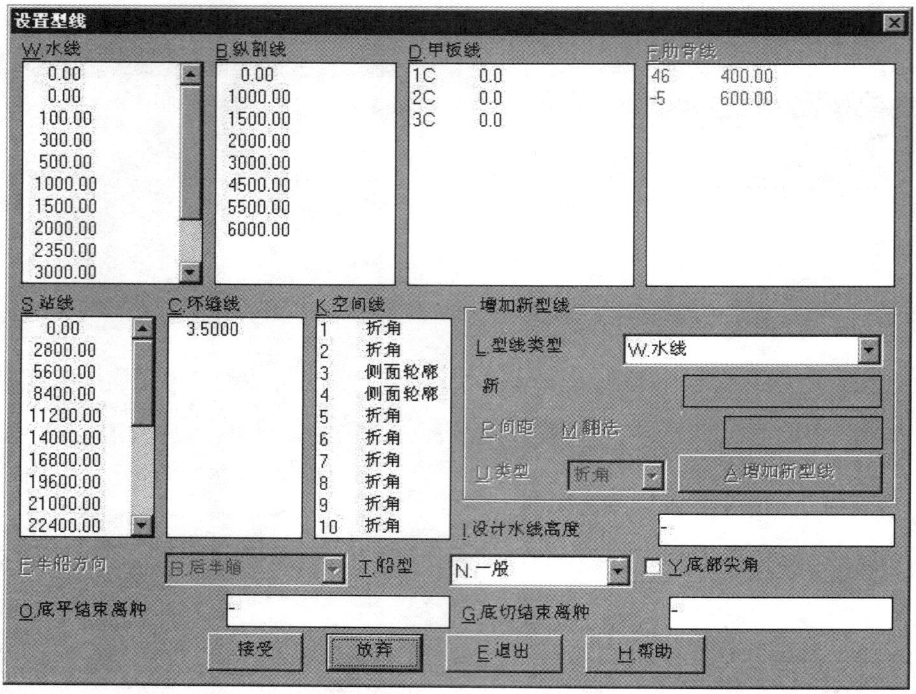

图 10 – 14　设置型线对话框

于封闭剖面线，则其型线位置应再加 0. 1 ~0. 4 以表示其图形位置。

(3)删除已经定义了的型线

双击型线表中要删除的型线，或双击甲板定义表，或双击肋骨定义表中要删除的甲板或肋骨定义，则系统显示如图 10 – 15 所示的提示对话框。

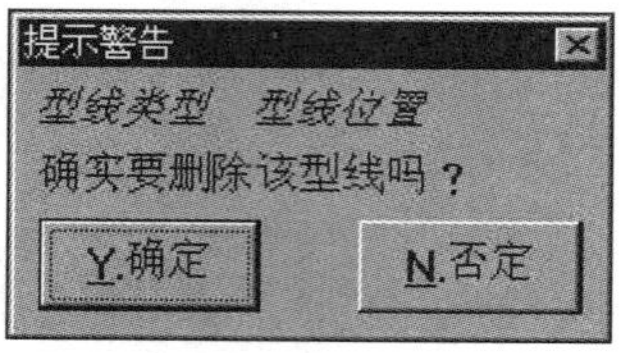

图 10 – 15　删除型线提示对话框

按“确定”则删除所选的型线，按“否定”则放弃删除。

(4)修改甲板线、肋骨线或空间线的定义

像定义时一样操作，只不过在新型线名后面输入要重新定义的甲板号、肋号或空间线号，然后在下面输入新的甲板生成方法、新的肋距或选择新的空间线类型即可。

9. 编辑型值表

此菜单用于以表格形式编辑型值表，可以编辑所有的型值表。进入此菜单后，系统显示一个可编辑的型值表选择菜单，如图 10 – 16 所示。

若肋骨型值表尚未生成，则下面四个型值表不显示。在这里，所有的多值点表都在相应的交点表中编辑，对于有多值的交点，在数字前面显示一个“ * ”号来表示，编辑时，多值

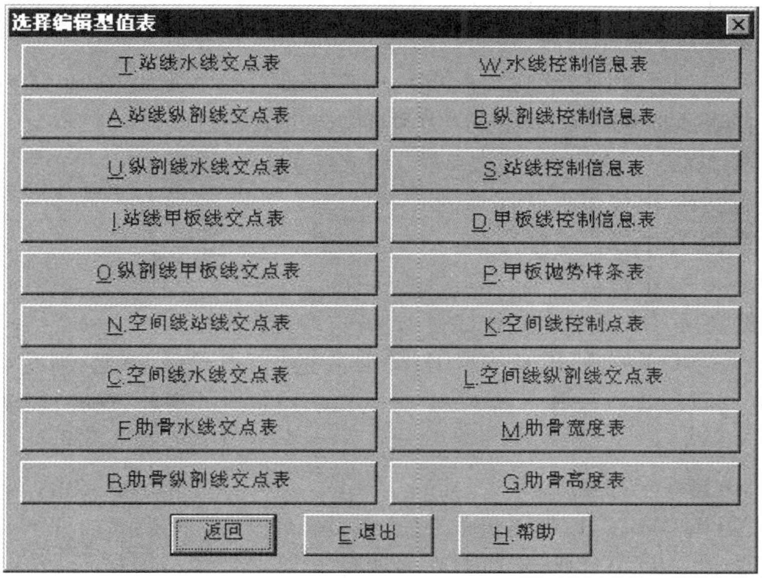

图 10－16　选择编辑型值表对话框

数据在后两个编辑框中。对于控制信息表中的控制点,还可以修改其控制点类型。

选择了要编辑的型值表后,系统进入型值表编辑对话框,如图 10－17 所示。

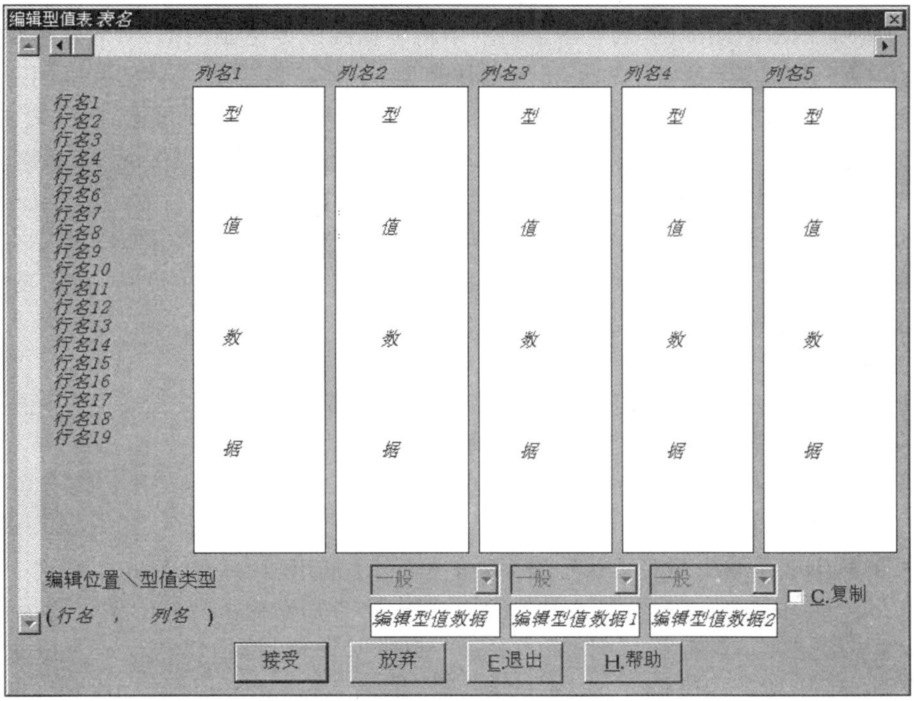

图 10－17　编辑型值表对话框

它有一张 19 行 5 列的显示表框,左侧的滑动条可以上下移动行的显示区域,上方的滑动条可以左右移动列的显示区域,行名和列名分别是如下的格式之一:

水线:W 高度,如 W4500.0000 为 4 500 mm 水线。

纵剖线:B 宽度,如 B5000.0000 为 5 000 mm 纵剖线。

站线:S 离舯,如 S115000.0000 为离舯 115 000 mm 的站线。

甲板边线高度:D 甲板边线序号 H。

甲板边线宽度:D 甲板边线序号 B。

甲板边线离舯:D 甲板边线序号 L。

甲板中心线高度:DC 甲板中心线序号 H。

空间线:K 线号 L,K 线号 B,K 线号 H,分别表示空间线离舯、宽度、高度。

控制点:E 点号 L,E 点号 B,E 点号 H,分别表示控制点的离舯、宽度、高度。

首点导数:Dy1B。

末点导数:Dy1E。

水线园头:C1R,C1L,C1B 分别表示半径、圆心离舯、圆心半宽。

肋骨线:F 肋号,如 F100.0000 为 100 号肋骨线。

环缝线:F 肋号.偏移,如 F100.0500 为 100 号肋骨 +500 mm 处。

特殊点:T1,只出现在肋骨高度、宽度表里,可当控制点用。

编辑方法是:先用滑动条将要编辑的位置显示出来,然后用鼠标双击该位置,最后在第一个编辑框中编辑选中的数据(无型值用减号“-”表示和输入)。若编辑的表有多值,则可以在后两个编辑框中编辑多值数据。另外还可以快速复制数据,复制方法是:先选一下“复制”前的方框激活复制功能,然后在各编辑框中将数据改成要复制的值,最后双击型值表中要复制的位置,连续在多处双击即可将数据快速复制到各双击处,这时还可以用滑动条改变型值表的显示区域将数据复制到其他地方。在完成复制后一定要再选一下“复制”前的方框关闭复制功能,才能转入编辑状态。在对整张表编辑完成后,按“接受”按钮接受编辑,按“放弃”按钮放弃本此编辑。

在对数据表进行编辑、修改型值后,系统不会自动修改型线图形,因此,若要立即查看修改后的型线,可用“型线显示控制”菜单删除图形后,再用“型线显示控制”菜单显示图形,此时所显示的型线为修改后的型线。

10. 生成甲板线

此菜单用于生成甲板线型值,并自动更新甲板线的图形。在站线三向交互光顺子菜单下为生成站线甲板线,在肋骨交互光顺子菜单下为生成肋骨甲板线。

要生成甲板线,必须先定义抛势样条,如果抛势样条未定义,则弹出出错警告对话框。

11. 插值水线纵剖线交点

此菜单只出现在站线三向交互光顺子菜单里,用于插出所有纵剖线在水线面上与所有水线的交点。插值完成后,若有型线图形,则系统将插值生成了新交点的型线用黄色显示,不管有无型线图形,只要有新交点,都显示一个提示对话框,请用户选择是否接受插值结果,选择“确定”则接受插值结果,选择“否定”或“取消”都表示不接受插值结果,恢复插值前的型值。选择后,回到站线三向交互光顺子菜单。若插值后的型值与插值前的型值一样,则系统不作任何显示,直接回到站线三向交互光顺子菜单。

12. 肋骨线转站线

此菜单只出现在肋骨交互光顺子菜单里，用于将肋骨型值转成相应的站线型值，使之参加三向光顺。

13. 站线自动三向光顺

此菜单用于对水线、纵剖线、站线进行自动三向光顺，在站线三向光顺主菜单中。进入此菜单后，系统显示如图 10－18 所示的对话框。

选择光顺方法（粗光顺还是精光顺）和设置是否要显示修改情况。

系统会将光顺过程输出到文件 HDFAIR. AFO 中，若设置了“显示修改情况”，则系统还会在光顺结束后进入“光顺修改情况”对话框，确认后才回到主菜单。

14. 肋骨自动光顺

此菜单在肋骨光顺主菜单中，用于自动光顺所有肋骨和肋骨型值的空间线以及甲板线，如果保持显示肋骨型线图，则自动更新光顺后修改过的型线，最后自动回到主菜单。

15. 生成肋骨型值表

此菜单在站线三向光顺主菜单中，用于生成肋骨型值表，它将所有肋骨分别和水线面及纵剖面上的所有型线进行插值，将插值结果放入肋骨型值表中。

16. 删除甲板以上的肋骨型值

此菜单位于肋骨光顺主菜单中，用于删除指定范围内比指定甲板高的肋骨型值。进入此菜单后，系统显示如图 10－19 所示的对话框。

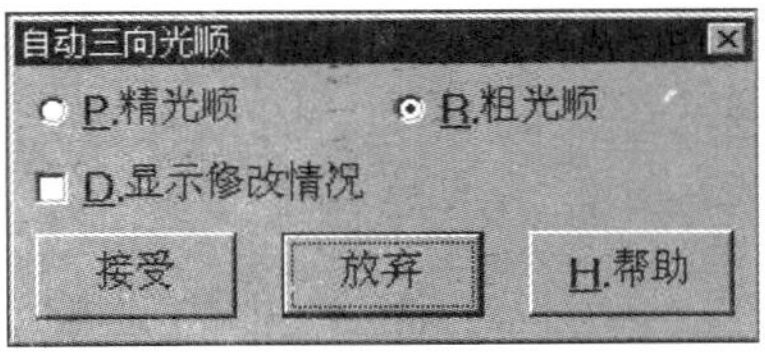

图 10－18　自动三向光顺对话框

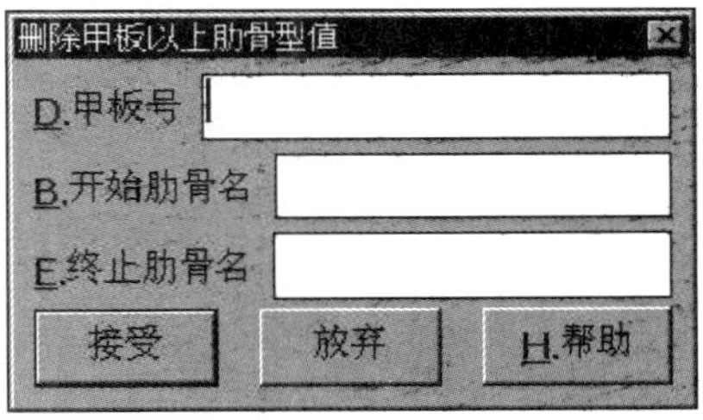

图 10－19　删除甲板以上的肋骨型值对话框

需输入要删除型值的肋骨的范围和基准甲板序号。输入并按“接受”按钮后，系统执行删除，删除完成后回到上述对话框。按“放弃”按钮则不执行删除，回到主菜单。

若输入的甲板号超出现有甲板数，则显示如图 10－20 所示的错误警告对话框。等用户确认后，回到输入对话框，等待重新输入。

17. 肋骨三向检查

此菜单位于肋骨光顺主菜单下，用于检查光顺后的肋骨线是否满足三向光顺，进入此菜单后，系统显示如图 10－21 所示的提问对话框。

图 10－20　错误提示对话框

图 10－21　提问对话框

回答“确定”则光顺结束后进入“光顺修改情况”对话框，回答“否定”则光顺结束后不显示修改情况，如果回答“取消”则不进行三向检查，回到主菜单。

在三向检查过程中，系统会将检查过的型线输出到文件 HDFAIR. AFO 中。

系统显示三向检查后带肋骨型值的水线面和纵剖面上的所有型线，并且将有修改的型线用黄色显示。检查完成后，若有修改，则系统显示如图 10－22 所示的警告对话框。

肋骨三向检查完成后，系统生成两个输出文件“FHW 船名. DAT”和“FHB 船名. DAT”，它们分别是肋骨型值点的水线面样条文件和纵剖面样条文件，检查通过后，应将它们更名为“SLW 船名. DAT”和“SLB 船名. DAT”，这两个文件与“DFF 船名. DAT”一起组成完整的肋骨型线样条文件。

18. 输出文件子菜单

该子菜单有下列菜单项可供选择，如图 10－23 所示。

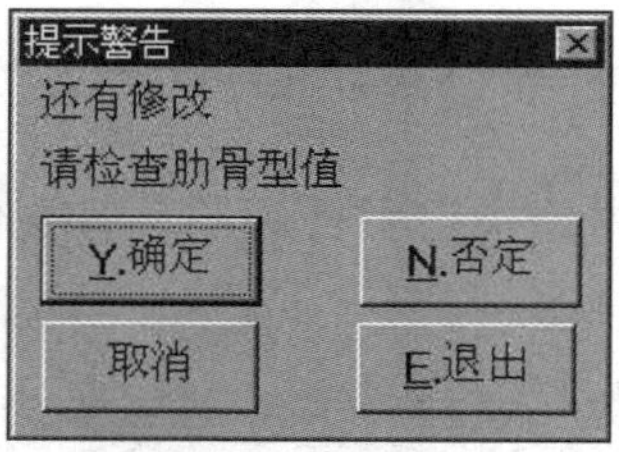

图 10－22　警告对话框

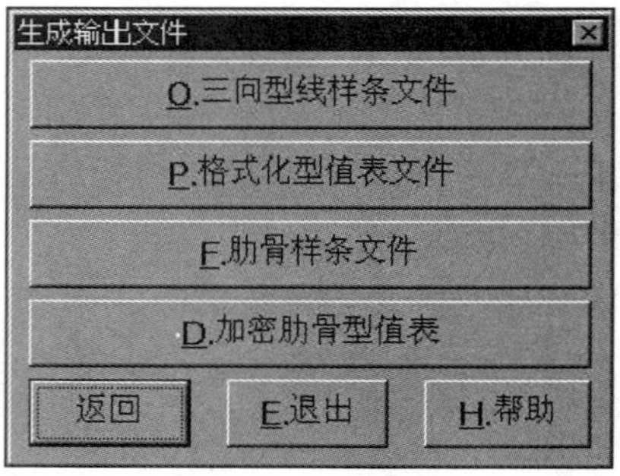

图 10－23　输出文件子菜单对话框

如果肋骨型值尚未生成，则只有上方的两个菜单项。

19. 生成三向型线样条文件

生成站线三向型线在水线面、纵剖面、横剖面三个面上的所有样条，所生成的样条文件名分别为：

水线面：SLW 船名. DAT；

纵剖面：SLB 船名. DAT；

横剖面：SLS 船名. DAT。

20. 打印型值表

此菜单用于以表格形式将型值表输出到“TAB 船名. DAT”文件中。进入此菜单后，系统显示如图 10－24 所示的对话框。

需设置打印纸宽度并选择要输出的型线。如果肋骨型值表尚未生成则最后一个选项将不显示。完成选择后按“接受”按钮，则输出与所选型线有关的所有型值表，然后返回输出文件子菜单；按“放弃”按钮则不进行输出，直接回到输出文件子菜单。

21. 生成肋骨样条文件

此菜单用于生成肋骨样条文件，选择此菜单后，系统会将横剖面上的肋骨线、甲板线、空间线等型线的样条输出到文件“DFF 船 名. DAT”中。

22. 打印加密的肋骨型值表

此菜单用于打印加密的肋骨型值表，提供给手工放样者使用。进入该菜单后系统显示如图 10－25 所示的对话框。

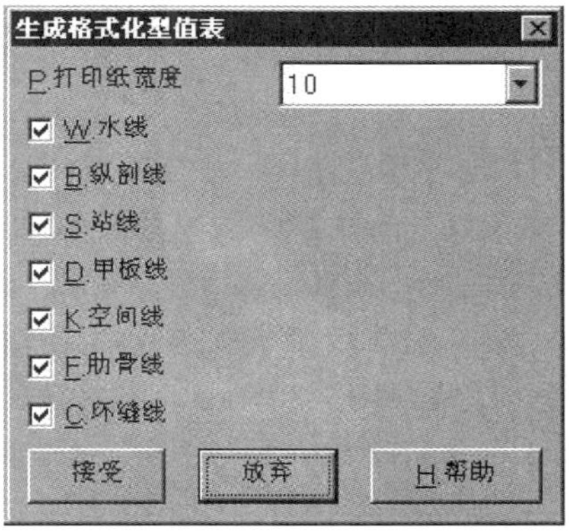

图 10－24　生成格式化型值表对话框

在对话框中，顶部三个表框中显示的是要加密插值的水线、纵剖线和横剖线的位置，中间的“编辑型线”框用于编辑要插值的剖线（增加、删除、搜索等），底部的“比例”后面的框中输入要缩小的比例，“纸宽”后面的框中可以选择输出纸张宽度。

剖线的编辑方法是：先在“类型”后面的框中选择要编辑的剖线类型，然后在“位置”后面的框中输入剖线位置，在“间距”后面的框中输入间距，在“数量”后面的框中输入等距根数，最后选择功能按钮。功能按钮有：“加入”增加上面输入的若干根剖线；“删除”删除上面输入的若干根剖线；“查找”搜索上面输入的第一根剖线开始处的等距剖线并且把结果回显在上方的框中；“下一个”搜索上面输入的最后一根剖线开始处的等距剖线并且把结果回显在上方的框中；“清除”放弃所选类型的剖线中全部选择的线；“加入所有原有型线”将所选类型的所有原有型线都加入进来；“删除所有原有型线”将所选类型的所有原有型线都删除。

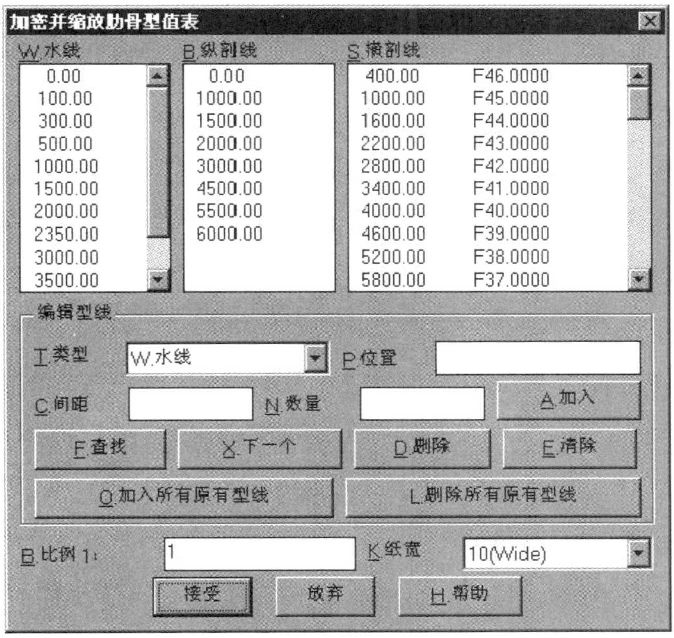

图 10－25　加密并缩放肋骨型值表对话框

最后，在输入或修改了比例、选择了纸张宽度以及要插值的剖线性质后，按“接受”按钮进行插值，并且生成输出文件“TFM 船名. DAT”，然后回到文件输出子菜单。若按了“放弃”按钮则放弃插值，直接回到文件输出子菜单。

23. 存船体型值表

该菜单是主菜单的最后一项，用于将所有型值表输出到型值文件中，供下次修改使用。其操作与“读船体型值表”一样。对新船，还要设置“新文件”选项。

思考与练习题

1. 试述 HD－SHM 系统操作流程。

2. HD－SHM 船体线型系统包括哪些属性页，说明每个属性页的功能。

3. 型线系统对输入、输出文件尺寸数据单位、文件名、船长坐标做了哪些约定？说出 HD－SHM 船体线型系统主要数据文件的名称？

4. 型线三向交互光顺的主要功能是什么？

5. “读船体型值表”的作用是什么？

6. 光顺前处理的功能是什么？

7. 简述单根型线的光顺过程。

8. 已知某船首部侧视图（习题图 10－1）和型值表（习题表 10－1，习题表 10－2，习题表 10－3），该船垂线间长 27 000，20 个理论站，设计吃水 1 150，试用 HD－SHM 系统生成和光顺该船首部型线。

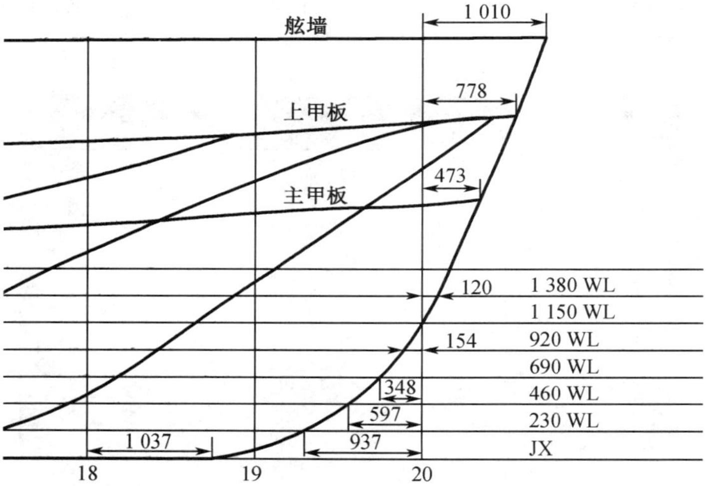

习题图 10－1　艏部侧视图

习题表 10－1　半宽值（前半部分）

站号和离舯 / 水线 / 甲板线	10	11	12	13	14	15	16	17	18	19	20
	0	1 375	2 750	4 125	5 500	6 875	8 250	9 625	11 000	12 375	13 750
230WL	2 316	2 298	2 203	2 010	1 734	1 396	1 042	716	415	175	—
460WL	2 570	2 528	2 432	2 242	1 953	1 615	1 256	890	543	229	—
690WL	2 628	2 597	2 516	2 352	2 083	1 748	1 385	1 010	640	296	—
920WL	2 645	2 625	2 568	2 427	2 178	1 858	1 500	1 115	733	367	—
1150WL	2 650	2 643	2 603	2 481	2 256	1 960	1 608	1 226	830	442	—
1380WL	2 650	2 647	2 627	2 528	2 328	2 060	1 723	1 345	933	525	—
主甲板边线	2 650	2 650	2 644	2 580	2 439	2 236	1 979	1 675	1 316	890	416
上甲板边线	2 650	2 650	2 650	2 610	2 530	2 490	2 377	2 171	1 943	1 697	1 218
舷墙顶线	2 650	2 650	2 650	2 620	2 550	2 510	2 430	2 260	2 043	1 800	1 380

习题表 10-2 高度值(前半部分)

站号和离舯 / 纵剖线 甲板线	10	11	12	13	14	15	16	17	18	19	20
	0	1 375	2 750	4 125	5 500	6 875	8 250	9 625	11 000	12 375	13 750
0	0	0	0	0	0	0	0	0	0	60	1 150
575	47	47	47	47	47	47. 1	56	112	534	1 505	2 464
1 150	103	103	103	103	103	122	326	993	1 747	2 349	2 846
1 725	160	160	160	160	223	650	1 384	1 985	2 390	—	—
2 300	220	231	288	572	1 290	1 951	2 367	—	—	—	—
主甲板边线	1 650	1 658	1 678	1 709	1 747	1 797	1 853	1 912	1 987	2 084	2 160
上甲板边线	2 560	2 570	2 580	2 590	2 600	2 610	2 620	2 662	2 702	2 769	—
舷墙顶线	3 490	3 500	3 510	3 520	3 530	3 540	3 550	3 560	3 570	3 580	3 590

习题表 10-3 水线、甲板线、舷墙顶线圆弧半径、圆心横坐标(前半部分)

	230WL	460WL	690WL	920WL	1150WL	1380WL	主甲板边线	上甲板边线	舷墙顶线
圆弧半径	130	140	150	160	170	180	397	1 790	2 140
圆心横坐标	0	0	0	0	0	0	0	0	0

参 考 文 献

[1] 陈丽萍,刘乐君,李学明. AutoCAD 基础教程[M]. 北京:北京工艺美术出版社,2009.
[2] 邓昭. 犀牛 RHINO 产品建模与技法[M]. 武汉:武汉大学出版社,2013.
[3] 魏莉洁. 船舶与制图[M]. 北京:人民交通出版社,2005.